统计原理与实务

主　编　贺彩玲　赵居霞
副主编　王　娟　徐丽蕊　王红艳
参　编　高　晶　王　霄　朱鑫彦
主　审　李选芒

北京理工大学出版社
BEIJING INSTITUTE OF TECHNOLOGY PRESS

版权专有　侵权必究

图书在版编目（CIP）数据

统计原理与实务 / 贺彩玲，赵居霞主编.—北京：北京理工大学出版社，2019.8（2020.7重印）
ISBN 978 – 7 – 5682 – 7397 – 8

Ⅰ.①统…　Ⅱ.①贺…②赵…　Ⅲ.①统计学 – 高等学校 – 教材　Ⅳ.①C8

中国版本图书馆CIP数据核字（2019）第174116号

出版发行 / 北京理工大学出版社有限责任公司
社　　址 / 北京市海淀区中关村南大街5号
邮　　编 / 100081
电　　话 / （010）68914775（总编室）
　　　　　（010）82562903（教材售后服务热线）
　　　　　（010）68948351（其他图书服务热线）
网　　址 / http：// www.bitpress.com.cn
经　　销 / 全国各地新华书店
印　　刷 / 河北盛世彩捷印刷有限公司
开　　本 / 787毫米×1092毫米　1/16
印　　张 / 13.5　　　　　　　　　　　　　　　　责任编辑 / 多海鹏
字　　数 / 350千字　　　　　　　　　　　　　　　文案编辑 / 孟祥雪
版　　次 / 2019年8月第1版　2020年7月第3次印刷　责任校对 / 周瑞红
定　　价 / 38.00元　　　　　　　　　　　　　　　责任印制 / 施胜娟

图书出现印装质量问题，请拨打售后服务热线，本社负责调换

前　　言

统计是获取、处理和分析数据的方法和技术,是人们认识社会现象的状态、变化过程和发展趋势的有力武器,也是实现科学决策的重要手段。随着我国社会主义市场经济的不断发展,各行各业在激烈的市场竞争中,越来越重视对信息价值的挖掘,迫切需要通过统计调查搜集大量的信息,并对这些信息进行整理和分析,做出推论和预测,为科学决策提供依据。

作为经济和管理类专业的基础教材,本书旨在向读者灌输统计的基本思想,介绍统计数据获取、处理和分析的基本方法和技能,为解决专业领域内的实际问题提供基本的统计工具。

全书共分为8个学习项目,分别是:统计概述、统计调查、统计整理、综合指标的计算及运用、动态数列分析、统计指数的编制及运用、抽样推断、相关分析与回归分析。学习项目内又包括项目概述、学习目标、导入案例、学习任务、案例分析、基础训练和实训项目等学习模块。书中也包括应用Excel进行统计数据处理和分析的操作知识。

本书配套建有在线开放课程,有需要学习的读者,请访问智慧树官网统计原理与实务在线开放课程。

本书的特色主要体现在以下几个方面:

1. 注重教材的针对性。参加编写的各位作者均是来自教学第一线的专业教师,具有丰富的教学和实践经验,对教学要求和教学内容非常熟悉,教材的编写注重基础性、趣味性,通俗易懂,非常适合学生和初学者使用。

2. 注重教材的实用性。教材内容注重直观实用,精心选取必要理论知识,避免过多的理论及公式推导,扩展应用性内容,突出技能方法训练。所选例题、案例、习题、实训项目力求取材于生产生活实际,强化学生从事统计实践工作的能力和技巧。

3. 注重案例教学。每个学习项目从导入案例分析开始,引入课程教学内容,使教学内容与社会实践紧密结合,激发学生思考,调动学生的学习积极性。教学内容之后再次提供案例分析任务,让学生学以致用,提高知识的综合应用能力。

参与本书编写的有:陕西工业职业技术学院王红艳(编写项目一)、徐丽蕊(编写项目二、项目三的任务三、四、五)、朱鑫彦(编写项目三的任务一、二及项目八的任务一)、贺彩玲(编写项目四的任务一、二、三、四)、王霄(编写项目四的任务五)、王娟(编写项目六)、高晶(编写项目八的任务二、三),哈尔滨远东理工学院赵居霞(编写项目五、项目七)。本书由贺彩玲、赵居霞担任主编,王娟、徐丽蕊、王红艳担任副主编,陕西工业职业技术学院的李选芒教授担任主审。

本书适合作为高职高专院校、应用型本科院校、成人高校、中等职业学校的经济类专业和管理类专业学生用书,也可作为在职人员岗位培训教材,还可供实际工作岗位中各级各类统计和管理人员使用和参考。

在本书的编写过程中,我们参考和借鉴了大量统计学资料和统计同人的优秀成果,并得到了各位参编教师所在院校领导的大力支持,在此一并表示衷心的感谢!

鉴于编者能力有限,加之统计科学与实践的不断发展,书中疏漏之处在所难免,敬请读者批评、指正!

编　者

目　录

项目一　统计概述 ……………………………………………………………（ 1 ）
　　任务一　统计认知 …………………………………………………………（ 2 ）
　　任务二　统计学中基本概念的认知 ………………………………………（ 7 ）
项目二　统计调查 ……………………………………………………………（ 13 ）
　　任务一　统计调查认知 ……………………………………………………（ 15 ）
　　任务二　统计调查设计 ……………………………………………………（ 22 ）
项目三　统计整理 ……………………………………………………………（ 34 ）
　　任务一　统计整理认知 ……………………………………………………（ 35 ）
　　任务二　统计数据分组 ……………………………………………………（ 38 ）
　　任务三　编制分布数列 ……………………………………………………（ 46 ）
　　任务四　编制统计表和绘制统计图 ………………………………………（ 49 ）
　　任务五　用 Excel 进行统计整理 …………………………………………（ 55 ）
项目四　综合指标的计算及运用 ……………………………………………（ 69 ）
　　任务一　总量指标的计算及运用 …………………………………………（ 71 ）
　　任务二　相对指标的计算及运用 …………………………………………（ 73 ）
　　任务三　平均指标的计算及运用 …………………………………………（ 78 ）
　　任务四　标志变异指标的计算及运用 ……………………………………（ 88 ）
　　任务五　用 Excel 计算综合指标 …………………………………………（ 92 ）
项目五　动态数列分析 ………………………………………………………（113）
　　任务一　动态数列的编制 …………………………………………………（115）
　　任务二　动态数列的水平分析指标 ………………………………………（118）
　　任务三　动态数列的速度分析指标 ………………………………………（125）
　　任务四　动态数列的趋势分析 ……………………………………………（128）
　　任务五　用 Excel 进行时间序列分析 ……………………………………（136）
项目六　统计指数的编制及运用 ……………………………………………（145）
　　任务一　统计指数认知 ……………………………………………………（146）

  任务二 统计指数的编制 …………………………………………………………（148）
  任务三 常用经济指数的编制 ………………………………………………………（153）
  任务四 指数体系与因素分析 ………………………………………………………（160）
项目七 抽样推断 ……………………………………………………………………………（173）
  任务一 抽样推断的一般问题 ………………………………………………………（175）
  任务二 抽样误差的计算 ……………………………………………………………（179）
  任务三 总体指标的抽样推断 ………………………………………………………（182）
  任务四 抽样组织形式与抽样方案设计 ……………………………………………（185）
项目八 相关分析与回归分析 ………………………………………………………………（191）
  任务一 相关分析 ……………………………………………………………………（192）
  任务二 回归分析 ……………………………………………………………………（196）
  任务三 用 Excel 绘制相关图 ………………………………………………………（199）

项目一

统计概述

项目概述

在我们的生活和工作中，统计的影子无处不在，小至一家的柴米油盐，大至一国的宏观决策。在当今的数字化社会和信息时代，统计科学的影响越来越大。统计数据是经济社会管理的基础依据；统计分析为决策提供重要参考；统计方法服务于科学研究。统计已融入老百姓的生活。

学习统计，首先要对统计有一个总体的认识，并且要掌握统计的思想观和方法论。具体来说，就是要认识什么是统计、统计具有哪些特点、统计的工作过程包括哪些环节、统计能够发挥哪些职能与作用、统计的研究方法主要有哪些、统计学中基本概念有哪些等基本问题。

学习目标

1. 理解统计的含义、特点，了解统计的工作过程、职能与作用。
2. 认识统计的研究方法，掌握统计的思想观与方法论。
3. 认识统计学中常用的基本概念。

★导入案例　　　　　　　会说话的数据

南丁格尔有一句名言：如果想了解上帝在想什么，就必须学统计，因为统计学就是在测量上帝的旨意。这里所说的上帝就是我们的客观世界。统计可以告诉您更多事实，下面讲几则有关统计学的故事。

第一个故事：超市销售额有规律吗？1993年，一位美国人发现，在超市里有67%的顾客在买啤酒的同时，也买了尿布。是顾客喝完啤酒以后用尿布吗？显然不是。进一步调查发现，在购买尿布的人中有80%是年轻的父亲，在购买尿布时，他们顺便为自己买点啤酒。商家发现这样的规律后，便在超市里把啤酒和尿布放在一个货架上，以方便年轻的父亲，结果两种商品的销售额大增。这种用于商品的货架设计、存货安排，根据购买模式对客户进行分类的方法，就叫数据挖掘。数据挖掘是统计学中一个比较新的研究方向和领域，是把统计学、数学、计算机、人工智能、继续学习等各种方法融合在一起的一个边缘学科。数据挖掘的商用价值相当大，利用数据挖掘可以使统计学在为社会服务方面走得更远。

第二个故事："垃圾不只是垃圾"。柯的斯出版公司是美国乃至世界上首先设立市场调研组织的企业，帕林是柯的斯出版公司的经理。曾经，柯的斯出版公司的业务代表向美国鼎鼎有名的坎贝尔汤料公司推销"星期六邮刊"的广告版面。但对方告诉他，"星期六邮刊"不是坎贝尔汤料公司的好媒体，因为"星期六邮刊"的主要读者是工薪阶层，而他们的汤料以高收入家庭购买为主。原因是：工薪阶层主妇为了省钱，往往凑合着自己烧汤，只有高收入家庭才愿意花10美分买已经调配好的坎贝尔汤。帕林要想办法得到信息以指出坎贝尔汤料公司广告部对市场的这些观点是否正确。为此，帕林抽取了一条垃圾运输线，让人从该线路的各个垃圾堆中收集汤料罐。结果发现，从富裕区几乎没有收集到汤料罐，大部分汤料罐是从蓝领区收集到的。究其原因是：富裕家庭总是让仆人动手准备汤料，而蓝领阶层的妇女往往会节约做汤时间以便更多地为家人做衣服或者做其他挣钱的活。在摆出这些发现后，坎贝尔很快成为"星期六邮刊"的广告客户，从此"垃圾调研法"产生了。

第三个故事：文字DNA。1928年，有人提出《静静的顿河》作者不是肖洛霍夫，而是克留柯夫。1974年，一个匿名的作者在巴黎写了一本书，断言克留柯夫是《静静的顿河》的真正作者，肖洛霍夫则是一个剽窃者。为了弄清真相，一些学者用统计方法进行了考证，具体做法是：把《静静的顿河》同肖洛霍夫与克留柯夫两个人没有疑问的作品用计算机量化，采集数据，加以分析比较。研究结果表明，《静静的顿河》与肖洛霍夫的其他作品非常接近，与克留柯夫的作品则相去甚远，有充分把握推断出《静静的顿河》的作者就是肖洛霍夫，从而了结了长达数十年的文坛公案。这种统计学的新分支叫作文献计量学，主要的功能就是通过文献来搜寻信息。比如，要判断《红楼梦》前80回和后40回是不是一个人写的？如果不学统计，你可能要下数十年的功夫，使自己几乎成为一个"红学"家，要对那段生活的历史、文化、民俗，对曹雪芹、高鹗的风格，做一个全方位的比较，才能够做出一个判断。如果学了统计，把《红楼梦》的前80回和后40回进行对比，看看虚词的使用、句子的长度、标点使用的一些习惯，就可以判断出来，国外把这叫作文字DNA。日本京都大学村上教授有一个著名的案例。有一个人去世以后，别人伪造了一份遗嘱。村上教授把这个人生前所有写的信件、书籍作为一个新的样本，与假遗嘱进行对比，发现遗嘱不是此人的行文风格，法院就以此为依据做出相应的判决。

思考：

通过以上资料学习，请你描述什么是统计？统计具有哪些重要意义？

任务一　统计认知

要做好统计工作，首先要认识什么是统计、统计具有哪些特点、统计的工作过程包括哪些阶段等基本问题。

一、统计的含义

统计是一种社会调查活动，不论是宏观社会的整体调查研究，还是微观事物的观察分析，都需要统计。例如，开学时，辅导员要统计到校的学生人数；在篮球比赛中，教练员要统计每个队员的投篮命中率、犯规的次数；农户在农作物收获后统计其产量等。

统计一词来源已久，它的含义也屡有变化。在我国古代，统计一词，仅仅具有数字总计的意思；现代含义的统计，大约是在20世纪初传到中国来的。目前，统计一词在不同的场合有不同的含义，即统计工作、统计资料和统计学。

统计工作是根据统计研究的目的和要求，运用科学的统计方法对客观事物的数据资料进行搜集、整理、分析的工作活动的统称。统计工作是统计的基础，也是统计一词最基本的含义。

统计资料即统计工作所取得的、反映客观事物实际情况和变化过程的各项数字资料及有关文字资料。统计资料是统计工作的成果，一般反映在统计表、统计图、统计手册、统计年鉴、统计资料汇编和统计分析报告中。其内容是反映社会经济现象的规模、水平、速度、结构、比例关系、变动规律等数字或文字资料。

统计学是阐述统计理论和方法的系统性科学，是统计工作实践的理论概括和科学系统的总结，主要论述如何搜集、整理和分析统计资料的理论和方法。其目的是探索事物的发展变化规律，以达到对客观现象的科学认识。

统计工作、统计资料、统计学三者之间存在密切的关系，是一个事物的三个方面。一方面，统计工作和统计资料是过程和成果的关系，没有统计工作，就无法得到有用的统计资料，统计工作过程的好坏直接影响到统计资料的质量。另一方面，统计学与统计工作是理论和实践的关系，理论来源于实践，统计学可以说是统计工作实践经验的系统化、条理化，同时统计学反过来指导实践，为统计工作提供理论和方法的指导。

本书侧重于介绍社会经济统计学基础知识。

二、统计的特点

1. 数量性

统计是从数量方面入手认识现象的工具，因而数量性是它的基本特点。其数量方面主要包括三层含义：一是事物数量的多少（规模、水平）；二是事物内部及各种事物之间的数量关系（如结构、速度、比例、密度等）；三是事物质与量互变的数量界限（即决定事物性质的数量界限）。社会经济统计就是通过对事物量的研究来描述和分析社会经济现象的数量表现、数量关系和数量变化，以揭示事物本质，反映事物发展的规律，推断事物发展的前景。这是区别于其他社会经济科学的根本特点。

2. 总体性

所谓总体性，是指统计是从整体上反映和分析事物的数量特征，而不是着眼于个别事物，因为事物的本质和发展规律只有从整体上观察，才能做出正确的判断。个别事物由于受偶然因素的影响，因此其数量特征并不能代表一般。例如，就单独的一个家庭来观察，每个家庭的新生婴儿的性别可能是男性，也可能是女性。有的家庭的几个孩子可能都是男性，有的家庭的几个孩子可能都是女性。所以男女性别比例对单个家庭来说似乎没有什么规律可循，但如果对大量的家庭新生婴儿进行观察，就会发现，新生婴儿中的男孩略多于女孩，大致为每出生100个女孩，相应就有107个男孩出生。这个男女性别比例107∶100就是新生婴儿性别比例的数量规律。古今中外，这一比例都大致相同，这是由人类自然发展的内在规律决定的。

3. 具体性

统计研究对象的数量是具体的量，不是抽象的量，这是统计和数学的重要区别。具体性是指社会经济统计所研究的量是社会经济现象在具体的时间、地点、条件下所表现出来的客观的数量。例如，2018全年我国国内生产总值900 309亿元，比上年增长6.6%，显然这不是抽象的量，而是对具体的时间、范围内具体对象的具体特征的统计结果。

三、统计工作过程

社会经济统计的工作过程，是对社会经济现象的数量方面进行调查研究、综合分析，以认识现象总体的本质和规律的过程。一般来说，一个完整的统计工作过程分为四个阶段，依次为统计设计、统计调查、统计整理和统计分析。

1. 统计设计

统计设计是根据统计研究对象的性质和目的，对整个统计工作做出全面计划安排的工作阶段。统计设计是统计工作顺利进行的前提。因为这一阶段是对社会经济现象进行初始定性认识，为定量认识做准备的。只有事先进行设计，才能统一认识、统一步骤，使整个统计工作有秩序地、协调地进行，以保证统计工作的质量。

2. 统计调查

统计调查即统计资料的搜集。它主要是根据统计设计的要求，向调查总体的各个单位搜集原始资料的工作阶段。统计调查是整个统计工作的基础阶段。因为这一阶段是统计认识活动由初始定性认识过渡到定量认识的阶段，故这个阶段所搜集的资料是否客观、周密，直接关系到统计整理的好坏，关系到统计分析结论的正确与否，决定统计工作的质量。

3. 统计整理

统计整理是指根据统计研究的目的，对调查阶段搜集的统计资料进行科学的加工整理，使之条理化、系统化，从而说明社会经济现象的总体特征的工作阶段。统计整理是统计工作的中间环节，因为这一阶段是使我们对社会经济现象的认识，由感性上升到理性的过渡阶段，所以它在整个统计工作过程中处于承前启后的地位。

4. 统计分析

统计分析是指运用统计分析方法，对经过加工整理的统计资料进行分析研究，以揭示现象发展过程的特征和规律性的工作阶段。统计分析是统计工作的最终环节，因为这一阶段是对现象得出定量与定性相结合的深刻认识的阶段，也是统计发挥信息、咨询和监督职能的关键阶段。

四、统计的职能

1. 信息职能

信息职能是指统计运用其特有的方法，搜集、整理、分析，并向社会提供社会经济、科技等方面数据资料的职能。信息职能是统计的基本职能。在信息社会中，信息是资源，谁掌握了信息谁就拥有主动权。统计的信息职能使之成为国家经济管理的基础性工作之一。在当今这个信息时代，统计信息已成为人们认识社会和国家，进行宏观决策和管理不可缺少的重要依据。

★ 相关链接　　　**文兼武：工业经济总体平稳　结构效益持续优化**

2018 年，工业生产运行总体平稳，规模以上工业增加值增速保持在合理区间，工业结构持续优化，供给侧结构性改革效果不断显现，企业盈利能力有所增强，小微企业经营环境正在改善。

一、工业生产总体平稳

2018 年，全国规模以上工业增加值增长 6.2%，继续运行在合理区间。

（一）多数行业保持增长态势。2018 年，41 个大类行业中多数行业增加值保持增长态势。其中，计算机、通信和其他电子设备制造业比 2017 年增长 13.1%；金属制品、机械和设备修理业增长 11.6%；专用设备制造业增长 10.9%。

（二）六成工业产品产量实现增长。在统计的 596 种主要工业产品产量中，有 364 种产品同比增长，增长率为 61.1%。其中，稀有稀土金属矿、挖掘机、单晶硅、微波终端机、铁路客车等产品的产量增速为 40%~183%；服务器、试验机等产品也增长较快。

（三）工业产品出口增长平稳。2018 年，规模以上工业出口交货值比 2017 年增长 8.5%。在 10 大工业品出口行业中，工业品出口 9 增 1 降。其中，化学原料和化学制品制造业比 2017 年增长 15.4%；计算机、通信和其他电子设备制造业增长 9.8%；汽车制造业增长 8.5%。

二、工业新动能成长较快

（一）高技术制造业增长较快。2018 年，高技术制造业增加值增长 11.7%，增速高于规模以上工业 5.5%，占规模以上工业增加值的比重为 13.9%，比 2017 年提高 1.2%。其中，通信和其他电子设备制造业增长 14.7%，高于规模以上工业增加值增速 8.5%；医药制造业增长 9.8%，高于规模以上工业增加值增速 3.6%；计算机及办公设备制造业增长 8.9%，高于规模以上工业增加值增速 2.7%。

（二）战略性新兴产业增速加快。2018 年，战略性新兴产业增长 8.9%，增速高于全部规模以上工业 2.7%。分季度看，一季度增长 9.6%，二季度增长 7.8%，三季度增长 9.0%，四季度增长 9.2%，连续两个季度增长加快。

（三）部分新兴工业产品产量快速增长。2018 年，新能源汽车产量比 2017 年增长 40.1%；生物基化学纤维增长 23.5%；智能电视增长 18.7%；锂离子电池增长 12.9%；集成电路增长 9.7%。

……

（资料来源：中国经济网；发布时间：2019-01-22 23:05）

可见，统计工作可以提供及时丰富的信息，这些信息可以作为有关管理部门和个人决策的依据。

2. 咨询职能

咨询职能是指统计部门利用已掌握的丰富的统计信息资源，运用科学的分析方法和先进的技术手段，深入开展综合分析和专题研究，为科学决策和管理提供各种可供选择的建议和对策方案。

3. 监督职能

监督职能是指根据统计调查和统计分析，及时、准确地从总体上反映经济、社会和科技在一定时间、地点、条件下的运行状态，并对其进行全面、系统的定量检查、监督和预警，以发现运行过程中的反常现象及其原因，并在发出预警的同时，提出相应的对策和措施，以促进经济按照客观规律的要求持续、稳定、协调地向前发展。

统计的信息、咨询、监督职能是相互联系、相辅相成的。信息职能是统计咨询职能和监督职能有效发挥的基础；统计的咨询职能是统计信息职能的延续和深化；统计的监督职能是在信息职能和咨询职能基础上的进一步拓展，并促进统计信息和咨询职能的优化。

五、统计的作用

1. 统计是认识客观世界的有力武器

统计的基本职能是搜集、整理、分析并提供统计信息。统计履行其基本职能的过程也就是认识客观现象的过程。统计有一整套信息收集、整理和分析的方法，通过这些方法，可以正确认识社会经济现象和自然现象。

2. 统计是各级领导进行决策和实施管理的重要依据

统计数据资料是党和国家确定战略目标、制定长远发展规划和社会经济计划的基础，是各级领导科学决策和管理、指导工作的重要依据。例如，从中华人民共和国成立至今，国家统计机构总共组织了6次全国性的人口普查、4次全国性的经济普查等工作，并且每年都要进行国民经济统计，其所获得的数据，为国家短期计划的制计和中长期规划，提供了重要的数据依据。

3. 统计是企业管理和经营决策的重要工具

现阶段，在竞争激烈的市场中，企业要在生存的基础上求发展，就必须对复杂的市场环境有准确的把握和认识，这就需要通过统计来获得准确的市场信息，并在能够正确分析和预测企业外部环境的发展变化的基础上，做出相应的市场决策。此外，统计也是进行企业内部管理的一项基础工作。通过统计，管理者可以掌握企业生产、销售、财务、人事等方面的信息，为制计科学的经营计划和进行管理控制奠定基础。

4. 统计是科学研究的重要方法

任何一门理论研究都离不开数据论证。运用统计方法通过对大量个体的观测研究，探索事物的发展变化规律，可以达到对客观现象的科学认识。如孟德尔通过反复的豌豆杂交试验及统计分析，提出了遗传单位是遗传因子（现代遗传学称为基因）的论点，并揭示出遗传学的两个基本规律——分离规律和自由组合规律。

六、统计的研究方法

统计学的研究对象是客观现象总体的数量特征和数量关系，以及通过这些数量方面反映出来的客观现象发展变化的规律性。统计学最基本的研究方法有大量观察法、统计分组法、综合指标分析法、归纳推断法和统计模型法等。

1. 大量观察法

大量观察法就是对总体中全部或足够多的总体单位进行调查研究并综合分析的方法。统计的研究对象是客观现象总体的数量方面，这就要求调查大量的个体，才能发现总体的数量规律。在对有众多个体的总体进行研究的过程当中，调查研究的个体越多，就越能消除总体各单位受偶然因素或特殊因素的影响，从而也就越接近客观实际。

2. 统计分组法

统计分组法是指根据统计研究的任务和现象本身的性质特点，按照某种标志将总体区分为若干组成部分的一种统计方法。例如，将人口按照年龄分组，职工按照文化程度分组，学生按籍贯分组，企业按规模分组，就可以认识总体现象的内部构成，反映总体内部差异。另外，通过分组还可以研究总体中现象之间的依存关系，如企业的技术装备水平和劳动生产率之间的关系，商业企业的销售额与流通费用率之间的关系等。统计分组法在统计研究中的应用非常广泛。

3. 综合指标分析法

所谓综合指标，是指综合反映社会经济现象总体数量特征和数量关系的指标。常用的综合指标有总量指标、相对指标、平均指标等。综合指标分析法是指运用各种统计综合指标对社会经济现象的数量方面进行综合、概括的分析方法。它是统计分析的基本方法之一。对大量的原始数据经过汇总整理，计算出各种综合指标，可以反映出现象在具体时间、地点、条件下的总体规模、相对水平、平均水平和差异程度，概括地描述总体的综合数量特征及其变动趋势。

4. 归纳推断法

归纳推断法是指对所获得的大量观察资料，通过观察各单位的特征，归纳推断总体特征的方法。一般以一定的置信度要求，采用归纳推断法，根据样本数据来推断总体数量特征。这是从个别到一般，由具体事实到抽象概括的推理方法。归纳推断法可以用于总体数量特征的估计，也可以用于对总体的某些假设进行检验，在统计研究中有广泛的用途，是现代统计学的基本方法之一。

5. 统计模型法

统计模型法是根据一定的经济理论和假定条件，用数学方法来模拟客观经济现象相互关系的一种研究方法。利用这种方法可以对社会经济现象和过程中表现出来的数量关系进行比较完整和近似的描述，以便于利用数学模型对社会经济现象的变化进行数量上的模拟和预测，如长期趋势分析、现象相关分析、统计预测等。统计模型法既提高了统计分析的认识能力，也扩展了统计分析的应用范围，使统计分析方法更丰富，对社会经济现象的分析研究程度也更深入。

任务二　统计学中基本概念的认知

学习统计学，就应明确统计中常用的一些基本概念。在本任务中，将重点学习统计总体和总体单位、标志和标志表现、变异和变量、统计指标和指标体系几组概念。其中，统计总体和总体单位是有关统计对象的描述，其余几组概念是对统计对象特征的反映。

一、统计总体和总体单位

1. 统计总体

统计总体是根据统计调查研究目的确定的所要研究的事物的全体，它是由客观存在的、具有某种共同性质的许多个别事物构成的集合体。例如，若要研究我国工业企业的生产经营情况，就应把我国所有工业企业组成的整体作为一个总体。这些工业企业都是客观存在的，每个工业企业都是从事工业生产活动的基层单位,具有相同的性质。再如,若要研究一个学校某班学生的学习情况,就可以将该班全部学生作为总体。又如,研究全球环境污染事件的发生及其原因,则全部的污染事件便是总体。还有,若要研究某厂电视机质量情况,就可以把该厂的全部电视机作为总体。

从上面的举例可以看出,由于研究目的的不同,总体的范围可大可小,可以由单位组成,也可以由人、物组成,也可以由事件组成。

统计总体具有三个方面的特征:大量性、同质性、变异性。

(1) 大量性。总体的大量性是指总体中应该有多个单位,而不只是个别或少数几个单位。因为研究总体数量特征的目的是揭示社会经济现象的规律性,所以如果总体中单位过少,则不足以说明社会经济现象本质规律。大量性是一个相对概念,调查所要求的精度越高,要求增加的调查单位越多。

(2) 同质性。总体的同质性是指构成总体的各个单位,至少在一个方面具有相同的性质,它是将总体各单位组合起来的基础。总体的同质性往往表现在一个或几个方面。例如,在人口普查中,全国人口构成统计总体,这个总体中的每一个人都具有相同的性质,即都是具有"中华人民共和国国籍"的人。

(3) 变异性。总体中各单位除了具有某些共同性质外,在其他方面则各不相同,这种不同称为变异,变异是统计存在的基础。如果一个总体中所有单位在所有方面都是相同的,则不需要对它进行统计研究。

2. 总体单位

构成总体的个别事物或者基本单位就是总体单位。如上例中,全国工业企业构成统计总体,每个工业企业就是总体单位;全国总人口构成总体,每一个公民就是总体单位;全国大专院校的所有学生构成总体,每一个学生就是总体单位。

3. 总体和总体单位的关系

总体和总体单位的关系属于整体与个体的关系。两者的划分不是固定不变的,而是相对的。它们会随着研究目的的改变而改换。例如,若研究全校所有班级学习状况,则全校所有班级是总体,每一个班级是总体单位;如果仅研究某一个班级的学习状况,则这个班级不再是总体单位,而变成了总体。

二、标志和标志表现

1. 标志

标志是说明总体单位某方面属性或特征的名称。通常,每个总体单位如果从不同角度考虑,都具有许多属性或特征。例如,研究某班学生的情况时,该班级每个学生作为总体单位,具有年龄、性别、民族、籍贯、学习成绩、身体状况等属性特征,这些特征的名称就称为标志。标志按其表现形式的不同,可分为品质标志和数量标志两种。品质标志是表明总体单位质方面特征的名称。例如,上例中学生的性别、民族、籍贯等,都是品质标志。又如,工业企业的所有制类型、所属行业也是品质标志。品质标志通常只能用文字表示。数量标志是表明总体单位量方面特征的名称。例如,上例中学生的年龄、身高、平均成绩等标志都是数量标志。又如,工业企业的职工人数、工资总额、固定资产净值、产品产量、产值、成本、利润等也是数量标志。数量标志只能用数字表示。

2. 标志表现

标志表现是标志在各个总体单位上的具体表现。根据标志的性质不同，标志表现可以分为品质标志表现和数量标志表现。品质标志表现只能用文字表示。例如，企业所属行业可以是纺织行业、印刷行业、化工行业、机械行业等；学生性别可以是男或者女。数量标志表现用数字表示。例如，某工人工龄为20年，月工资为7 000元；某企业的产值为8 000万元，职工人数为600人。标志和标志表现，是统计调查中所要登记的项目，是统计认识社会经济现象的起点。

三、变异和变量

1. 变异

变异是指可变标志在各总体单位具体表现上的差异，包括质的差异和量的差异。例如，学生的性别这一标志可以具体表现为男、女，这是属性上的差异；而学生年龄表现为17岁、18岁、19岁等，这是数量上的差异。

2. 变量

在数量标志中，不变的数量标志称为常量或参数，可变的数量标志称为变量。变量所表现的具体数值称为变量值，例如，企业的利润是一个变量。其中，甲企业为1 000万元、乙企业为500万元、丙企业为800万元等是企业利润的变量值。变量可分为连续型变量和离散型变量。连续型变量的变量值是连续不断的，相邻两值之间可进行无限分割，如身高、体重、利润等。离散型变量的变量值是以整数位断开的，只能用整数表示，如职工人数、设备台数、商品的件数等。

四、统计指标和指标体系

1. 指标

1）统计指标的概念

统计指标是反映总体现象数量特征的概念和具体数值。指标由指标名称和指标数值两个基本要素构成。例如，把某市工业企业作为总体，该市2018年工业利润总额90亿元、工业从业人数600万人就是指标。利润总额、从业人数为指标名称，90、600是指标的具体数值。

可见，一个完整的指标应由指标范围、时间、地点、指标名称、指标数值和数值单位等要素构成。

2）统计指标与统计标志的联系与区别

从统计指标和统计标志的概念和特征可以看出，指标与标志既有区别又有联系。指标与标志的区别主要有以下几个方面：

（1）指标是反映总体特征的，而标志是反映总体单位特征的。

（2）指标由指标名称和指标数值构成，标志只是总体单位某方面特征的名称。

（3）在标志中，品质标志无法量化，但指标均可量化并分析。

指标与标志之间同时又具有密切的联系，具体表现在以下几个方面：

（1）指标由各标志值汇总而来。例如，我国的第三产业总产值指标是由第三产业的每一个企业的产值标志值汇总得到的。

(2) 二者随统计研究目的的变化而变化。由于总体与总体单位会随统计研究目的的变化而变化，因此指标与标志同样也会相互转换。例如，在研究全国人口状况时，全国总人口数是反映总体特征的指标，其中某省的总人口数是标志。但在研究某省人口状况时，该省的总人口数就是指标。

2. 指标体系

一个统计指标往往仅能反映事物一方面的情况，要对事物有一个全面的认识，则须借助指标体系。指标体系是指具有一定逻辑关系的若干指标所构成的指标系统。例如，我国每年公布的国民经济核算指标体系包括国内生产总值、国内生产净值、国民收入、最终消费、居民消费、政府消费、总储蓄、货物和服务净出口等指标。根据社会经济现象各方面的特征设置的指标体系，可以全面反映社会经济现象的特征及相互之间的因果关系。再如，一个工业企业的生产经营活动是企业的人力、物力、资金、生产、供应、销售等相互联系的全过程的整体运行，为了反映整体运行的经济效益，就需要设置反映工业企业经济效益的统计指标体系。在我国，统计上考核工业企业经济效益的指标体系通常由总资产贡献率、资本保值增值率、资产负债率、流动资产周转率、成本费用利润率、全员劳动生产率和工业产品销售率七项指标组成。

★ 案例分析　　　**2017 年中国电商年度报告**

2017 年 11 月 11 日央视财经频道联合中国社科院财经战略研究院对外发布了 2017 中国电商年度报告，内容显示，我国电商占了全球市场份额的 40%；2016 年，中国网购规模（不含服务）达 7 500 亿美元；截至 2017 年 6 月，中国网民数量达 7.51 亿人，互联网普及率达 54.3%。

从过去几年公布的数据来看，从 2013 年开始，我国网上零售增速便降到了 50% 以下，在 2016 年增速更是变成了 26.2%。不过，2017 年的情况有所改善。据报告数据显示，2017 年 1—9 月，网上零售增速回升至 34.2%，高于 2015 年、2016 年的增长率。

2016 年 10 月至 2017 年 9 月的 12 个月的时间，我国网络零售额约 6.6 万亿元，相比上一周期增长 38%，为中国电商零售额同期的最高纪录。其中，实物商品网上零售近 5.08 万亿元，服务网上零售额近 1.49 万亿元。在社会商品总零售额中占比达到 13.6%，同比提高近 3%。

农村电商方面，2017 年 1—9 月，农村实现网络零售额 8 361.4 亿元，约占全国网络零售额的 17.14%，同比增长 38.3%，高出城市 5.6%。截至 2016 年年底，农村网店达 832 万家，带动就业人数超过 2 000 万人。

跨境电商方面，商务部数据显示，2017 年上半年，中国跨境电商交易规模 3.6 万亿元，同比增长 30.7%。其中，出口跨境电商交易规模 2.75 万亿元；进口跨境电商交易规模 8 624 亿元。

（资料选编自央视财经频道发布的《2017 年中国电商年度报告》）

问题：

1. 文中哪些内容体现了统计的特点？
2. 文中主要使用了哪种统计研究方法？
3. 从资料中你能得到哪些启示？

基础训练

一、思考题

1. 如何理解统计的三种含义？
2. 统计的特点是什么？
3. 统计的基本研究方法有哪几种？
4. 什么是总体？总体有哪些特征？什么是总体单位？
5. 什么是标志？什么是指标？二者有什么联系与区别？

二、单项选择题

1. 要了解40名学生的学习情况，则总体单位是（　　）。
   A. 40名学生　　　　　　　　　　B. 每名学生
   C. 40名学生的学习成绩　　　　　D. 每名学生的学习成绩
2. 对某市高等学校科研所进行调查，统计总体是（　　）。
   A. 某市所有的高等学校　　　　　B. 某一高等学校的科研所
   C. 某一高等学校　　　　　　　　D. 某市所有高等学校科研所
3. 要了解某市国有工业企业生产设备情况，则统计总体是（　　）。
   A. 该市国有的全部工业企业　　　B. 该市国有的每一个工业企业
   C. 该市国有工业企业的每一台设备　D. 该市国有工业企业的全部生产设备
4. 几位同学英语成绩分别是60分、80分、65分、75分，则成绩是（　　）。
   A. 品质标志　　　　　　　　　　B. 数量标志
   C. 变量值　　　　　　　　　　　D. 数量标志值
5. 下列标志中，属于品质标志的是（　　）。
   A. 工人的文化程度　　　　　　　B. 工人的月平均工资
   C. 工人总人数　　　　　　　　　D. 管理人员人数
6. 统计总体的基本特征是（　　）。
   A. 同质性、大量性、差异性　　　B. 数量性、大量性、差异性
   C. 数量性、综合性、具体性　　　D. 同质性、大量性、可比性
7. 总体与总体单位之间有什么关系？（　　）
   A. 总体与总体单位的划分是固定不变的　　B. 总体与总体单位的划分不是固定的
   C. 总体单位可以转化为总体　　　　　　　D. 总体可以转化为总体单位

三、多项选择题

1. 当观察和研究某省国有工业企业的生产活动情况时，（　　）。
   A. 该省所有国有工业企业为总体
   B. 该省国有工业企业生产的全部产品为总体
   C. 该省国有工业企业生产的全部资产为总体
   D. 该省每一个国有工业企业为总体单位
   E. 该省国有工业企业生产的每件产品为总体单位
2. 变量按其是否连续可分为（　　）。
   A. 确定性变量　　B. 随机性变量　　C. 连续变量　　D. 离散变量
   E. 常数

3. 下列各项中哪些属于统计指标？（　　）
   A. 国内生产总值　　　　B. 石油　　　　C. 原煤生产量
   D. 某同学该学期平均成绩 85 分　　　　E. 全市年供水量 9 000 万吨
4. 以下说法中正确的是（　　）。
   A. 没有总体单位也就没有总体，总体单位也离不开总体而存在
   B. 总体单位是标志的承担者
   C. 总体随统计任务的改变而改变
   D. 指标是说明总体特征的，标志是说明总体单位特征的
   E. 指标和标志都能用数值表示

实训项目

项目一：以小组合作的方式，通过互联网搜索或查阅图书资料等方式，搜集有关统计服务社会经济、服务生产与研究方面的案例，制作成 PPT，然后在班级进行汇报。

项目二：以小组合作的方式，通过互联网搜索或查阅图书资料等方式，搜集近年来全国和本省关于国民经济发展状况的统计数据及统计分析资料，撰写国情调研报告，制作成 PPT，然后在班级进行汇报。

项目二

统计调查

项目概述

统计调查是根据统计设计阶段的要求对调查对象搜集统计资料的过程。本项目以统计调查任务为核心,根据统计调查的基本要求,学习各种调查方法的特点,使学生能够根据实际需要,设计完整的调查方案,并进行统计调查的案例分析。统计调查是认识事物的起点,是决定整个统计工作质量的关键。

学习目标

1. 认识统计调查的含义、基本要求,熟悉统计调查的种类。
2. 熟悉常用的统计调查方法,能够进行简单的调查方案设计。
3. 能够根据调查目的,选择调查方法,搜集调查资料。

★导入案例　国务院关于开展第三次全国土地调查的通知

国发〔2017〕48号

各省、自治区、直辖市人民政府,国务院各部委、各直属机构:

根据《中华人民共和国土地管理法》《土地调查条例》有关规定,国务院决定自2017年起开展第三次全国土地调查。现将有关事项通知如下:

一、调查目的和意义

土地调查是一项重大的国情国力调查,是查实查清土地资源的重要手段。开展第三次全国土地调查,目的是全面查清当前全国土地利用状况,掌握真实准确的土地基础数据,健全土地调查、监测和统计制度,强化土地资源信息社会化服务,满足经济社会发展和国土资源管理工作需要。

做好第三次全国土地调查工作,掌握真实准确的土地基础数据,是推进国家治理体系和治理能力现代化、促进经济社会全面协调可持续发展的客观要求;是加快推进生态文明建设、夯实自然资源调查基础和推进统一确权登记的重要举措;是编制国民经济和社会发展规划、加强宏观调控、推进科学决策的重要依据；是实施创新驱动发展战略，支撑新产业新业态发展，提高政府依法行政能力和国土资源管理服务水平的迫切需要；是落实最严格的耕地保护制度和最严格的节约用地制度，保障国家粮食安全和社会稳定，维护农民合法权益的重要内容；是科学规划、合理利用、有效保护国土资源的基本前提。

二、调查对象和内容

第三次全国土地调查的对象是我国陆地国土。调查内容为：土地利用现状及变化情况，包括地类、位置、面积、分布等状况；土地权属及变化情况，包括土地的所有权和使用权状况；土地条件，包括土地的自然条件、社会经济条件等状况。进行土地利用现状及变化情况调查时，应当重点调查永久基本农田现状及变化情况，包括永久基本农田的数量、分布和保护状况。

三、调查时间安排

第三次全国土地调查以2019年12月31日为标准时点。

2017年第四季度开展准备工作，全面部署第三次全国土地调查，完成调查方案编制、技术规范制订以及试点、培训和宣传等工作。

2018年1月至2019年6月，组织开展实地调查和数据库建设。

2019年下半年，完成调查成果整理、数据更新、成果汇交，汇总形成第三次全国土地调查基本数据。

2020年，汇总全国土地调查数据，形成调查数据库及管理系统，完成调查工作验收、成果发布等。

四、调查组织实施

第三次全国土地调查涉及范围广、参与部门多、工作任务重、技术要求高。各地区、各有关部门要按照"全国统一领导、部门分工协作、地方分级负责、各方共同参与"的原则组织实施调查。

为加强组织领导，国务院决定成立第三次全国土地调查领导小组，负责领导和协调解决调查工作中的重大问题。领导小组办公室设在自然资源部，负责调查工作的具体组织和协调。其中，涉及调查业务指导和检查方面的工作，由自然资源部牵头负责；涉及调查经费和物资保障方面的工作，由国家发展改革委和财政部负责协调；涉及数据统计和分析方面的工作，由自然资源部会同国家统计局负责处理。其他有关部门要各司其职、各负其责、通力协作、密切配合。地方各级人民政府要成立相应的调查领导小组及其办公室，负责本地区调查工作的组织和实施。

五、调查经费保障

本次土地调查经费由中央财政和地方财政按承担的工作任务分担。各地要多方筹措，统筹安排，列入地方财政预算，以保证土地调查工作顺利进行。

六、调查工作要求

各地要加强对承担调查任务的调查队伍的监管和对调查人员的培训。各级调查机构及其工作人员必须严格按照《中华人民共和国统计法》（简称《统计法》）等有关法律法规要求，按时报送调查数据，确保调查数据真实、准确、完整。任何地方、部门、单位和个人都不得虚报、瞒报、拒报、迟报，不得弄虚作假和篡改调查数据。调查成果要按程序逐级汇总上报。调查中所获得的涉密资料和数据，必须严格保密。

各地区、各有关部门要充分利用报刊、广播、电视、互联网等媒体，全面深入宣传土地调查的重要意义和要求，为调查工作顺利开展营造良好社会氛围。

国务院
2017 年 10 月 8 日

思考：

通过阅读以上资料，分析统计调查的方法，并思考如何才能得到准确、及时、全面的统计数据。

任务一　统计调查认知

一、统计调查的意义和基本要求

1. 统计调查的意义

对于社会经济现象，搜集统计资料的主要手段是统计调查。统计调查就是根据统计研究的目的、任务和要求，运用各种科学的统计调查方法，有计划、有组织地登记，取得真实、可靠的原始资料的过程。

从统计工作的全过程来看，统计调查是搜集资料获得感性认识的阶段，它既是对现象总体认识的开始，又是进行资料整理和分析的基础环节，所以为保证统计工作的质量，在进行统计调查时，必须坚持实事求是的原则，同时要深入实际，全面了解情况，以取得准确、及时、完整的统计调查资料。

2. 统计调查的基本要求

统计调查的要求包括准确性、及时性和全面性。

（1）准确性。准确性是指调查资料客观地反映现象和过程本质的程度。统计调查资料的准确性不仅是一个技术性问题，而且涉及坚持统计制度和纪律，坚持实事求是，如实反映情况的原则问题。在我国，统计立法的核心就是保障统计资料的准确性、客观性和科学性。国家机关、社会团体、各企事业单位和个体工商户，都要依照《统计法》和国家的有关规定，提供真实的统计资料，不允许虚报、瞒报、拒报、迟报，不允许伪造、篡改。基层群众性组织和公民都有义务如实提供国家统计调查所需要的情况。统计工作人员一定要有对事业高度负责的精神，如实反映情况。坚决反对以违法的手段来破坏调查资料的准确性，把维护统计资料的真实性作为自己的职责。

（2）及时性。及时性是指搜集资料完成的时间符合该项调查所规定的时间要求。统计资料的及时性也是一个全局性的问题。一项统计工作任务的完成，是许多单位共同努力的结果，任何一个调查单位不按规定的时间提供资料，都会影响全面的综合工作，贻误整个统计工作的开展。因此，提高统计调查的及时性不是个别单位工作所能奏效的，必须各个调查单位共同增强全局观念，采取有效措施，遵守统计制度和纪律，才能做好这一项工作。

（3）全面性。全面性即完整性，即在规定时间内对调查资料毫无遗漏地搜集起来。调查单位不重复、不遗漏，所列调查项目的资料搜集齐全；如果统计资料残缺不全，或重复太多，就不可能反映所研究现象的全貌和正确认识社会经济现象总体的特征，最终也就难以对深化经济现象的规律性做出正确的决断，甚至会得出截然相反的结论。

二、统计调查的种类

社会经济现象错综复杂,根据不同的调查对象和调查目的,需要采取不同的统计调查方式,统计调查有多种方式,它们有不同的特点和作用,可以从不同的角度将统计调查方式划分为不同的类型。

(一) 全面调查和非全面调查

统计调查根据被研究总体的范围不同,可分为全面调查和非全面调查。这是统计调查最基本的分类。

1. 全面调查

在全面调查的情况下,被研究总体的所有单位都要被调查到。例如,人口普查要对全国人口无一例外地进行登记;要了解全国原油产量,就要对全国所有油田的原油产量都进行调查登记;要了解全国汽车产量,就要对全国所有汽车厂家都进行调查。普查、全面统计报表都是全面调查。全面调查能够掌握比较全面的、完整的统计资料,可以了解总体的全貌,但它需要花费较多的人力、物力和财力,操作起来也比较困难。

2. 非全面调查

非全面调查则是对被研究现象总体的一部分单位进行调查。例如,要了解民营企业经济效益状况以及经营管理的新情况、新问题,可以选择部分企业进行调查;为了研究城市居民家庭的生活水平,可以只对一定数量的住户进行调查;为了掌握进出口商品的质量,抽查其中一部分商品做检验就可以。抽样调查、重点调查和典型调查都是非全面调查。非全面调查的调查单位少,可以用较少的时间和人力、财力,调查较多的内容,并能推算和说明总体情况,收到事半功倍的效果。

(二) 经常性调查和一次性调查

统计调查按调查登记的时间是否连续,可分为经常性调查和一次性调查。

1. 经常性调查

经常性调查又称连续性调查,就是随着被研究现象的变化,随时将变化的情况进行连续不断的登记。在进行这种调查时,被研究现象的所有变化都被观察记录下来。例如,工厂的产品生产、原材料的投放、燃料和动力消耗,这些工业生产过程中指标数值经常变动,必须在观察期内进行连续登记,才能满足需要;又如,人口的出生、死亡,必须在观察期内连续登记。可见,连续调查的资料可以说明现象的发展过程,可以体现现象在一段时期的总量。

2. 一次性调查

一次性调查就是间隔一段时间(一般是相当长的时期)进行的调查。如人口数量、固定资产总值等现象,短时期内不发生什么变化,不必连续不断登记,只需要经过一段时间登记其某时刻或某一天的数量。

(三) 统计调查和专门调查

统计调查按调查组织方式不同,可分为统计报表和专门调查。

1. 统计报表

统计报表就是按统一规定的表格形式,统一的报送程序和报表时间,自下而上提供基础统计资料,是一种具有法律性质的报表。统计报表制度是一种自上而下布置,自下而上通过填制统计报表来搜集数据的制度。

2. 专门调查

专门调查是指为了研究某些专门问题，由调查单位专门组织进行的一种调查方式，这种调查多属于一次性调查，它是我国统计工作中重要的统计调查的组织形式。专门调查主要包括普查、重点调查、典型调查和抽样调查。专门调查灵活多样、适应性强，既可针对某专项内容进行，也可弥补统计报表的不足。

三、统计调查的组织形式

（一）统计报表

1. 统计报表的意义

统计报表是一种以全面调查为主的调查方式，它是由政府主管部门依照国家有关法规的规定，以统计表格形式和行政手段自上而下布置，而后由企、事业单位以一定的原始记录为依据，按照统一的表式、统一的指标项目、统一报送时间和报送程序，自下而上、层层汇总上报，逐级提供基本统计数据的一种调查方式。它的任务是经常地、定期地搜集反映国民经济和社会发展基本情况的资料，为各级政府和有关部门制计国民经济和社会发展计划以及检查计划执行情况服务。

2. 统计报表的特点

（1）统一性。统计报表的指标体系、表格形式、报送程序和报送时间都是由国家统一规定的，因此，搜集的资料具有统一性；统计报表的指标含义、计算方法、口径也是全国统一的。

（2）全面性。在报表的实施范围内各单位都必须全面贯彻执行，由基层单位填报，经过部门、地区以及全国的汇总综合，便可得到国民经济全面的基本统计资料。

统计报表具有以下三个显著的优点：

（1）它是根据国民经济和社会发展宏观管理的需要而周密设计的统计信息系统，从基层单位日常业务的原始记录和台账（即原始记录分门别类的系统积累和总结）到包含一系列登记项目和指标，都可以力求规范和完善，使调查资料具有可靠的基础，保证资料的统一性，以便在全国范围内汇总、综合。

（2）它是依靠行政手段执行的报表制度，要求严格按照规定的时间和程序上报，因此，具有100%的回收率；而且填报的项目和指标具有相对的稳定性，可以完整地积累形成时间序列资料，以便进行历史对比和社会经济发展变化规律的系统分析。

（3）它既可以越级汇总，也可以层层上报、逐级汇总，以便满足各级管理部门对主管系统和区域统计资料的需要。

3. 统计报表的种类

（1）按调查范围不同，统计报表可分为全面统计报表和非全面统计报表。

全面统计报表要求调查对象中的每一个单位都要填报；非全面统计报表只要求调查对象的一部分单位填报。

（2）按填报单位不同，统计报表可分为基层统计报表和综合统计报表。

基层统计报表是由基层企、事业单位填报的报表。综合统计报表是由主管部门或统计部门根据基层报表逐级汇总填报的报表，主要用于搜集全面的基本情况；此外，也常为重点调查等非全面调查采用。

（3）按报送周期长短不同，统计报表可分为日报、周报、旬报、月报、季报、半年报和年报。

周期短的，要求资料上报迅速，填报的项目比较少；周期长的，内容要求全面一些；年报具有年末总结的性质，反映当年中央政府的方针、政策和计划贯彻执行情况，内容要求更全面和详尽。

日报和旬报称为进度报表，主要用来反映生产、工作的进展情况。月报、季报和半年报主要用来掌握国民经济发展的基本情况，检查各月、季、年的生产工作情况。年报是每年上报一次，主要用来全面总结全年经济活动的成果，检查年度国民经济计划的执行情况等。

（4）按报表内容和实施范围不同，统计报表可分为国家统计报表、部门统计报表和地方统计报表。

国家统计报表即国民经济基本统计报表，由国家统计部门统一制发，用以搜集全国性的经济和社会基本情况，包括农业、工业、基建、物资、商业、外贸、劳动工资、财政等方面最基本的统计资料。部门统计报表就是为了适应各部门业务管理需要而制定的专业技术报表。地方统计报表就是针对地区特点而补充制定的地区性统计报表，是为本地区的计划和管理服务的。

4. 统计报表的资料来源

统计报表资料来源于基层单位原始记录。从原始记录到统计报表，中间还要经过统计台账和内部报表。所以，建立健全原始记录制度，是统计报表质量的基础。

（1）统计台账。统计台账是按照各种报表或核算工作需要，为了系统地积累和整理统计资料而设置的一种专用表格或登记底账。

工业企业统计台账有主要产品产量台账、半成品或零部件台账、产品工时台账、产品质量分析台账、工时利用台账、设备使用情况台账等。

合理设置统计台账，对于提高统计工作质量，加强企业管理等有着重要作用；能及时向领导提供资料，反映职工生产经营活动的成果，作为总结工作、检查和制订计划、进行统计评比的依据；可以把编制统计报表的工作，分散在平时，期末只要将有关台账的数字加以汇总，即可编制出有关的统计报表；可以系统地积累统计资料，避免资料散失，并防止因人员变动发生数据丢失的现象。

（2）企业内部报表。企业内部报表是根据原始记录或统计台账资料，进行整理汇总、计算填写而成的。在企业内部，班组向车间、车间向厂部以及厂部统计部门向企业党政领导提供的统计数据，一般是通过企业内部报表的方式进行的。企业内部报表的种类和内容也是很多的，包括产品产量、产品工时、产品成本、原材料消耗、设备运转、工时利用、技术革新以及主要技术经济指标等方面的报表。

企业内部报表具有以下几方面的作用：能准确、及时地反映班组、车间和全厂的计划执行情况；能为企业计算各种经济技术指标提供依据；能系统地积累资料，以便研究企业生产活动发展变化的趋势；能满足编制国家定期报表和年度报表的需要。

（二）普查

1. 普查的概念

普查是为了某种特定的目的而专门组织的一次性的全面调查，用以搜集重要国情国力和资源状况的全面资料，为政府制定规划、方针政策提供依据，如人口普查、科技人员普查、工业普查、物资库存普查等。普查多半是在全国范围内进行的，而且所要搜集的是经常的、定期的统计报表所不能提供的更为详细的资料，特别是诸如人口、物资等时点的数据。

2. 普查的方式

普查的组织方式一般有两种：一种是建立专门的普查机构，配备大量的普查人员，对调查单位进行直接的登记，如人口普查等；另一种是利用调查单位的原始记录和核算资料，颁发调查表，由登记单位填报，如物资库存普查等。这种方式比第一种简便，适用于内容比较单一、涉及范围较小的情况，特别是为了满足某种紧迫需要而进行的"快速普查"，就可以采用这种方式，它由登记单位将填报的表格越过中间一些环节直接报送到最高一级机构集中汇总。

3. 普查特点

普查作为一种特殊的数据搜集方式，具有以下几个特点：

（1）普查通常是一次性的或周期性的。由于普查涉及面广、调查单位多，需要耗费大量的人力、物力和财力，故通常需要间隔较长的时间，如我国的人口普查从1953年至2010年共进行了六次。

（2）规定统一的标准时点。标准时点是指被调查对象登记时所依据的统一时点。调查资料必须反映调查对象在这一时点上的状况，以避免调查时因情况变动而产生重复登记或遗漏现象。例如，我国第六次人口普查的标准时点为2010年11月1日0时，就是要反映这一时点上我国人口的实际状况；农业普查的标准时点定为普查年份的1月1日0时。

（3）规定统一的普查期限。在普查范围内，各调查单位尽可能同时进行登记，并在最短的期限内完成，以便在方法和步调上保持一致，保证资料的准确性和时效性。

（4）规定普查的项目和指标。普查时必须按照统一规定的项目和指标进行登记，不准任意改变或增减，以免影响汇总和综合，降低资料质量。同一种普查，每次调查的项目和指标应力求一致，以便于进行历次调查资料的对比分析和观察社会经济现象发展变化情况。

（5）普查的数据一般比较准确，规范化程度也较高，因此它可以为抽样调查或其他调查提供基本依据。

（6）普查的使用范围比较窄，只能调查一些最基本及特定的现象。

普查既是一项技术性很强的专业工作，又是一项广泛性的群众工作。我国历次人口普查都认真贯彻群众路线，做好宣传和教育工作，得到群众的理解和配合，因而取得令世人瞩目的成果。

★ 相关链接   **第六次人口普查时间表**

普查时间表
2010年11月1—10日：入户登记；
2010年11月16日—12月25日：事后质量抽查；
2011年3月—2012年5月：公布普查数据；
2010年12月—2012年6月：普查资料开发利用和分析。

普查的主要内容：姓名、性别、年龄、民族、户口登记状况、受教育程度、行业、职业、迁移流动、社会保障、婚姻、生育、死亡、住房情况等。

（三）重点调查

1. 重点调查的概念和特点

重点调查是一种非全面调查，它是在全部单位中选择一部分重点单位进行调查，以取得统计数据的一种非全面调查方法。其目的是了解总体的基本情况。

所谓重点单位，是指在总体中具有举足轻重地位的单位。这些单位虽然少，但它们调查的标志值在总体标志总量中占有绝大比重，通过对这些单位的调查，就能掌握总体的基本情况。例如，鞍钢、武钢、首钢、包钢和宝钢等特大型钢铁企业，虽然在全国钢铁企业中只是少数，但它们的产量占全国钢铁产量的绝大比重。对这些重大企业进行调查，便能省时省力且及时地了解全国钢铁生产的基本情况，满足调查任务的要求。

重点调查的优点在于调查单位少，可以使用较少的人力和时间，调查较多的项目和指标，了解较详细的情况，取得及时的资料，取得较好的效果。当调查任务只要求掌握总体的基本情况，而且总体中确实存在重点单位时，采用重点调查是比较适宜的。但必须指出，由于重点单位与一般单位的差别较大，因此通常不能由重点调查的结果来推算整个调查对象的总体指标。

2. 重点单位的选择

重点调查的关键是确定重点单位。

首先，重点单位的多少，要根据调查任务确定。一般来说，选出的单位应尽可能少些，而其标志值在总体中所占比重应尽可能大些，其基本标准是所选出的重点单位的标志必须能够反映研究总体的基本情况。

其次，在选择重点单位时，要注意重点是可以变动的，即一个单位在某一问题上是重点，而在另一问题上不一定是重点；在某一调查总体中是重点，在另一调查总体中不一定是重点；在这个时期是重点，而在另一时期不一定是重点。因此，对不同问题的重点调查，或同一问题不同时期的重点调查，要随着情况的变化而随时调整重点单位。

（四）典型调查

典型调查也是专门组织的一种非全面调查，它是根据调查研究的目的和要求，在对总体进行全面分析的基础上，有意识地选择其中有代表性的典型单位进行深入细致的调查，找出有普遍意义和有规律性的东西，从个别中了解一般、从个性中了解共性的一种调查方法。

所谓有代表性的典型单位，是指那些最充分、最集中地体现总体某方面共性的单位。

★相关链接

江苏省吴江县[①]开展一次对县属镇中的"农民工"的典型调查，以认识"农民工"是否有利于城镇建设等问题。在对全县7个县属镇进行粗略分析的基础上，最后选定了震泽镇作为典型调查，因为震泽在7个镇中算发展较快的一个镇，而且该镇农民工占职工总数的20.4%，占比超过全县的15%。通过调查分析得出结论是：推动该镇发展的一个重要因素是该镇吸收了大量"农民工"。因此，通过典型分析，最后可以推论出"农民工"有利于城镇建设等结果。

典型调查具有以下两个突出的作用：

---

① 吴江县：今为吴江市。

(1) 研究尚未充分发展、处于萌芽状况的新生事物或有某种倾向性的社会问题。通过对典型单位深入细致的调查，可以及时发现新情况、新问题，探测事物发展变化的趋势，形成科学的预见。

(2) 分析事物的不同类型，研究它们之间的差别和相互关系。例如，通过调查可以区别先进事物与落后事物，分别总结它们的经验教训，进一步进行对策研究，从而促进事物的转化与发展。

此外，在总体内部差别不大或分类后各类型内部差别不大的情况下，典型单位的代表性很显著，也可用典型调查资料来补充和验证全面调查的数字。

典型调查的中心问题是如何正确选择典型单位。根据不同的研究目的和要求，有以下三种选典方法：

(1) "解剖麻雀"的方法。这种选典方法适用于总体内各单位差别不太大的情况。通过对个别代表性单位的调查，即可估计总体的一般情况。

(2) "划类选典"的方法。总体内部差异明显，但可以划分为若干个类型组，使各类型组内部差异较小。从各类型组中分别抽选一两个具有代表性的单位进行调查，即称为划类选典。这种调查既可用于分析总体内部各类型特征，以及它们的差异和联系，也可综合各种类型，对总体情况做出大致的估计。

(3) "抓两头"的方法。从社会经济组织管理和指导工作的需要出发，可以分别从先进单位和落后单位中选择典型，以便总结经验和教训，带动中间状态的单位，推动整体的发展。

典型调查通常是为了研究某种特殊问题而专门组织的非全面的一次性调查。但是，有时为了观察事物发展变化的过程和趋势，系统地总结经验，也可对选定的典型单位连续地进行长时间的跟踪调查。例如，对新生事物或处于萌芽状态的事物的研究，就适宜采用这种定点的跟踪调查。

（五）抽样调查

抽样调查是一种非全面调查，它是从全部调查研究对象中，抽选一部分单位进行调查，并据以对全部调查研究对象做出估计和推断的一种调查方法。显然，抽样调查虽然是非全面调查，但它的目的是取得反映总体情况的信息资料，因而，也可起到全面调查的作用。常用的抽样调查的形式有：

(1) 简单随机抽样。它是按随机原则直接从总体中抽选样本单位进行调查。这种形式比较直观、容易理解，但如果总体很大，实施就会有困难。

(2) 类型抽样。先对总体各单位按主要的标志加以分类，再按随机原则从各类中抽取一定单位数进行调查。这种形式是从各类中取样，所以样本的代表性比较高。

(3) 等距抽样。将总体各单位按某一标志大小顺序排列，然后依一定间隔抽取样本单位进行调查。这种抽样方法可以使样本单位比较均匀地分布在总体各个部分，通常能够收到较好的抽样效果。

(4) 整群抽样。先将总体各单位划分许多群，然后以群为单位从其中随机抽取部分群，对选中群的所有单位进行全面调查。这种形式是按群调查，所以样本单位比较集中，组织工作比较方便，省时省力，节约开支。

四、统计调查的具体方法

（一）直接观察法

直接观察法是调查人员亲自到现场对调查单位的调查项目进行清点、测定、计量，以取得第一手资料的一种方法。例如，在进行商场调查时，调研人员想得到某段时间的客流量、顾客在各柜台的停留时间、各组的销售状况、顾客的基本特征、售货员的服务态度等信息时，并不访问任何人，只是观察现场的情况，然后记录备案；为了了解工业企业期末在制品结存量，调查人员进入到生产现场进行观察、计数、测量等。

直接观察法所取得的资料，具有较高的准确性，但需要投入大量的人力、物力、财力和时间。

（二）报告法

报告法又称凭证法，是指要求调查对象以原始记录、台账和核算资料为依据，向有关单位提供统计资料的方法，如报表制度等。当前，我国企、事业单位向上级填报统计报表，就是报告法。报告法具有统一项目、统一表式、统一要求和统一上报程序的特点。

（三）采访法

采访法又称询问法，是指由调查人员向被调查者提问，根据被调查者的答复来搜集资料的方法。这一方法又分为个别访问和开调查会两种。个别访问是由调查人员向被调查者逐一询问来搜集资料的方法；开调查会是指邀请了解情况的人参加座谈会，以此来搜集资料的方法。

（四）问卷法

问卷是指统计调查所用的、以提问的形式表述问题的表格。问卷法就是调查者用问卷对所研究的社会经济现象进行度量，从而搜集到可靠的社会经济资料，深刻认识某一现象的一种方法。

任务二　统计调查设计

一、调查方案设计

统计调查是一项复杂而又细致的工作，会涉及许多环节，调查参与者众多。为了在调查过程中有统一内容、统一认识、统一方法、统一步调，顺利完成调查任务，就必须在调查前设计一个统一的调查方案，以保证统计调查工作有计划、有组织地进行。统计调查方案应确定以下几个方面的内容：调查目的；调查对象和调查单位；调查项目和调查表；调查时间和调查工作期限；调查的组织实施计划。

（一）明确调查目的

调查总是为一定的研究目的服务的，制定统计调查方案的首要问题是明确调查目的。不同的研究目的和任务，决定着不同的调查内容和范围。目的不明，任务不清，就无法确定向谁调查、调查什么、怎样调查。任何社会经济现象和过程都可以根据人们的需要，从不同方面、不同角度来搜集材料。例如，对于农村经济情况既可以从农业生产方面来研究，也可以从农民消费方面来考虑，还可以从农产品生产成本、推广农业科技的经济效益等方面来研究。因此，调查目的应尽可能规定得具体、明确、突出中心，否则，调查来的资料可能并不是真正需要的，需要了解的情况得不到充分的反映。

（二）确定调查对象和调查单位

确定调查对象和调查单位，就是回答向谁调查、由谁具体提供统计资料的问题。

调查对象是应搜集其资料的许多单位的总体。统计总体这一概念在统计调查阶段称调查对象。调查对象由调查目的决定。例如，人口普查的调查对象是所有具有中华人民共和国国籍并在中华人民共和国境内居住的人。又如，如果调查目的是取得某校的学生人数、年龄分布情况，那么调查对象是该校的所有学生；要了解某企业产品质量状况，该工厂的全部产品就是调查对象。

调查单位就是总体单位，它是调查对象的组成要素，即调查对象所包含的具体单位。

报告单位也叫填报单位，也是调查对象的组成要素，它是提交调查资料的单位，一般是基层企、事业单位。

需要指出，调查单位与报告单位有时一致有时不一致。例如，进行工业设备普查，报告单位是工业企业，调查单位是各种单台设备。又如，在普查某种水果树的种植时，调查单位是每一单株果树，而报告单位是农户或某农场等农业生产单位。显然，这两种调查的调查单位与报告单位是不一致的。当我们调查某市工业企业产品产量、成本、利税的情况时，调查单位与报告单位都是工业企业，显然，调查单位与报告单位又是一致的。

一般来说，在统计调查中，要明确规定调查单位和报告单位，是为了说明向谁调查登记资料，由谁提交统计资料，以避免在调查单位和报告单位不一致时产生矛盾。

（三）确定调查项目和调查表

1. 调查项目

调查项目又称调查提纲，就是调查中所要登记的调查单位的特征，这些特征就是标志。它完全由调查的目的任务和调查对象的性质特点决定。解决的问题是：向调查单位调查什么？调查单位有哪些特征？用什么标志反映调查单位的特征？在调查中涉及哪些调查项目？通俗地说，调查项目就是一份在调查过程中应该获得答案的各种问题的清单。

在拟定调查项目时要注意以下三个问题：

（1）所选择的项目必须是能够取得确切资料的。对于不必要或者虽然需要但没有可能取得资料的项目，就应该加以限制，以便获得虽然数量不多却无疑是可靠的材料。

（2）调查的每一个项目应该有确切的含义和统一的解释，以免调查人员或被调查者按照各自不同的理解进行回答，使调查结果无法汇总。

（3）各个调查项目之间尽可能做到互相联系、彼此衔接，以便从整体上了解现象的相互联系，也便于有关项目相互核对，提高调查资料的质量。还要注意现行的调查项目同过去同类调查项目之间的衔接，便于动态对比，研究现象的发展变化。

2. 调查表

调查项目确定之后，把诸多的调查项目用最精练的措辞在框格上表现出来，以便于调查登记资料规范化、标准化，即为调查表。使用调查表为下一阶段的统计整理提供了极大的方便。使用调查表是由统计调查工作大量性、系统性要求决定的，它作为统计调查过程的基本手段，无疑是拟定调查方案的重要步骤。

调查表一般有单一表和一览表两种形式。

单一表是每个调查单位填写一份，可以容纳较多的项目。一个问题的调查不限于只使用一张表，可以视调查项目内容的多少，由若干张组成。

一览表是把许多调查单位填列在一张表上，在调查项目不多时较为简便，且便于合计和核对差错，如表 2 – 1 所示。但在项目很多的情况下，一览表并不适用，因为势必出现调查表篇幅非常大的情况。

表 2-1 身体发育状况调查表

检查序号	姓名	性别	出生年月	年龄	身高	体重	胸围	呼吸差	肺活量	坐高

一张好的调查表,项目要少而精,项目的措辞要毫不含糊,形式上还要让被调查者易填易答。一个烦琐的、包罗万象、项目繁杂的调查表会使被调查者难以负担、精神疲劳,产生错答、拒答或不完整、随意回答的情况。所以,确定调查项目、设计调查表就应考虑到可能发生的登记性误差,以防止误差的发生。

为了使调查表填写正确,其上必须附有简明扼要的填表说明和项目解释。填表说明用来提示填表时应注意的事项;项目解释则是为了说明调查表中某些标志的含义、范围、计算方法等。填表说明和项目解释必须根据国家制定的统一标准进行,以保证统计调查中采用的指标含义、计算方法、分类目录和统计编码等方面的标准化。

(四) 确定调查时间和调查工作期限

调查时间是调查资料所属的时间。如果所调查的是时期现象,就要明确规定反映的调查现象从何年何月何日起至何年何月何日止;如果所要调查的是时点现象,就要明确规定统一的标准时点。

调查时限是整个调查工作的起止时间,包括搜集资料、报送资料等整个工作所需要的时间。为了保证资料的时效性,调查期限不宜过长。任何调查都应尽可能缩短调查时限。

(五) 调查的组织实施计划

为了保证整个统计调查工作的顺利进行,一定要严密细致制订工作计划。所以,在统计调查工作之前,一定要组织好整个统计调查工作的各个环节。统计组织工作包括调查工作领导负责机构的组建、调查工作人员的确定、调查方法的确定及人员业务培训、调查经费的预算和筹集以及工作进度安排等。

二、问卷设计

问卷是调查者依据调查目的和要求,按照一定的理论假设设计出来的,由一系列问题、调查项目、备选答案及说明组成的向被调查者搜集资料的一种工具,属于调查表的一种形式,是搜集原始资料的常见方法。

(一) 问卷设计的原则

(1) 有明确的主题。根据调查主题,从实际出发拟题,问题目的明确、重点突出,没有可有可无的问题。

(2) 结构合理、逻辑性强。问题的排列应有一定的逻辑顺序,符合应答者的思维程序。一般是先易后难、先简后繁、先具体后抽象。

(3) 通俗易懂。问卷应使应答者一目了然,并愿意如实回答。问卷中语气要亲切,符合应答者的理解能力和认识能力,避免使用专业术语。对敏感性问题采取一定的技巧调查,使问卷具有合理性和可答性,避免主观性和暗示性,以免答案失真。

(4) 控制问卷的长度。回答问卷的时间控制在 20 分钟左右,问卷中既不浪费一个问句,也不遗漏一个问句。

(5) 便于资料的校验、整理和统计。

(二) 问卷的设计程序

(1) 确定主题和资料范围。根据调查目的的要求,研究调查内容、需收集的资料及资料来源、调查范围等,酝酿问卷的整体构思,将所需要的资料一一列出,分析哪些是主要资料,哪些是次要资料,哪些是可要可不要的资料,淘汰那些不需要的资料,再分析哪些资料需要通过问卷取得、需要向谁调查等,并确定调查地点、时间及对象。

(2) 分析样本特征。分析了解各类调查对象的社会阶层、社会环境、行为规范、观念习俗等社会特征;需求动机、潜在欲望等心理特征;理解能力、文化程度、知识水平等学识特征,以便针对其特征来拟题。

(3) 拟定并编排问题。首先,构想每项资料需要用什么样的句型来提问,尽量详尽地列出问题;然后,对问题进行检查、筛选,看有无多余的问题,有无遗漏的问题,有无不适当的问题,以便进行删、补、换。

(4) 进行试问试答。站在调查者的立场上试行提问,看看问题是否清楚明白,是否便于资料的记录、整理;站在应答者的立场上试行回答,看看是否能答和愿答所有的问题,问题的顺序是否符合思维逻辑。估计回答时间是否合乎要求。有必要在小范围进行实地试答,以检查问卷的质量。

(5) 修改、复印。根据试答情况,进行修改,再试答,再修改,直到完全合格以后才定稿复印,制成正式问卷。

(三) 调查问卷的基本结构

一份完整的调查问卷,通常由题目、说明信、被调查者的基本情况、调查事项的问题和答案、填写说明和解释五个主要部分所构成。

1. 题目

题目是问卷的主体。俗话说"题好一半文"。调查问卷与文章一样,题目非常重要。应力求准确、醒目、突出;要能准确而概括地表达问卷的性质和内容;观点新颖,句式构成上富于吸引力和感染力;注意题目不要给被调查者以不良的心理刺激。

2. 说明信

说明信又称封面信,一般设在问卷的开头。这是调查者与被调查者的沟通媒介,目的是让被调查者了解调查的意义,引起被调查者足够的重视和兴趣,争取他们的支持与合作。说明信要说明调查者的身份,调查的中心内容及要达到的目的和意义,选样原则和方法,调查结果的使用和依法保密的措施与承诺等,有时还需要对奖励的方式、方法、奖金、奖品等有关问题叙述清楚。说明信必须态度诚恳,口吻亲切,以打消被调查者的疑虑,取得真实资料。

3. 被调查者的基本情况

被调查者的基本情况是对调查资料进行分类研究的基本依据。一般而言,被调查者包括两大类:一是个人;二是单位。如果被调查者是个人,则其基本情况包括姓名、性别、民族、年龄、文化程度、职业、职务或技术职称等项目;如果被调查者是企、事业等单位,则包括单位名称、经济类型、行业类型、职工人数、规模、资产等项目。若采用不记名调查，那么被调查者的姓名或名称须在基本情况中省略。

4. 调查事项的问题和答案

调查事项的问题和答案是调查问卷最主要、最基本的组成部分，调查资料的搜集主要是通过这一部分来完成的，它也是使用问卷的目的所在。这一部分设计的如何，关系到该项调查有无价值和价值的大小。通常在这一部分既提出问题，又给出回答方式。

问题从形式上看，有开放式和封闭式两种。

开放式问题是指只提问题，不确定答案，被调查者可以自由地围绕提出的问题，填写描述性的情况和意见。例如，您抽香烟多久了？您对某某超市的印象如何？您认为这种包装材料的饮料有哪些优缺点？

开放式问题的优点是：被调查者不受任何定式的约束，可以自由地发表意见，对问题的探讨比较深入，获得的资料往往比较丰富而生动。其不足是：答案五花八门，复杂多样，有时甚至出现答非所问的情况；描述性问题的回答较多，难以定量处理；受被调查者表述能力的影响较大，由此会造成一些调查性误差。

封闭式问题是指不仅提出问题，而且每一个问题都已预先分列了若干答案，由被调查者在其中选择符合自己实际情况的答案。

例如，你购买雕牌洗衣粉的主要原因是（选择最主要两种）：

（1）洗衣较洁白；

（2）售价较廉；

（3）任何商店都有出售；

（4）不伤手；

（5）价格与已有的牌子相同，但分量较多；

（6）朋友介绍。

封闭式问题的优点是：问题清楚具体，被调查者容易回答，材料可信度较高；答案标准，整齐划一，填写方便，容易整理，适于定量分析。其不足是：由于事先规定了预选答案，因此被调查者的创造性受到约束，不利于发现新问题；被调查者在对于预选答案不理解、不满意或随便选择的情况下，会影响调查结果的正确性。

两种问题形式各有优缺点，为了弥补它们的不足，在实际操作中，许多问卷是两种问题形式结合使用的，从而形成一种优势互补的调查问卷。

为了应用计算机对问卷进行定量分析，往往需要对调查事项的问题和答案进行编码，即用事先规定的"代号"（阿拉伯数字）来表示某些事物及其不同状态的信息。开放式问题一般是在问卷回收后再进行编码。封闭式问题一般采用预编码，即在问卷设计的同时进行编码。

5. 填写说明和解释

填写说明和解释（又称指导语）包括填写问卷的要求、调查项目的含义、被调查者应注意的事项等，其目的在于明确填写问卷的要求和方法。

除了上述五个基本部分外，问卷的最后也可以写上几句短语，以表示对被调查者的感谢，或征求被调查者对问卷设计和问卷调查的意见和感受。如果是访问式问卷，还可以加上作业证明的记载，其主要内容包括调查人员姓名、调查时间和作业完成情况，这可以明确调查人员的责任，并有利于检查、修正调查资料。

(四) 问卷的设计形式

问卷是以书面的形式来记录和反映被调查者的看法和要求的，问卷设计的好坏对调查的结果影响很大。因此，问卷的设计应主题明确、重点突出、通俗易懂、便于回答，同时应便于计算机对问卷的汇总和处理。问卷的设计，可根据具体情况采用不同的设计形式，其基本形式有以下五种。

1. 自由询问式

自由询问式是只提问题不设答案，由被调查者自由回答。它适用于对所有问题的提问，被调查者对这类问题的回答可以不拘形式，任意发挥。但有些被调查者不愿或不便用文字形式表达自己的看法，因而影响了调查结果的全面性与准确性。此外，由于这种提问的回答内容五花八门，因此不利于进行资料的整理和统计。

2. 二项选择式

二项选择式的问卷只让被调查者在两个可能答案中选择一个，如"是"与"不是"、"有"与"没有"等。此类方式易于发问，也易于回答，且方便统计汇总，但不便于调查者了解形成答案的原因。

3. 多项选择式

多项选择式设置了多种答案供被调查者选择。这种方式能较全面地反映被调查者的看法，又较自由询问式易于统计和整理，但在设计时应注意供选择的答案不宜太多，只要能概括各种可能情况即可，一般不应超过 10 个。

4. 顺位式

顺位式是让被调查者依据自己的爱好和认识程度对调查项目中所列答案定出先后次序。顺位式一般分为两种：一是预先给出多个答案，由被调查者定出先后顺序；另一种是不预先给出答案，而由被调查者按先后顺序自己填写。

5. 赋值评价式

赋值评价式是指通过打分数或定等级评价事物的好坏或优劣的方法。打分时，一般用百分制或十分制；定级时，其等级一般定 1~5 级或 1~10 级。这种方法简便易行，评价活动余地较大，而且便于统计处理和比较。缺点是：分数的多少和等级的高低不易掌握分寸，而且往往因人而异，差异较大。因此，采用这种方法时，应当对打分或定级的标准做出统一的规定，以便被调查者有所参考。

上述的五种设计形式，第一种属于开放性问题，第二、三、五种属于封闭型问题，第四种既可以用于封闭式问题，也可以用于开放式问题。此外，还可以采取其他的设计形式。

★相关链接

大学生网购调查问卷

您好！我们是×××，我们正在进行一项关于大学生网购的调查，想邀请您用几分钟时间帮忙填答这份问卷。本问卷实行匿名制，所有数据只用于统计分析，请您放心填写。题目选项无对错之分，请您按自己的实际情况填写。谢谢您的帮助！

1. 您的性别？
    A. 男　　　　B. 女

2. 您所在的年级?
   A．大一　　　B．大二　　　C．大三　　　D．大四　　　E．研究生
3. 您过去3个月是否在网络上购买东西?
   A．是　　　B．否
4. 您选择网络购物的主要原因是?
   A．方便快捷，节省时间　　　B．品种齐全　　　C．价格便宜
   D．时尚有趣　　　E．实体店难以买到
   F．网购时间不受限制　　　G．其他
5. 您主要在哪些网站上购买东西?
   A．淘宝网　　　B．京东商城　　　C．卓越亚马逊　　　D．当当网
   E．拍拍网　　　F．其他
6. 您在网上主要购买哪些东西?
   A．服饰鞋帽　　　B．饰品　　　C．电子产品　　　D．生活日用品
   E．化妆品　　　F．书籍　　　G．其他
7. 您选择这些网站购物，主要看重哪些因素?
   A．产品种类的丰富性　　　B．网站页面设计
   C．网站广告宣传和促销　　　D．销售商家信用度
   E．商家服务态度和互动程度　　　F．网站/品牌知名度
   G．退换货便利性　　　H．产品价格
   I．产品质量描述　　　J．发货及送货速度
   K．售后服务　　　L．购买者评论　　　M．其他
8. 您平时网购的频率是?
   A．每天1次或以上　　　B．每周4~5次　　　C．每周2~3次
   D．每周1次　　　E．每月5~6次　　　F．每月2~3次　　　G．每月1次
   H．少于每月1次
9. 您平均每个月花费在网购上的费用是多少钱?
   A．100元以内　　　B．100~300元　　　C．301~500元
   D．501~1 000元　　　E．1 000元以上
10. 您喜欢的促销方式有哪些?
    A．免邮费　　　B．打折　　　C．送分送礼物　　　D．赠送优惠券　　　E．其他
11. 网购时，您经常使用哪种付款方式?
    A．网上支付　　B．货到付款　　　C．邮局汇款　　　D．银行转账　　　E．其他
12. 您对网银、支付宝、财富通等网络支付手段的态度?
    A．放心，方便、快捷又安全　　　B．比较放心　　　C．不放心，感觉不安全
13. 网购时，对于货物，您通常采用哪种邮递方式?
    A．平邮　　　B．快递　　　C．EMS　　　D．其他
14. 网购时，您对于货物送达能够接受的最长时间是?
    A．1天　　　B．2~3天　　　C．4~5天　　　D．6~7天
    E．8~10天　　　F．无所谓

15. 网购过程，您最担心的因素是？
    A. 支付的安全性　　　　　　B. 商家的诚信
    C. 图片和实物有差距　　　　D. 产品质量不合格
    E. 运货过程货物受损　　　　F. 其他
16. 总体而言，您对网购是否满意？
    A. 非常满意　　　　　　　　B. 比较满意　　　C. 一般
    D. 不满意　　　　　　　　　E. 非常不满意
17. 您对网购有什么改善建议？

★ 案例分析

大学生消费情况调查方案

一、调查背景

随着经济水平的不断发展，一种新型经济——学生经济逐渐发展起来。现在的学生特别是大学生已成为推动社会经济发展的一支不可忽视的重要的特殊群体。他们对餐饮、服务、教育、文化等行业的发展起到了重要作用。大学生没有自己独立的经济来源，却进行着一些不相称的行为。他们的价值观发生了很大的转变，享乐主义、拜金主义、奢侈浪费等现象频频出现在大学生的生活中。

二、调查目的

要求详细了解大学生消费各方面的情况，为大学生合理消费制定科学的管理方案提供依据。

(1) 全面摸清大学生的消费结构与现状。

(2) 全面了解大学生的消费观念与价值观。

三、调查对象及抽样

因为大学生的消费不同于中学阶段，也不同于家庭消费，每个大学生都在消费，具有普遍性，所以全体在校学生都是调查对象，但因为家庭经济背景的差异，全校学生月生活支出还是存在较大的差距，从而导致消费购买习惯与结构的差异性。为了准确、快速地得出调查结果，此次调查决定采用分层随机抽样法：先按其住宿条件的不同分为两层（住宿条件基本上能反映各学生的家庭经济条件）——公寓学生与普通宿舍学生，再进行随机抽样。

消费者（学生）：300名。其中，住公寓的学生占50%。

四、调查内容与工具

(1) 调查工具：问卷准备、访谈卡片。

(2) 调查内容：大学生的消费结构；大学生的消费观念。

(3) 物质手段：照相机、摄像机。

五、调查员的规定、培训

(一) 规定

(1) 仪表端正、大方。

(2) 举止谈吐得体，态度亲切、热情。

(3) 具有认真负责、积极的工作精神及职业热情。

(4) 访员要具有把握谈话气氛的能力。

（二）培训

培训必须以实效为导向，本次调查人员的培训决定采用举办培训班、集中讲授的方法，针对本次活动聘请有丰富经验的调查人员面授调查技巧、经验，并对他们进行思想道德方面的教育，使之充分认识到市场调查的重要意义，培养他们强烈的事业心和责任感，端正其工作态度、作风，激发他们对调查工作的积极性。

六、人员安排

根据我们的调查方案，在学校内进行本次调研需要的人员安排具体配置如下：
(1) 调查问卷与工具准备：2名。
(2) 调查人员：4名。
(3) 资料整理与数据分析：2名。
(4) 调查报告撰写：1~2名。

七、调查方法及具体实施

(1) 以问卷调查为主，具体实施方法如下。

在完成市场调查问卷的设计与制作以及调查人员的培训等相关工作后，就可以开展具体的问卷调查了。把调查问卷平均分发给各调查人员，统一选择中餐或晚餐后这段时间开始进行调查（因为此时的学生，多数待在宿舍里，便于集中调查，能够给本次调查节约时间和成本）。调查员在进入各宿舍时说明来意，并特别声明在调查结束后将赠送被调查者精美礼物一份以吸引被调查者的积极参与，得到正确有效的调查结果。在调查过程中，调查员应耐心等待，切不可督促。调查员可以在当时收回问卷，也可以第二天收回（这有利于被调查者充分考虑，得出更真实有效的结果）。

(2) 以访谈为辅助调查，具体实施方法如下。

由于调查形式的不同，因此对调查者所提出的要求也有所差异。访谈前调查员要做好充分的准备，列出调查所要了解的所有问题。调查者在访谈过程中应占据主导地位，把握整个谈话的方向，能够准确筛选谈话内容并快速做好笔记，以得到真实有效的调查结果。

(3) 通过网上查询或资料查询调查统计资料。

调查者查找资料时应注意其权威性及时效性，以尽量减少误差。因为其具有简易性，所以该工作可直接由撰写人完成。

八、调查程序及时间安排

调查大致可分为准备、实施、研究、总结四个阶段。

(1) 准备阶段：它一般分为界定调研问题、设计调研方案、设计调研问卷或调研提纲三个部分。
(2) 实施阶段：根据调研要求，采用多种形式，由调研人员广泛地收集与调查活动有关的信息。
(3) 研究阶段：将收集的信息进行汇总、归纳、整理和分析。
(4) 总结阶段：将调研结果以书面的形式——调研报告表述出来，并进行评估。

按调研的实施程序，可分七个小项来对时间进行具体安排：

调研方案、问卷的设计	2周
调研方案、问卷的修改、确认	1周
项目准备阶段（人员培训、安排）	1周

实地访问阶段   1 周
数据统计分析阶段   1 周
调研报告撰写阶段   1 周
论证阶段   1 周

九、经费预算

策划费   1 500 元
交通费   500 元
调查人员培训费   500 元
公关费   1 000 元
访谈费   1 000 元
问卷调查费   1 000 元
统计费   1 000 元
报告费   500 元
总计   7 000 元

十、附录

参与人员：×××　×××
项目负责人：×××　×××
调查方案、问卷的设计：×××　×××
调查方案、问卷的修改：×××　×××
调查人员培训：×××　×××
调查人员：待定
调查数据处理：×××　×××
调查数据统计分析：×××　×××
调查报告撰写：×××　×××
论证人员：×××　×××
调查计划书撰写：×××　×××

问题：

1. 一项完整的调查方案包括哪几个部分，常用的调查方法有哪些？
2. 请根据此资料说出如何确定统计调查的目的。
3. 如何确定调查对象、调查单位和填报单位？
4. 如何确定调查内容，怎样表示调查内容？

基础训练

一、思考题

1. 统计调查的基本要求有哪些？
2. 什么是普查、重点调查和典型调查？
3. 统计调查有哪些具体方法？
4. 在调查问卷中，提问时应注意些什么？
5. 调查方案包括的主要内容有哪些？

二、单项选择题

1. 下述调查中属于全面调查的是（　　）。
   A. 对某种连续生产的产品质量进行调查
   B. 某地区对工业企业设备进行普查
   C. 对全国钢铁生产中的重点单位进行调查
   D. 抽选部分地块进行农产量调查

2. 重点调查中重点单位是按（　　）选择的。
   A. 这些单位数量占总体全部单位总量的很大比重
   B. 这些单位的标志值占总体标志总量的很大比重
   C. 这些单位具有典型意义，是工作重点
   D. 这些单位能用以推算总体标志总量

3. 有意识地选择三个农村点调查农民收入情况，这种调查方式属于（　　）。
   A. 典型调查　　　B. 重点调查　　　C. 抽样调查　　　D. 普查

4. 2010年11月1日0点的第六次全国人口普查是（　　）。
   A. 典型调查　　　B. 重点调查　　　C. 一次性调查　　　D. 经常性调查

5. 通过调查大庆、胜利等几个主要油田来了解我国石油生产的基本情况，这种调查方式属于（　　）。
   A. 普查　　　B. 典型调查　　　C. 重点调查　　　D. 抽样调查

6. 对一批商品进行质量检验，最适宜采用的调查方法是（　　）。
   A. 全面调查　　　B. 抽样调查　　　C. 典型调查　　　D. 重点调查

7. 抽样调查与重点调查的主要区别是（　　）。
   A. 作用不同
   B. 组织方式不同
   C. 灵活程度不同
   D. 选取调查单位的方法不同

8. 对某市全部商业企业职工的生活状况进行调查，调查对象是（　　）。
   A. 该市全部商业企业
   B. 该市全部商业企业的职工
   C. 该市每一个商业企业
   D. 该市商业企业的每一名职工

9. 对某省饮食业从业人员的健康状况进行调查，调查单位是该省饮食业的（　　）。
   A. 全部网点　　　B. 每个网点　　　C. 所有从业人员　　　D. 每个从业人员

10. 人口普查的调查单位是（　　）。
    A. 每一户　　　B. 所有户　　　C. 每一个人　　　D. 所有人

11. 调查项目（　　）。
    A. 是依附于调查单位的基本标志
    B. 是依附于调查对象的基本指标
    C. 与调查单位是一致的
    D. 与填报单位是一致的

12. 调查时限是指（　　）。
    A. 调查资料所属的时间
    B. 进行调查工作的期限
    C. 调查工作登记的时间
    D. 调查资料的报送时间

13. 人口普查规定标准时间是为了（　　）。
    A. 避免登记的重复和遗漏
    B. 确定调查对象的范围
    C. 确定调查单位
    D. 确定调查时限

14. 在下列调查中，调查单位与填报单位一致的是（　　）。
    A. 企业设备调查　　　　　　　　B. 人口普查
    C. 农村耕畜调查　　　　　　　　D. 工业企业现状调查
15. 某市规定某年工业经济活动成果年报呈报时间是下年 1 月 31 日，则调查期限为（　　）。
    A. 一天　　　　B. 一个月　　　　C. 一年　　　　D. 一年零一个月
16. 下述调查属于经常性调查的是（　　）。
    A. 每隔 10 年进行一次人口普查
    B. 对最近 5 年的商品价格变动情况进行调查
    C. 对 2010 年职称评审结果进行调查
    D. 按月上报商品销售额

实训项目

项目：为了解陕西省大学生对创业的态度和不同群体的创业现状，以小组为单位选择合适的调查方法，设计调查问卷，并以我院学生为例进行实际调查。

项目三

统计整理

项目概述

统计整理是对调查阶段所搜集到的统计资料进行科学分组和加工汇总,使之条理化、系统化,成为反映总体特征的综合资料的工作过程。统计整理既是统计调查的继续,又是统计分析的前提。通过统计资料的整理阶段,可以使人们对社会经济现象的认识实现感性到理性的飞跃。本项目将学习统计数据审核的内容和方法、如何进行统计分组、如何汇总统计数据及编制统计表和绘制统计图,为后面的统计分析做好准备。

学习目标

1. 理解统计整理的内容。
2. 理解常用的统计汇总技术。
3. 能够根据数据的类型选择恰当的分组方法进行数据分组,并编制分布数列。
4. 能够根据调查得到的统计数据编制统计表,并绘制相应的统计图。
5. 掌握利用 Excel 进行统计整理的方法。

★导入案例 看不见的弹痕最致命

第二次世界大战前期,德国势头很猛,英国从敦刻尔克撤回到本岛,德国每天不定期地对英国狂轰滥炸。后来英国空军发展起来,双方空战不断。为了能够提高飞机的防护能力,英国的飞机设计师们决定给飞机增加护甲,但是设计师们并不清楚应该在什么地方增加护甲,于是请来了著名的统计学家。他将每架中弹之后仍然安全返航的飞机的中弹部位描绘在一张图上,然后将所有中弹飞机的图都叠放在一起,这样就形成了浓密不同的弹孔分布。工作完成了,然后统计学家说没有弹孔的地方就是应该增加护甲的地方,因为这个部位中弹的飞机都没能幸免于难。

思考:

通过以上资料学习,请你说出上述资料使用了哪些统计整理的方法。

任务一　统计整理认知

一、统计整理的概念和作用

1. 统计整理的概念

统计整理是按照统计目的和任务的要求，根据统计对象的特点，对调查的统计资料进行分组、汇总，使其条理化、系统化的过程。

统计整理是统计工作的中间环节，它是在统计调查的基础上进行的，是统计调查的继续，同时是统计分析的前提，在统计工作中起着承前启后的作用。统计整理结果的好坏，是否科学、真实地反映客观实际，将直接影响整个工作的质量。

2. 统计整理的作用

（1）统计整理是实现从单位到总体，从标志到指标的重要环节和手段。通过整理，把反映各单位特征的标志汇总成为指标，实现对总体的基本认识，在分组整理的基础上，通过计算对比得到分析指标，从而实现对总体特征更全面更深刻的认识。

（2）统计整理全面实现了统计的数量化特征。通过统计整理，不但把调查的数量标志汇总成了指标，而且把调查的非数量化内容即品质标志，通过汇总变成了反映总体数量特征的指标，从而为统计分析的科学化奠定了基础。

（3）统计整理是实现从感性认识到理性认识的重要过渡。人们对社会经济现象的认识，一般都是从个人局部的感性角度来观察和体会的，因而不可避免地会带来各种偏见或误差。通过整理及分析而得到的指标，会纠正并提供总体基本特征的真实状况，从而实现人们对事物发展规律的理性认识。

二、统计整理的内容

统计整理的全过程包括对统计资料的审核、分组、汇总、编制统计表和绘制统计图等几个主要环节，由此构成了统计整理的主要内容，同时形成了统计整理的程序。

1. 数据的审核

对于通过直接调查取得的原始数据，应主要从完整性和准确性两个方面去审核。

完整性审核主要是检查应调查的单位或个体是否有遗漏，所有的调查项目或指标是否填写齐全等。准确性审核主要包括两个方面：一是检查数据资料是否真实地反映了客观实际情况，内容是否符合实际；二是检查数据是否有错误，计算是否正确等。准确性审核的方法主要有逻辑检查和计算检查。逻辑检查主要是从定性角度审核数据是否符合逻辑，内容是否合理，各项目或数字之间有无相互矛盾的现象。比如，中学文化程度的人所填的职业是大学教师，对于这种违背逻辑的项目应予以纠正。计算检查就是检查调查表中的各项数据在计算结果和计算方法上有无错误。比如，各分项数字之和是否等于相应的合计数，各结构比例之和是否等于1或100%，出现在不同表格上的同一指标数值是否相同，等等。

对于通过其他渠道取得的第二手数据，还应审核数据的适用性和时效性。第二手数据可以来自多种渠道，有些数据可能是为特定目的通过专门调查而取得的，或者是已经按特定目的的需要做了加工整理。对于使用者来说，首先应弄清楚数据的来源、数据的口径以及有关的背景材料,以便确定这些数据是否符合分析研究的需要,是否需要重新加工整理等,不能盲目生搬硬套。此外,还要对数据的时效性进行审核,有些时效性较强的问题,如果所取得的数据过于滞后,就失去了研究的意义。

2. 统计分组

统计分组是统计整理的主要方法,是统计整理的关键和基础。只有对调查所得的资料进行正确的分组,才能整理出有价值的综合指标,借以揭示现象的本质和规律。

3. 统计汇总

统计整理的主要工作是汇总大量的统计资料。统计资料汇总是统计整理的核心;分组是完成这一工作的有效手段和过程。在分组的基础上,把总体单位各标志值进行汇总计算,得到反映各组或总体的统计指标,实现对总体特征的认识。可见,没有汇总,就没有统计指标。

4. 编制统计表、绘制统计图

统计资料条理化、系统化是统计整理的标准和目的。统计表和统计图能够将汇总出来的资料简明扼要、系统有序地显示出来。

三、统计资料汇总技术

要使统计汇总准确快速,节约人力、物力,还要讲究汇总技术。常用的汇总技术有手工汇总和电子计算机汇总。

(一) 手工汇总

手工汇总是指用算盘或小型计算器进行的汇总。利用手工处理统计资料有悠久的历史,其方法虽然比较落后、效率较低,但方法灵活简便易行,即使在计算机广泛应用的情况下,运用这种方法处理统计资料仍然有一定的必要性。在我国基层单位,主要采用手工汇总的方法。常用的手工汇总方法有四种。

1. 划记法

划记法也称点线法。它是用点或线等符号代表每个总体单位,汇总时看总体单位属于哪个组,就在哪个组的栏内点一个点或划一条线,最后计算各组的点或线的数目,得出各组的单位数,如表 3-1 所示。这种方法手续简便,但只适合于对总体单位数的汇总,不适合对标志值汇总。

表 3-1 某班学生考试成绩汇总表

考试成绩/分	汇总	人数/个
60 以上	⊥	2
60~75	正正	10
75~85	正正正一	16
85 以上	正正⊥	12
合计	正正正正正正正	40

2. 过录法

过录法就是将调查资料过录到事先设计好的整理表上,计算出各组的单位数及标志值的合计数,再编制统计表。这种方法的优点是既能汇总单位数,也能汇总标志值;缺点是全部资料都要过录，工作量大，也容易产生过录差错。因此，它适用于总体单位数不多，分组较简单的情况。

3. 折叠法

折叠法是将调查表中需要汇总的某一横行或纵栏的统计资料折在边上，然后按顺序叠放整齐，进行加总计算，将汇总的结果填入统计表。这种方法的优点是简便易行，适用于对标志值汇总；缺点是一旦发生差错，须从头做起。

4. 卡片法

卡片法是将专门制作的卡片作为分组计数的工具来进行汇总的方法。大体的汇总步骤是：

（1）编号。根据分组标志，对每一种分组，按组的顺序编号，并且在调查表的有关项目中注上所属的编号。

（2）摘录。将调查表上注明的组号和标志值分别摘录在卡片的相应格中。每一张卡片只摘录一个调查单位的材料。

（3）分组计数。将卡片按组号分为若干组。分组后，各种卡片数就是各组的单位数。汇总标志值时，将各组卡片重叠起来，只露出边缘数字进行加总。最后将各组单位数和标志值填入统计表。这种汇总方法比较准确，一般适用于大规模专门调查资料的汇总。

（二）电子计算机汇总

利用现代电子计算技术来进行汇总和计算工作，是统计汇总技术的新发展，也是统计现代化的一个重要标志，不仅可以极大地节省人们的手工劳动，而且给整个统计工作过程带来了重大变革。电子计算机汇总步骤如下：

1. 编制程序

利用计算机进行汇总和计算的过程就是执行一系列指令（即程序）的过程。汇总需要进行哪些分组，需要计算哪些指标，编制什么表式，均要根据任务和要求把程序设计语言翻译成计算机可执行的目标程序——计算机所能"认识"的语言。规范化的汇总程序可存储起来多次使用。这种编好备用的计算机程序一般称为软件包，计算机可按照所编程序进行数据处理。目前，大型调查和经常性调查一般都要编制专用录入汇总程序。

2. 编码

编码就是把表示信息的某种符号体系转换成便于计算机或人识别和处理的另一种符号体系的过程。汇总的信息有数字信息和文字信息两种。编码是将文字信息转化为数字信息的过程。

3. 数据录入

数据录入就是把代码和实际数据由录入人员通过录入设备记载到存储介质上（如磁带、磁盘），由计算机通过它本身的装置把这些数据转变成机器可以识别的电磁信号。

4. 数据编辑

数据编辑就是按照事先规定的一套编辑审核规则由计算机对自动输入的数据进行检查，将误差超过允许范围的数据退回去，重新审查更正，把在允许范围以内的个别误差按编辑程序规则更正。

5. 计算与制表

计算机根据事先编好的程序，对编辑检查订正后的数据进行计算和制表，自动生成所需的各种统计图表（分组表、排序表等）。

任务二 统计数据分组

一、统计分组的含义和作用

1. 统计分组的含义

统计分组是按照统计研究目的和任务的要求,按照一定的标志把总体划分为若干个性质不同又有联系的若干部分的一种统计方法。这些组成部分称为这一统计总体的"组"。

统计分组具有"分"与"合"的双重意义。对总体而言,统计分组是"分",即把总体内部具有相对性质差异的各个部分区分开来。对总体单位而言,统计分组则是"合",即把一定意义上的、性质相同的个体组合在一起。其分组原则:保证组间各单位具有差异性,组内各单位具有同质性。例如,对全国总人口这一总体,根据研究的需要可以按城乡、性别等不同的标志进行分组。按照每一个标志分组的结果都把总人口划分成两个组成部分,如表 3-2 所示。

表 3-2 2017 年年底我国人口构成情况①

指标	年末数/万人	比重/%
全国总人口	139 008	100.0
按城乡分:城镇	81 347	58.52
乡村	57 661	41.48
按性别分:男性	71 137	51.2
女性	67 871	48.8

通过分组,将性质相同的各总体单位结合在一起,将性质相异的各总体单位分开,区分事物之间质的差异,并能据此从数量上揭示事物的内部联系,从而反映出我国人口的差异与特征,满足其研究问题的需要。

2. 统计分组的作用

统计分组在统计认识过程中的作用是多方面的,可概括为下面三个基本方面:

(1) 研究总体的内部结构。对总体按某一标志进行分组,并计算总体内各组成部分占总体的比重,以说明各个组成部分在总体中的分布状况,反映现象的内部结构和结构变化,从而揭示现象的性质和发展变化的规律,如表 3-3 所示。

表 3-3 2013—2017 年我国人口结构变化情况② 单位:%

分类		2013 年	2014 年	2015 年	2016 年	2017 年
城乡结构	城镇	53.73	54.77	56.10	57.35	58.52
	乡村	46.27	45.23	43.90	42.65	41.48
性别结构	男	51.2	51.2	51.2	51.2	51.2
	女	48.8	48.8	48.8	48.8	48.8

---

① 资料来源:《中国统计公报》(2018 年)。
② 资料来源:《中国统计公报》(2013—2017 年)。

(2) 划分社会经济现象的类型。根据统计研究的目的和要求,运用统计分组把所研究的现象总体划分为不同的类型,才能科学地进行统计汇总和统计分析,也才能达到统计认识的深化。比如,工业划分为轻工业和重工业两大类型;国民经济划分为第一产业、第二产业和第三产业三大类型等。

(3) 揭示变量之间的依存关系。社会经济现象之间总是相互联系、相互依存、相互制约的,分组可以在各种错综复杂的现象中,找出其内在的联系和数量关系。即根据研究目的,按照一定标志对总体进行分组,然后观察相关标志的变化。例如,农作物的施肥量与产品、产量之间的关系,家庭工资收入和生活费支出之间的关系以及工人技术等级与产品质量之间的关系等,都在一定程度上存在相互依存的关系,所有这些依存关系都可以通过统计分组来研究。又如,表3-4所示为某种商品价格和需求量的关系,其一般规律是,商品需求量随着价格的上涨而降低。

表3-4 某种商品价格和需求量的关系

按商品价格分组/元	商品需求量/千克
6	72
7	70
8	70
9	62
10	60
11	57
12	54

二、统计分组的原则

要保证分组的科学性,统计分组必须遵循穷尽原则和互斥原则。

穷尽原则是指全部分组必须容纳所有总体单位,即总体中的每个总体单位都必须有组的归属。例如,劳动者按文化程度分组,若只分为小学毕业、中学毕业和大学毕业三组,则不符合穷尽原则,因为未上过小学以及大学以上文化程度的劳动者就无组可归。分组要做到"穷尽",按品质标志分组时,组数是品质标志的全部类型;按数量标志分组时,最大组的上限应大于最大标志值,最小组的下限应小于最小标志值。此外,还要根据变量的性质,保持相邻组之间的连续性。

互斥原则是指在特定的分组标志下,总体中的任何一个单位只能归属于某一组,不能同时归属于几个组。例如,把鞋子分为男鞋、女鞋、童鞋三类,就不符合互斥原则,因为童鞋也有男鞋与女鞋之分。因此,遵循互斥原则,按品质标志分组要重点注意对各组范围、特征和性质的界定,对于性质上较为复杂的单位要做出明确、统一的处理规定。在按数量标志分组时,重点要注意相邻组之间重叠组限上的单位归属问题,这就是统计上的一般处理方法:重叠组限上的单位归入下限组,或者叫作"上限不在内"原则。

三、统计分组的种类

1. 按标志的多少,统计分组可分为简单分组和复合分组

简单分组是对总体按一个标志分组,它只能从某一方面来反映总体的分布状况或内部结构。许多简单分组从不同侧面说明同一总体，就构成一个平行分组体系。例如，为了了解企业职工基本情况，可以分别选择年龄和文化程度两个标志各进行简单分组；而这两个简单分组又形成了一个平行分组体系，如表3-5所示。

表3-5 简单分组和平行分组体系

分组	人数
按年龄分组	20岁及以下
	21~35岁
	36~50岁
	51~55岁
	56~60岁
按文化程度分组	大专及大专以上
	中专、技工
	高中
	初中
	小学、识字不多或不识字

复合分组是指同时使用两个或两个以上标志依序层叠起来对总体进行分组；复合分组本身就构成一个复合分组体系。例如，对固定资产投资项目，可先按经济类型分组，再按投资规模分组，形成如下的复合分组和复合分组体系，如表3-6所示。

表3-6 复合分组和复合分组体系

按经济类型分组	按投资规模分组	企业个数
国有经济投资	大型 中型 小型	
集体经济投资	大型 中型 小型	
外商经济投资	大型 中型 小型	
其他经济投资	大型 中型 小型	

2. 按标志的性质不同，统计分组可分为品质分组（也称"属性分组"）和数量分组（也称"变量分组"）

品质分组就是按品质标志进行分组，如人口按性别分组，员工按岗位分组，企业按经济类型分组。性别、岗位、经济类型都是品质标志，因此上述分组都属于品质分组。数量分组就是按数量标志进行分组，如人口按年龄分组、职工按工龄分组、居民按收入水平分组，年龄、工龄、收入水平都是数量标志,因此上述分组都属于数量分组。

四、分组标志的选择

分组标志就是将统计总体划分为几个性质不同部分的标准或依据,是对总体进行分组的依据,分组标志一经选定,必将突出总体单位在此标志下的差异,而将总体单位在其他标志下的差异掩盖起来。因此,如何正确选择分组标志,就成为统计分组的一个重要问题。

分组标志的选择是统计分组的关键,一般应遵循以下原则:

(1) 应根据研究问题的目的和任务选择分组标志。每一总体都可以按照许多个标志来进行分组,具体按什么标志分组,主要取决于统计研究的目的和任务。例如,研究人口的年龄构成时,就应该按年龄分组;研究各类型的工业企业在工业生产中的地位和作用时,就应该按经济类型分组,等等。

(2) 在若干个同类标志中,应选择能反映问题本质的标志进行分组。有时有几个标志似乎都可以达到同一研究目的,这种情况下,应该进行深入分析,选择主要的、最能反映问题本质的标志进行分组。

例如,研究城镇居民家庭生活水平状况时,能反映居民家庭生活水平的标志有:家庭人口数;就业人口数;每一就业者承担人数;家庭年收入;平均每人年收入等。其中,最能反映居民家庭生活水平状况的标志是"平均每人年收入",所以应选择这一标志作为分组标志。

(3) 结合所研究现象所处的具体历史条件,采用具体问题具体分析的方法来选择分组标志。例如,有的标志在当时能反映问题的本质,但后来由于社会经济的发展变化,可能已经时过境迁,此时,进行统计分组就要选择新的分组标志来进行分组。

例如,在计划经济时期,企业按所有制形式分组一般是分为四组,即全民所有制企业、集体所有制企业、私营企业和其他企业。而现在按登记注册类型不同,企业可分为国有企业、集体企业、股份合作制企业、联营企业、有限责任公司、股份有限公司、私营企业、港澳台商投资企业、外商投资企业、个体企业等类型。

五、统计分组方法

(一) 品质分组

品质分组是指选择反映事物属性差异的品质标志来作为分组标志进行分组。因为事物的属性差异是客观存在的,所以大多数时候可以按品质标志进行分组。由于界限清晰,因此分组标志有几种具体表现,就分成几组。例如,人口按性别分为男、女两组;大学教师按职称分为助教、讲师、副教授、教授四组;按照国民经济部门分组,把国民经济划分为工业企业、商业企业、金融企业和农业企业等。这些组的划分界限是非常明确的。分组表的形式如表 3-7、表 3-8 所示。

表 3-7 某班学生性别构成

按性别分组	人数/人
男生	18
女生	25
合计	43

表 3-8　2017 年各种运输方式完成货物运输量

按运输方式种类分组	货运量/亿吨
铁路	26 962.2
公路	66 712.5
水运	97 455.0
民航	243.5
管道	4 757.2

在有些情况下，按品质标志分组也显得比较复杂，组与组的界限不易划分。例如，居民按居住地区，一般可以划分为城镇和乡村两组。但客观上还存在着一些既具备城市形态又具备乡村形态的地区。因此，怎样划分城、乡两组的界限，就必须慎重研究。类似的情形在诸如部门分类和职业分类等问题上也都存在。在我国统计工作的实践中，为了保证各种分类的科学性、统一性和完整性，以便于各个部门掌握和使用，国家统计局会同有关部门制定了统一的分类目录，在全国范围实行，如《商品分类目录》《工业产品分类目录》《工业部门分类目录》等。

（二）数量分组

1. 单项式分组

单项式分组就是把每一个变量值作为一组。单项式分组一般只适合于离散变量且变量值较少、变动范围有限的情况。在离散型变量变化范围较广、变量值较多的情况下，若采用单项式分组，把每一个变量值作为一组，则必然会分组太多，各组次数过于分散，不能反映总体内部各部分的性质和差异，从而丢失了统计分组的真正意义。至于连续型变量，由于变量值无法一一列举，因此更不能采用单项式分组，在这些情况下就需要采用组距式分组方法。

【例 3-1】某车间 20 名工人看管机器设备台数（单位：台）如下：
5 4 2 4 3 4 3 4 4 2 4 3 4 3 2 6 4 4 2 2
首先，对调查来的原始数据进行排序，结果如下：
2 2 2 2 2 3 3 3 3 4 4 4 4 4 4 4 4 4 5 6
其次，根据排好的数据制作分组表，如表 3-9 所示。

表 3-9　某车间工人看管设备台数分组

看管台数/台	工人数/人
2	5
3	4
4	9
5	1
6	1
合计	20

2. 组距式分组

组距式分组是将全部变量值划分为若干个区间，并将这一区间的变量值作为一组的统计分组方法。组距式分组适合连续型变量以及变量值变动幅度较大的离散型变量分组的情况。

下面结合实例来说明组距式分组的具体方法和步骤。

【例 3-2】某生产车间 50 名工人日加工零件数（单位：个）如表 3-10 所示。

表 3-10 某生产车间 50 名工人日加工零件数

每名工人加工零件数									
117	122	124	129	139	107	117	130	122	125
108	131	125	117	122	133	126	122	118	108
110	118	123	126	133	134	127	123	118	112
112	134	127	123	119	113	120	123	127	135
137	114	120	128	124	115	139	128	124	121

为便于分组，可先对上面的数据进行排序，结果如表 3-11 所示。

表 3-11 某生产车间 50 名工人日加工零件数按序排放

每名工人加工零件数									
107	108	108	110	112	112	113	114	115	117
117	117	118	118	118	119	120	120	121	122
122	122	122	123	123	123	123	124	124	124
125	125	126	126	127	127	127	128	128	129
130	131	133	133	134	134	135	137	139	139

在组距分组中，一个组的最小值称为下限，最大值称为上限。采用组距分组需要经过以下几个步骤：

第一步：确定组数。一组数据分多少个组合适呢？这一般与数据本身的特点及数据的多少有关。由于分组目的之一是观察数据分布的特征，因此组数的多少应适中。若组数太少，数据的分布就会过于集中，而组数太多，数据的分布就会过于分散，这都不便于观察数据分布的特征和规律。组数的确定应以能够显示数据的分布特征和规律为目的。在实际分组时，可以参考下面提供的变量值数目和组数关系，如表 3-12 所示。

表 3-12 变量值数目与组数关系

变量值数目 N	组数 K
50 以下	5~7
50~100	6~10
100~250	7~12
±250 以上	10~20

另外，还可以按斯特奇斯提出的经验公式来确定组数 K，即

$$K = 1 + \frac{\lg n}{\lg 2}$$

式中，n 为数据的个数，对结果用四舍五入的办法取整数即为组数。例如，对【例 3-2】中的数据有：$K = 1 + \lg 50 \div \lg 2 \approx 7$，即应分为 7 个组。当然，这只是一个经验公式，在实际应用时，可根据数据的多少和特点及分析的要求，参考这一标准灵活确定组数。

第二步：确定各组的组距。组距是一个组的上限与下限之差，可根据全部数据的最大值和最小值及所分的组数来确定，即组距 =（最大值 - 最小值）÷ 组数。例如，对于【例 3 - 2】的数据，最大值为 139，最小值为 107，则组距 =（139 - 107）÷ 7 = 4.6。为便于计算，组距宜取 5 或 10 的倍数，而且第一组的下限应低于最小变量值，最后一组的上限应高于最大变量值，因此组距可取 5。

第三步：根据分组整理成分组表。比如，对【例 3 - 2】的数据进行分组，可得到下面的分组表，如表 3 - 13 所示。

表 3 - 13　某车间 50 名工人日加工零件数分组（一）

按零件数分组/个	频数/人
105 ~ 110	3
110 ~ 115	5
115 ~ 120	8
120 ~ 125	14
125 ~ 130	10
130 ~ 135	6
135 ~ 140	4
合计	50

采用组距分组时，一定要遵循穷尽原则和互斥原则。为解决"互斥"的问题，统计分组时习惯上规定"上组限不在内"，即当相邻两组的上下限重叠时，恰好等于某一组上限的变量值不算在本组，而算在下一组。例如，在表 3 - 13 的分组中，120 这一数值不计算在"115 ~ 120"这一组，而是计算在"120 ~ 125"这一组，其余类推。当然，对于离散型变量可以采用相邻两组组限间断的办法解决"互斥"的问题。例如，可对【例 3 - 2】的数据做如下分组，如表 3 - 14 所示。

表 3 - 14　某车间 50 名工人日加工零件数分组（二）

按零件数分组/个	频数/人
105 ~ 109	3
110 ~ 114	5
115 ~ 119	8
120 ~ 124	14
125 ~ 129	10
130 ~ 134	6
135 ~ 139	3
合计	50

对于连续型变量,可以采取相邻两组组限重叠的方法,根据"上组限不在内"的规定来解决"互斥"的问题,也可以对一个组的上限值采用小数点的形式,小数点的位数根据所要求的精度具体确定。例如,对零件尺寸可以分组为 10~11.99、12~13.99、14~15.99,等等。

在组距分组中,如果全部数据中的最大值和最小值与其他数据相差悬殊,为避免出现空白组(即没有变量值的组)或个别极端值被漏掉,第一组和最后一组可以采用"××以下"及"××以上"表示,这种分组方式称为开口组,其他上下限齐备的组称为闭口组。例如,在【例 3-2】的 50 个数据中,假定将最小值改为 94,最大值改为 160,采用上面的分组就会出现"空白组",这时可采用开口组,如表 3-15 所示。

表 3-15 某车间 50 名工人日加工零件数分组(三)

按零件数分组/个	频数/人
110 以下	3
110~115	5
115~120	8
120~125	14
125~130	10
130~135	6
135 以上	4
合计	50

在组距分组时,如果各组的组距相等,则称为等距分组,如上面的几种分组就是等距分组。有时,对于某些特殊现象或为了特定研究的需要,各组的组距也可以是不相等的,称为不等距分组。比如,对人口年龄的分组,可根据人口成长的生理特点分成 0~6 岁(婴幼儿组)、7~17 岁(少年儿童组)、18~59 岁(中青年组)、60 岁以上(老年组)等。

等距分组由于各组的组距相等,各组频数的分布不受组距大小的影响,它同消除组距因素影响的频数密度(即单位组距内分布的频数,也称"次数密度")的分布是一致的,因此可直接根据绝对频数来观察频数分布的特征和规律。而不等距分组因各组组距不同,各组频数的分布受组距大小不同的影响,因此各组绝对频数的多少并不能反映频数分布的实际状况。为消除组距不同对频数分布的影响,需要计算频数密度,即频数密度 = 频数÷组距。频数密度能准确反映频数分布的实际状况。

此外,组距分组掩盖了各组内的数据分布状况,为反映各组数据的一般水平,我们通常用组中值来作为该组数据的一个代表值,即

组中值 = (下限值 + 上限值)/2
缺下限开口组组中值 = 上限 – 邻组组距/2
缺上限开口组组中值 = 下限 + 邻组组距/2

但这种代表值有一个必要的假定条件,即各组数据在本组内呈均匀分布或在组中值两侧呈对称分布。如果实际数据的分布不符合这一假定,则用组中值来作为一组数据的代表值会有一定的误差。

任务三 编制分布数列

一、分布数列的概念和种类

1. 分布数列的概念

统计分组后,各组总体单位的个数或数据出现的次数,称为频数,也称为次数。把各个组及其相应的频数依一定的次序全部列出来,就形成了频数分布(也称为次数分布)。由于频数分布对零乱的原始资料进行了有次序的整理,并形成了一个反映总体全部单位或有关数据在各组分布状况的数列,故又被称为分布数列。频数分布或分布数列是表现有序数据资料的一种重要形式。

频数分布有两个构成要素,一个是对总体的分组;另一个是各组所出现的单位数或数据数,即频数。有时,频数以相对数的形式,即各组频数占频数之和比重的形式出现,这种频数称为频率。频率反映了各组频数的大小对总体所起作用的相对强度。频率具有两个性质:

(1)任何频率都介于 0 和 1 之间;
(2)各组频率之和等于 1。

2. 分布数列的种类

分布数列根据分组标志特征的不同,可以分为品质分布数列和变量分布数列两种。按品质标志分组所编成的分布数列叫品质分布数列,简称品质数列;按数量标志分组所编成的分布数列叫变量分布数列,简称变量数列。变量分组分为单项式分组和组距式分组,因此变量数列根据分组形式不同也可分为单项数列与组距数列。组距数列根据每组组距是否相等,可分为等距数列和不等距数列。

二、分布数列的编制

(一)品质分布数列

品质分布数列简称品质数列,它是在品质分组的基础上形成的,由品质组名、频数和频率组成。表 3-16 所示为 1 个完整的品质分布数列。

表 3-16 某城市居民关注广告类型的频数分布

广告类型	人数/人	频率/%
商品广告	112	56.0
服务广告	51	25.5
金融广告	9	4.5
房地产广告	16	8.0
招生招聘广告	10	5.0
其他广告	2	1.0
合计	200	100.0

(二) 变量分布数列

变量分布数列简称变量数列，它是在变量分组的基础上形成的，由变量组名和各组频数、频率组成。变量分布数列有单项数列和组距数列之分。

单项数列是在单项式分组的基础上形成的，每个组只用一个变量来表示的变量数列，如表 3-17 所示，即为单项数列。

表 3-17 某社区居民家庭成员数分布数列

家庭成员数	户数/万户	比重/%
1	10	2.6
2	90	23.7
3	200	52.6
4	50	13.2
5	30	7.9
合计	380	100

组距数列是指在组距式分组的基础上形成的，每个组是由表示一定变动范围的变量值所组成的变量数列，如表 3-18 所示，即为组距数列。

表 3-18 某车间 50 名工人日加工零件数分布数列（一）

按零件数分组/个	频数/人	频率/%
105~110	3	6
110~115	5	10
115~120	8	16
120~125	14	28
125~130	10	20
130~135	6	12
135~140	4	8
合计	50	100

三、累计频数和累计频率

在统计研究中，为了统计分析的需要，有时需要编制累计频数数列和累计频率数列，用以说明总体变量值在某一数量以下或以上的频数和频率之和。为此，需计算累计频数和频率，其累计的方法有向上累计和向下累计两种。

1. 向上累计

向上累计即从变量值小的一方向变量值大的一方累计。这样累计的每一个结果，都可以直接说明在某一个标志值以下共有多少个单位或次数，因此，向上累计也叫作以下累计。如表 3-19 所示，日加工零件数在 125 个以下的有 30 人，占 60%。

2. 向下累计。

向下累计即从变量值大的一方向变量值小的一方累计。这样累计的每一个结果，都可以直接说明在某一个标志值以上共有多少个单位或次数。因此,向下累计也叫作以上累计。如表 3-19 所示,日加工零件数在 120 个以上的有 34 人,占 68%。

表 3-19 某车间 50 名工人日加工零件数分布数列(二)

按零件数分组/个	频数/人	频率/%	向上累计		向下累计	
			频数/人	频率/%	频数/人	频率/%
105~110	3	6	3	6	50	100
110~115	5	10	8	16	47	94
115~120	8	16	16	32	42	84
120~125	14	28	30	60	34	68
125~130	10	20	40	80	20	40
130~135	6	12	46	92	10	20
135~140	4	8	50	100	4	8
合计	50	100	—	—	—	—

四、分布数列的类型

频数分布是统计描述和统计分析的重要工具。社会经济现象的频数分布主要有三种类型,即钟形分布、U 形分布和 J 形分布。

1. 钟形分布

钟形分布的特征是"两头小、中间大",即靠近中间的变量值频数多,靠近两头的变量值频数少,其分布曲线宛如一口钟,如图 3-1 所示。

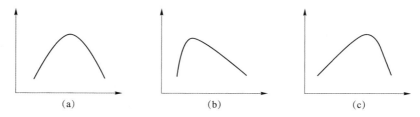

图 3-1 钟形频数分布
(a) 正态分布;(b) 正偏态分布;(c) 负偏态分布

在图 3-1 中,图 (a) 的频数分布特征是:以中心变量值为核心,左右两侧变量值的频数对称分布,且随着离中心变量值距离的增大而渐次减少。这种分布在统计学中被称为正态分布;图 (b) 和图 (c) 被称为偏态分布,其中,图 (b) 为正偏态分布,图 (c) 为负偏态分布。在实际中,许多社会经济和自然现象总体的频数分布都趋向于正态分布,如农作物的单位面积产量、零件的公差、人的身高、纤维强度等都服从正态分布。

2. U 形分布

U 形分布的形状跟钟形分布相反,靠近中间的变量值频数少,靠近两端的变量值频数多,形成"两头大、中间小"的 U 字形,如图 3-2 所示。例如,人口死亡率分布就是这种分布;在人口总体中,幼儿和老年人死亡率高,而中青年死亡率低。

3. J形分布

J形分布有两种类型：一种是正J形分布，即频数随着变量值的增大而增多，如图3-3（a）所示；另一种是反J形分布，如图3-3（b）所示。例如，经济学中的供给曲线，随着价格的提高，供给量以更快的速度增加，呈现出正J形；需求曲线则表现为随着价格的提高，需求量以较快的速度减少，呈现为反J形。

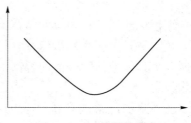

图3-2　U形频数分布

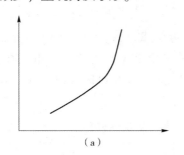 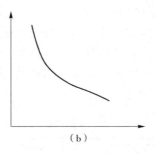

图3-3　J形频数分布
（a）正J形分布；（b）反J形分布

任务四　编制统计表和绘制统计图

统计表和统计图是显示统计数据的两种基本方法，也是做好统计分析必须掌握的最基本的技能。

一、统计表

（一）统计表的概念和构成

1. 统计表的概念

统计表是统计用数字说话的一种最常用的形式。搜集到的数字资料，经过汇总整理后，得出一些系统化的统计资料，将其按一定顺序填列在一定的表格内，这个表格就是统计表。

统计表既是调查整理的工具，又是分析研究的工具。广义的统计表包括统计工作各个阶段中所用的一切表格，如调查表、整理表、计算表等，它们都是用来提供统计资料的重要工具。

2. 统计表的构成

1）从统计表的结构上看

统计表一般采用开口式，即表的左右两条线不画。从结构上看，统计表一般由四个主要部分组成，即表头、行标题、列标题和数字资料，必要时可以在统计表的下方增加表外附加，以说明资料的来源、某些指标数值的计算方法、填表单位和其他需要说明的问题，如表3-20所示。

表头应放在表的上方，它用概括性的文字简单明了地说明统计资料的时间、基本内容和范围。

横行标题通常用来说明横行各组的名称，代表统计表所要说明的对象（总体及其分组),反映统计表的主要项目。

纵栏标题是纵栏内容的名称,用来说明总体及其分组情况的统计指标的名称。

数字资料也叫指标数值,它是统计表的具体内容,列在各行标题和各列标题的交叉处。任何一个具体数值的经济内容都由行标题和列标题所限定,其数字可以是绝对数、相对数或平均数。

表外附加通常放在统计表的下方,主要包括资料来源、指标的注释和必要的说明等内容。

2) 从统计表的内容上看

从统计表的内容上看,可以分为主词和宾词两个部分。主词是统计表所要说明的对象,它可以是各个总体单位的名称、总体的各个组或是总体单位的全部,一般列在表的左端。宾词是说明主词的统计指标,包括指标名称和指标数值,一般列在表的右端。统计表的结构、内容如表3-20所示。

表 3-20　2017 年主要商品进口数量、金额①

商品名称	单位	数量	金额/亿元
谷物及谷物粉	万吨	2 559	440
大豆	万吨	9 553	2 688
食用植物油	万吨	577	307
铁矿砂及其精矿	万吨	107 474	5 175
氧化铝	万吨	287	75
煤(包括褐煤)	万吨	27 090	1 536
原油	万吨	41 957	11 003
成品油	万吨	2 964	982
初级形状的塑料	万吨	2 868	3284
纸浆	万吨	2 372	1 039
钢材	万吨	1 330	1 027
未锻轧铜及铜材	万吨	469	2 115
集成电路	亿个	3 770	17 592
汽车	万辆	124	3 422

(二) 统计表的分类

1. 按统计表的作用划分

按作用不同,统计表可以分为调查表、汇总表和分析表。

(1) 调查表。调查表是在统计调查中用以登记、搜集原始统计资料的表格。

(2) 汇总表。汇总表是在统计汇总过程中或整理过程中使用的表格及用于统计汇总和整理结果的表格,也称整理表。

---

① 资料来源:《中国统计公报》(2017 年)。

（3）分析表。分析表是统计分析中用于对整理所得的统计资料进行统计定量分析的表格。这类表格往往与汇总表结合在一起，成为汇总表的延续。

2. 按对总体分组的情况划分

按对总体分组的情况不同，调查表分为简单表、简单分组表和复合分组表。

（1）简单表。对总体未经任何分组的统计表为简单表。简单表的主词一般按时间顺序或按总体各单位名称排列。通常是对调查来的原始资料初步整理所采用的形式，如表3-21所示，即为按总体各单位名称排列的简单表。表3-22为按时间顺序排列的简单表。

表3-21　2017年主要国家和地区货物进出口额

国家和地区	出口额/亿元	进口额/亿元
欧盟	25 199	16 543
美国	29 103	10 430
东盟	18 902	15 942
日本	9 301	11 204
韩国	6 965	12 013
巴西	1 962	3 974
印度	4 615	1 107
俄罗斯	2 906	2 790
南非	1 004	1 649

表3-22　某企业历年生产总值

年份	生产总值/万元
2012年	5 688
2013年	7 893
2014年	11 301
2015年	14 972
2016年	17 686
2017年	19 341
合计	76 881

（2）简单分组表。对总体按照某一标志进行分组的统计表称为简单分组表。利用分组表可以提示不同类型现象的特征，说明现象内部的结构，分析现象之间的相互关系等，如表3-23所示。

表3-23　2017年某公司所属两企业自行车合格品数量

厂别	合格品数量/辆	所占比重/%
甲厂	6 000	28.6
乙厂	7 000	33.3
丙厂	8 000	38.1
合计	21 000	100

（3）复合分组表。对总体按照两个或两个以上标志进行复合分组的统计表称为复合分组表，如表3-24所示。

表3-24 某企业职工分布情况

工种	性别	人数/人	比重/%
（甲）	（乙）	（1）	（2）
车工	男	30	75
	女	10	25
	小计	40	100
刨工	男	40	80
	女	10	20
	小计	50	100
铣工	男	80	80
	女	20	20
	小计	100	100
	合计	190	—

（三）统计表的编制原则

要使统计表既能正确地反映社会经济现象和过程的数量特征，又能使人们易于了解其内容，得出明确的结论，在设计统计表式时，应该遵循科学、实用、简练、美观的原则，并注意以下几项技术规则：

（1）统计表的各种标题，特别是总标题，应当用简练而又准确的文字来表述统计资料的内容，以及资料所属的时间和空间范围。

（2）统计表中主词各行和宾词各栏的排列顺序应合理，一般应该按照先局部后整体、先计划后实际的顺序排列。

（3）当统计表中的栏数较多时，为了便于清晰简明地表明各栏之间的计算关系和进行文字说明，可以在各栏标题之下给以编号，主词栏用甲、乙、丙和丁等编号，宾词栏用（1）、（2）、（3）和（4）等编号，并可表达它们之间的运算关系。

（4）统计表中的数据应注明计量单位。如表中资料属于同一单位，则可将单位写在表的右上方。当表中需要分别注明不同计量单位时，横行的计量单位可以专设一栏，纵栏的计量单位可以标在列标题的右方或下方。

（5）表中的数据应排列整齐、对准位数。同栏数据精度要一致，如要求2位小数，即使某一数据是整数，后面也要加入小数点，并以2个"0"填充。遇有相同资料时，不能用"同上"等字样或符号代替，应当重写。免填或不应有数据时用"—"表示，缺少某项数据时用"…"标明。数值为0时，要写上0。表中不应留有空白，以免漏填或使人误认为漏填。

（6）统计表一般为开口式，即表的左右两侧不画线。上下基线用粗线或双线，各横行间不画线，但栏目与数据之间、合计行与分行之间应画线分清。

（7）必要时，统计表应加说明或注解。例如，某些指标有特殊的计算口径，某些资料只包括一部分地区等，都要加以说明。此外还要注明统计资料的来源，以便查考。说明或注解一般写在表的下端。

二、常用的统计图

统计图是在统计表的基础上，表现统计资料的辅助形式，也是统计分析的一种重要工具。统计图是用几何图形或实物图形把统计表中的数字资料形象地再现出来。统计图所表示的数量关系，比统计表更加明白、具体，使人一目了然，印象深刻。统计图是一种综合性、总结性较强且比较完备、准确、形象的表示方法。

1. 条形图

条形图是用宽度相同的条形的高度或长短来表示数据变动的图形。条形图可以横置或纵置，纵置时也称为柱形图。条形图有单式、复式等形式。例如，根据表 3-16 的数据绘制的条形图，如图 3-4 所示。

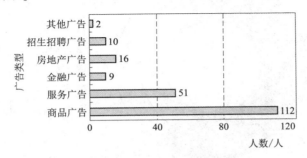

图 3-4 某城市居民关注不同类型广告的人数分布

2. 圆形图

圆形图也称饼图，是用圆形及圆内扇形的面积来表示数值大小的图形。圆形图主要用于表示总体中各组成部分所占的百分比，对于研究结构性问题十分有用。在绘制圆形图时，总体中各部分所占的百分比用圆内的各个扇形面积表示，这些扇形的中心角度是按各部分百分比占 360°的相应比例确定的。例如，关注服务广告的人数占总人数的百分比为 25.5%，那么其扇形的中心角度就应为 360°×25.5% =91.8°，其余类推。

根据表 3-16 数据绘制的圆形图，如图 3-5 所示。

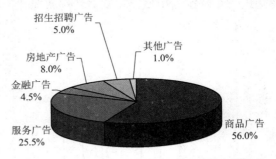

图 3-5 某城市居民关注不同类型广告的人数构成

3. 环形图

环形图与圆形图类似，但又有区别。环形图中间有一个"空洞"，总体中的每一部分数用环中的一段表示。圆形图只能显示一个总体各部分所占的百分比，而环形图可以同时绘制多个总体的数据系列，每一个总体的数据系列为一个环。因此，环形图可以显示多个总体各部分所占的相应比例，从而有利于进行比较研究。例如，根据表 3-25 中数据绘制两个城市家庭对住房状况评价的环形图，如图 3-6 所示。

表3-25　甲、乙两城市家庭对住房状况的评价

回答类别	甲城市		乙城市	
	户数/户	百分比/%	户数/户	百分比/%
非常不满意	24	8.0	21	7.0
不满意	108	36.0	99	33.0
一般	93	31.0	78	26.0
满意	45	15.0	64	21.3
非常满意	30	10.0	38	12.7
合计	300	100.0	300	100.0

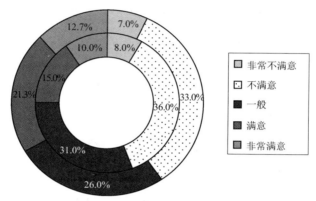

图3-6　甲、乙两城市家庭对住房状况的评价

在图3-6中，外边的一个环表示的是乙城市家庭对住房状况评价各等级所占的百分比，里边的一个环则为甲城市家庭对住房状况评价各等级所占的百分比。

4. 直方图

直方图就是用矩形的宽度和高度来表示频数分布的图形。在平面直角坐标中，横轴表示数据分组，纵轴表示频数或频率，这样，各组与相应的频数就形成了一个矩形，即直方图。比如，根据表3-18数据绘成的直方图，如图3-7所示。

依据直方图可以直观地看出工人日加工零件数及其人数的分布状况。

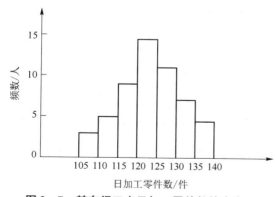

图3-7　某车间工人日加工零件数的直方图

对于等距分组的数据，可以用矩形的高度来直接表示频数的分布。如果是不等距分组数据，用矩形的高度来表示各组频数的分布就不再适用。这时，可以用矩形的面积来表示各组的频数分布，或根据频数密度来绘制直方图，从而准确地表示各组数据分布的特征。实际上，无论是等距分组数据还是不等距分组数据，用矩形的面积或频数密度来表示各组的频数分布都更为合适，因为这样可使直方图下的总面积等于1。比如在等距分组中，矩形的高度与各组的频数成比例，如果取矩形的宽度（各组组距）为一个单位，高度表示比例（即

频率），则直方图下的总面积等于1。在直方图中，实际上是用矩形的面积来表示各组的频数分布。

直方图与条形图不同，条形图是用条形的长度（横置时）表示各类别频数的多少，其宽度（表示类别）是固定的；直方图是用面积表示各组频数的多少，矩形的高度表示每一组的频数或百分比，宽度则表示各组的组距，因此其高度与宽度均有意义。此外，由于分组数据具有连续性，因此直方图的各矩形通常是连续排列，而条形图是分开排列。

5. 折线图

折线图也称频数多边形图。在直方图的基础上，把直方图顶部的中点（即组中值）用直线连续起来，再把原来的直方图抹掉就是折线图。需要注意，折线图的两个终点要与横轴相交，具体的做法是将第一个矩形顶部中点通过竖边中点（即该组频数一半的位置）连接到横轴，最后一个矩形顶部中点与其竖边中点连接到横轴，这样才会使折线图下所围成的面积与直方图的面积相等，从而使二者所表示的频数分布一致。例如，在图3-7的基础上绘制的折线图，如图3-8所示。

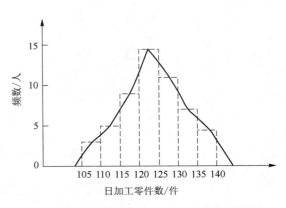

图3-8　某车间工人日加工零件数的折线图

当对数据所分的组数很多时，组距会越来越小，这时所绘制的折线图就会越来越光滑，逐渐形成一条平滑的曲线，这就是频数分布曲线。分布曲线在统计学中有着十分广泛的应用，是描述各种统计量和分布规律的有效方法。

任务五　用 Excel 进行统计整理

通过统计调查得到的数据是杂乱的，没有规则的，因此，必须对搜集到的大量的原始数据进行加工整理，经过数据分析，得到科学结论。Excel 提供了多种数据整理工具，如数据分组、频数分布函数、制作统计图等，可以方便快速地对数据进行整理和分析。

一、品质分组

Excel 可以对品质标志分组，计算各组的频数，下面以10名学生按性别进行分组为例来说明具体步骤。

第一步：将10名学生的资料输入 Excel 表，如图3-9所示。

第二步：首先添加"数据透视表和数据透视图向导"按钮。具体地，在快捷工具栏单击鼠标右键，"自定义快速访问工具栏"，从"下列位置选择命令"选择"不在功能区中的命令"，在下面选择"数据透视表和数据透视图向导"，单击"添加"，并单击"确定"按钮，这样该按钮就添加到工具栏上了。

然后，选中所填资料，单击工具栏中的"透视表和数据透视图向导"按钮，在出现"数据透视表和数据透视图向导——步骤1（共3步）"中选"Microsoft Office Excel 数据列表或数据库（M）"和"数据透视表（T）"单选框，如图3-10所示，单击"下一步（N）>"按钮。

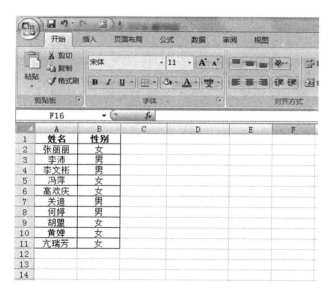

图3-9 输入学生的资料

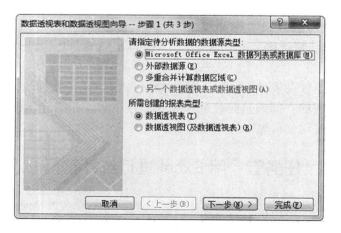

图3-10 "数据透视表和数据透视图向导——步骤1（共3步）"对话框

第三步：在出现的"数据透视表和数据透视图向导——步骤2（共3步）"中输入数据源区域B1：B11，如图3-11所示，单击"下一步（N）>"按钮。

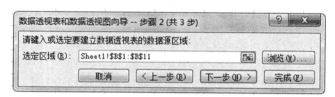

图3-11 "数据透视表和数据透视图向导——步骤2（共3步）"对话框

第四步：在"数据透视表和数据透视图向导——步骤3（共3步）"中选择"现有工作表（E）"单选框，并输入将要输出汇总结果位置的单元格（本例选C7单元格），如图3-12所示。

第五步：单击"完成（F）"按钮，拖动出现在"数据透视表字段列表"中的分组标志

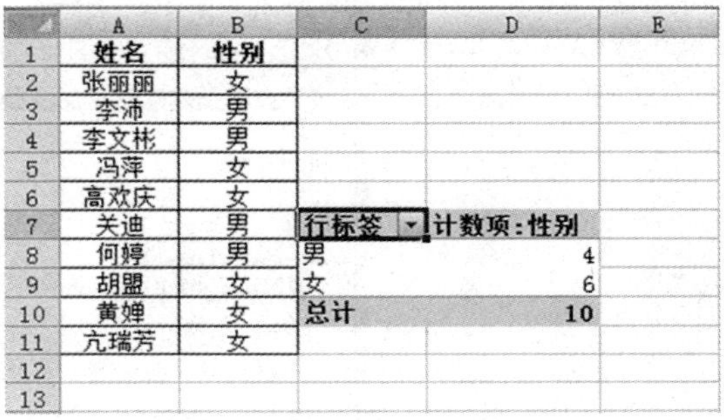

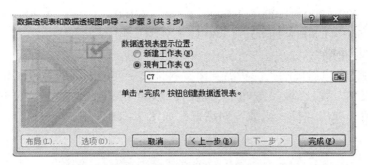

图 3－12　“数据透视表和数据透视图向导－－步骤 3（共 3 步）”对话框

“性别”到“行标签”释放，再将其拖到“数值”释放，即得到如图 3－13 所示的分组、汇总结果。

	A	B	C	D	E
1	姓名	性别			
2	张丽丽	女			
3	李沛	男			
4	李文彬	男			
5	冯萍	女			
6	高欢庆	女			
7	关迪	男	行标签	计数项:性别	
8	何婷	男	男	4	
9	胡盟	女	女	6	
10	黄婵	女	总计	10	
11	亢瑞芳	女			
12					
13					

图 3－13　输出结果

二、频数分布函数

Excel 提供了一个专门用于统计分组的频数分布函数（Frequency），它以一列垂直数组返回某个区域中的数据分布，描述数据分布状态。用频数分布函数进行统计分组的操作过程如下：

首先，在使用此函数时，先将样本数据排成一列。

然后，利用频数分布函数进行统计分组和计算频数。

【例 3－3】根据抽样调查，某月某市 50 户居民购买消费品支出资料如图 3－14 所示（单位：元）。

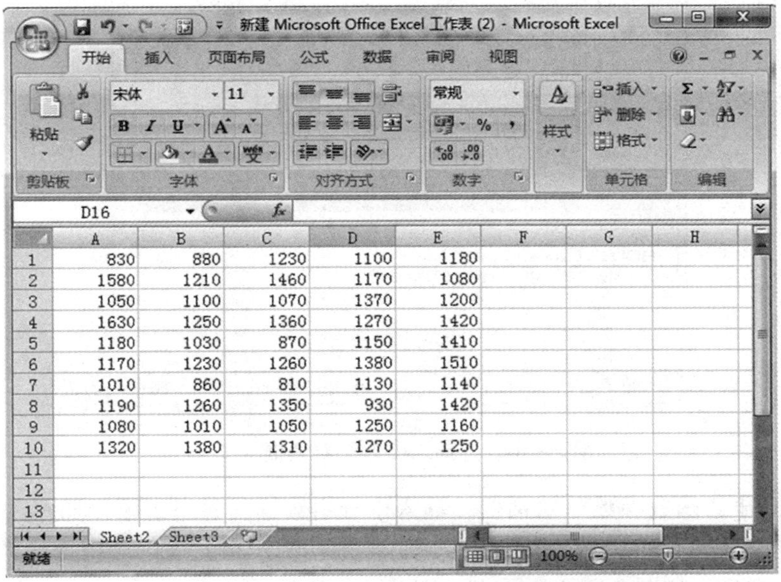

	A	B	C	D	E
1	830	880	1230	1100	1180
2	1580	1210	1460	1170	1080
3	1050	1100	1070	1370	1200
4	1630	1250	1360	1270	1420
5	1180	1030	870	1150	1410
6	1170	1230	1260	1380	1510
7	1010	860	810	1130	1140
8	1190	1260	1350	930	1420
9	1080	1010	1050	1250	1160
10	1320	1380	1310	1270	1250

图 3－14　某月某市 50 户居民购买消费品支出资料

对其按 800~900、900~1 000、1 000~1 100、1 100~1 200、1 200~1 300、1 300~1 400、1 400~1 500、1 500~1 600、1 600 以上分为 9 组。

具体操作步骤如下：

第一步：先将 50 户居民购买消费品支出资料排成一列，本例中为 A1：A50。

第二步：选定单元格区域。本例中选定的区域为 D3：D11，单击"公式"菜单，选择"插入函数"按钮，弹出"插入函数"对话框，如图 3-15 所示。

图 3-15 "插入函数"对话框（一）

在"或选择类别（C）："列表框中选择"统计"，在"选择函数（N）："列表框中选择"FREQUENCY"，如图 3-16 所示。

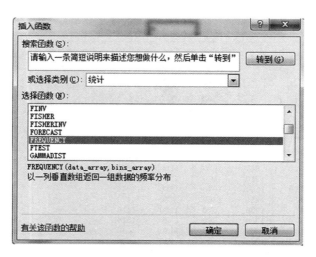

图 3-16 "插入函数"对话框（二）

第三步：打开"函数参数"对话框，输入待分组数据与各组组限，如图 3-17 所示。

第四步：按"Ctrl + Shift + Enter"组合键，在最初选定单元格区域内得到频数分布结果，在本例中为 D3：D11，如图 3-18 所示。

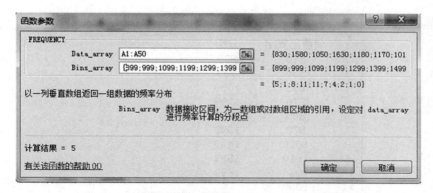

图 3-17 "函数参数"对话框

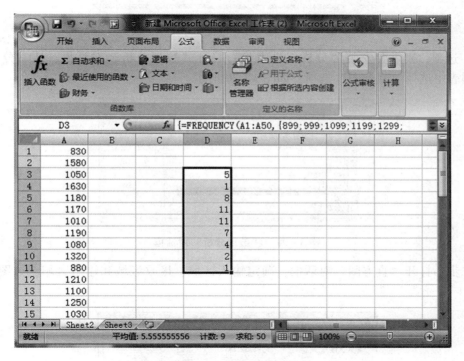

图 3-18 频数分布结果

三、直方图分析

与频数分布函数只能进行统计分组和频数计算相比,直方图分析工具可完成数据的分组、频数分布与累计频数的计算、绘制直方图与累积折线图等一系列操作。仍以【例3-3】为例,阐述直方图分析工具的统计整理功能。其操作过程如下:

首先,将样本数据排成一列,最好对数据进行排序。本例中已利用排序操作排好序,为A2:A51。输入分组组限,本例中为B2:B10,分别是899、999、1 099、1 199、1 299、1 399、1 499、1 599、1 699,如图3-19所示。

然后,利用直方图分析工具进行分析,具体操作步骤如下:

第一步:单击"数据"菜单,选择"数据分析"选项(如果"数据"菜单中没有"数

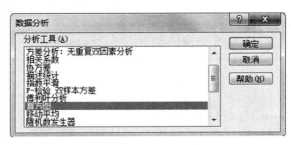

图 3-19 排序

据分析"选项,则需要安装"分析工具库");打开"数据分析"对话框,从"分析工具(A)"列表中选择"直方图"选项,如图 3-20 所示。

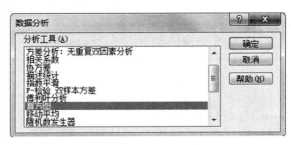

图 3-20 "数据分析"对话框

第二步:打开"直方图"对话框,确定输入区域、接收区域和输出区域,如图 3-21 所示。

图 3-21 "直方图"对话框

(1)"输入区域(I):"输入待分析数据区域的单元格引用,若输入区域有标志项,则选中"标志(L)"复选框;否则,系统自动生成数据标志。在"接收区域(B):"输入接收区域的单元格引用，该框可为空，则系统自动利用输入区域中的最小值和最大值建立平均分布的区间间隔的分组。在本例中，输入区域为"$A$2:$A$51"；接收区域为"$B$2:$B$10"。

（2）在"输出区域（O）："中可选择输出去向，输出去向类似于"抽样"对话框的输出去向。在本例中，选择"输出区域（O）："为"$C$2"。

（3）选择"柏拉图（A）"复选框可以在输出表中同时按降序排列频数数据；选择"累积百分率（M）"复选框可在输出表中增加一列累积百分比数值，并绘制一条百分比曲线；选择"图表输出（C）"复选框可生成一个嵌入式直方图。

第三步：单击"确定"按钮，在输出区域单元格可得到频数分布，如图 3-22 所示。

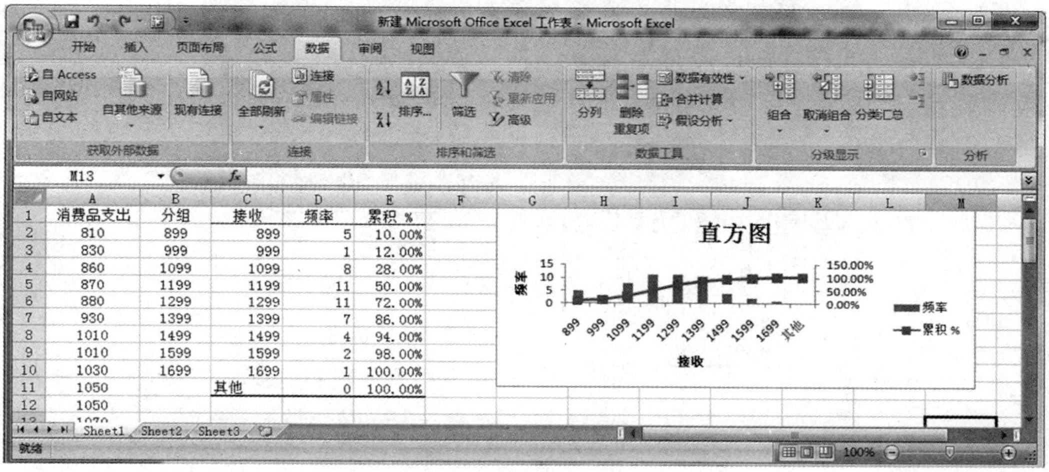

图 3-22　频数分布结果

四、制作统计图

传统的统计表格需要数据使用者自己精心地进行分析，而统计图显示资料具有形象生动、一目了然的优点，通过图形可以方便地观察到数量之间的对比关系、总体的结构特征以及变化发展趋势。统计图在统计整理中的应用越来越广泛。Excel 提供了大量的统计图形供用户根据需要和图形功能选择使用。Excel 提供的图形工具有柱形图、折线图、饼图、散点图、面积图、环形图、股价图等。各种图的作法大同小异，此处以饼图为例，介绍制作统计图的步骤。

例如，有一产品成本项目统计表，如表 3-26 所示。

表 3-26　产品成本项目统计表

某产品成本项目	费用/万元
原材料	240
辅料	12
人工	87
能耗	75
包装	32

利用 Excel "图表向导"绘制产品成本项目统计图的步骤如下：

第一步：选择以上表格所在的单元 A1: B6，如图 3-23 所示。

第二步：选择数据区域，单击"插入"选项，选择图表中的一种饼图，如本例选用二维饼图中的第一个，如图 3-24 所示，则产生如图 3-25 所示的饼图。

图 3-23 选框表格

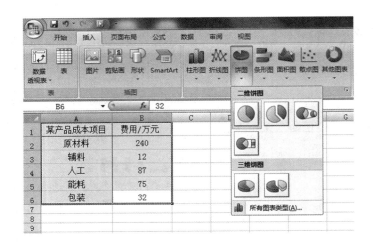

图 3-24 选择饼图

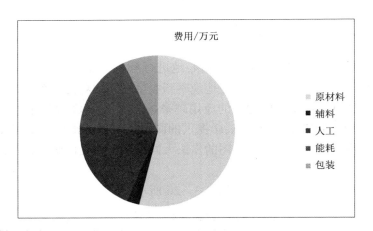

图 3-25 输出结果

在饼图中，右键单击"添加数据标签"选项。在饼图中再右击一次，选择"设置数据标签格式"选项，弹出如图 3-26 所示对话框，在此可以设置标签包含的内容，如系列名称、类别名称、值、百分比、引导线等，标签位置可以设置居中、数据标签内、数据标签外或最佳匹配。最后，得到如图 3-27 的饼图。

单击标题，修改标题名为"某产品成本分析"，得到完成的饼图，如图 3-28 所示。

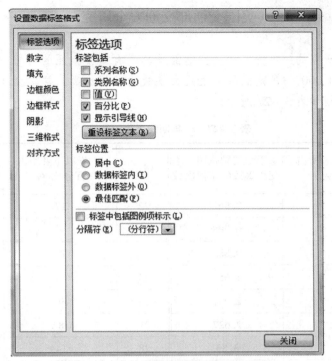

图 3-26 "设置数据标签格式"对话框

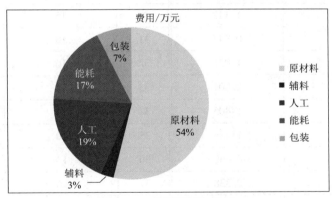

图 3-27 输出结果(一)

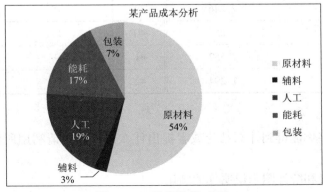

图 3-28 输出结果(二)

★ 案例分析　　　美国交通部交通安全研究

作为交通安全研究的一部分，美国交通部采集了有驾驶执照的司机中21岁以下者所占百分比的数据及每1 000个驾驶执照发生死亡事故的车祸次数，样本由42个城市组成，在一年期间采集的数据如表3-27所示。

表3-27　一年期间采集的数据

城市	21岁以下者所占百分比/%	每千个驾驶执照发生死亡事故的车祸次数	城市	21岁以下者所占百分比/%	每千个驾驶执照发生死亡事故的车祸次数
1	13	2.962	22	17	4.1
2	12	0.708	23	8	2.19
3	8	0.885	24	16	3.623
4	12	1.652	25	15	2.623
5	11	2.091	26	9	0.835
6	17	2.627	27	8	0.82
7	18	3.83	28	14	2.89
8	8	0.368	29	8	1.267
9	13	1.142	30	15	3.224
10	8	0.645	31	10	1.014
11	9	1.028	32	10	0.493
12	16	2.801	33	14	1.443
13	12	1.405	34	18	3.614
14	9	1.433	35	10	1.926
15	10	0.039	36	14	1.643
16	9	0.338	37	16	2.943
17	11	1.849	38	12	1.913
18	12	2.246	39	15	2.814
19	14	2.855	40	13	2.634
20	14	2.352	41	9	0.926
21	11	1.294	42	17	3.256

问题：

1. 利用上表数字你能得到什么结论或者提出什么建议吗？请利用所学习的统计整理方法进行分析。

2. 请绘制统计表和统计图来说明你的结论。

基础训练

一、简答题

1. 直方图与条形图有何区别？
2. 统计表由哪几个主要部分组成？
3. 制作统计表应注意哪几个问题？

二、单项选择题

1. 统计整理阶段最关键的问题是（　　）。
   A. 对调查资料的审核　　　　　　B. 统计分组
   C. 统计汇总　　　　　　　　　　D. 编制统计表
2. 统计分组的关键在于（　　）。
   A. 分组标志的正确选择
   B. 按品质标志分组
   C. 运用多个标志进行分组，形成一个分组体系
   D. 分组形式的选择
3. 某管理局对其所属企业的生产计划完成百分比采用以下分组，请指出哪项是正确的（　　）。
   A. 80%～89%　　　　　　　　　　B. 80%以下
   　 90%～99%　　　　　　　　　　　 80.1%～90%
   　 100%～109%　　　　　　　　　　 90.1%～100%
   　 110%以上　　　　　　　　　　　 100.1%～110%
   C. 90%以下　　　　　　　　　　　D. 85%以下
   　 90%～100%　　　　　　　　　　 85%～95%
   　 100%～110%　　　　　　　　　　95%～105%
   　 110%以上　　　　　　　　　　　105%～115%
4. 在进行组距式分组时，凡遇到某单位的标志值刚好等于相邻两组上下限的数值时，一般是（　　）。
   A. 将此值归入上限所在组
   B. 将此值归入下限所在组
   C. 将此值归入上限所在组或下限所在组均可
   D. 另行分组
5. 划分离散变量的组限时，相邻两组的组限（　　）。
   A. 必须是间断的
   B. 必须是重叠的
   C. 应当是相近的
   D. 既可以是间断的，也可以是重叠的
6. 在下列分组中，哪个是按品质标志分组的？（　　）
   A. 企业按年生产能力分组
   B. 产品按品种分组
   C. 家庭按收入水平分组

D. 人口按年龄分组

7. 简单分组和复合分组的区别在于（　　）。
   A. 选择分组标志的性质不同　　　　B. 组数的多少不同
   C. 选择分组标志的多少不同　　　　D. 总体的复杂程度不同

8. 企业按经济类型分组和按职工人数分组，这两个统计分组是（　　）。
   A. 按数量标志分组
   B. 按品质标志分组
   C. 前者按数量标志分组，后者按品质标志分组
   D. 前者按品质标志分组，后者按数量标志分组

9. 次数分配数列是（　　）。
   A. 按数量标志分组形成的数列
   B. 按品质标志分组形成的数列
   C. 按总体单位数分组形成的数列
   D. 按数量标志或品质标志分组形成的数列

10. 对总体按照一个标志进行分组后形成的统计表称为（　　）。
    A. 简单表　　　　　　　　　　　B. 简单分组表
    C. 复合分组表　　　　　　　　　D. 整理表

三、计算题

1. 有30个工人，他们看管机器的台数如下：

5　4　2　4　3　4　3　4　2　4　3　4　3　2　6　4　4　2　2　3　4　3　4　5　3　2　4
3　4　4　3

试编制分配数列。

2. 某百货公司连续40天的商品销售额（单位：万元）如下：

41	25	29	47	38	34	30	38	43	40
46	36	45	37	37	36	45	43	33	44
35	28	46	34	30	37	44	26	38	44
42	36	37	37	49	32	42	32	36	35

要求：根据上面的数据进行适当分组，编制频数分布表，并绘制直方图。

3. 某年对冶金行业的高炉有效容积调查结果为（单位：立方米）：

72　82　65　1 900　2 100　300　520　400　100　1 100　1 600　800　320　1 200
2 600　500　175　1 110　660　420　800　720　97　240　200　870　200　100　1 760
410　900　700　400　150　250　400　1 600　900　200　800

试根据上述数据分成以下几组：100以下；100～200；200～400；400～800；800～1 600；1 600以上，并绘制频数（率）分布图表。

实训项目

项目一：某企业30名工人的基本情况如表3-28所示。

表3-28 某企业30名工人的基本情况

工人代号	性别	年龄	技术职称	文化程度	月工资/元
1	男	32	中级工	大专	1 960
2	男	21	初级工	初中	1 100
3	女	30	中级工	大专	16 120
4	女	25	初级工	高中	1 350
5	女	42	高级工	高中	2 160
6	男	34	中级工	小学	1 580
7	女	35	高级工	高中	2 140
8	男	40	技师	中专	2 450
9	女	20	初级工	高中	1 120
10	女	40	中级工	初中	1 830
11	男	43	技师	中专	2 450
12	男	30	初级工	初中	1 360
13	男	25	初级工	高中	1 320
14	女	36	中级工	小学	1 580
15	男	50	技师	初中	2 210
16	女	18	初级工	初中	1 120
17	男	19	初级工	初中	1 120
18	女	20	初级工	初中	1 120
19	女	41	高级技师	大专	2 580
20	男	20	初级工	初中	1 120
21	男	25	初级工	中专	1 350
22	女	22	初级工	大专	1 380
23	女	38	中级工	小学	1 580
24	女	26	初级工	高中	1 320
25	女	20	初级工	高中	1 310
26	女	30	中级工	大专	1 620
27	男	55	高级技师	中专	2 650
28	女	20	初级工	高中	1 120
29	女	24	初级工	初中	1 310
30	女	33	中级工	小学	1 850

根据表3-28中资料分别设计一份简单分组表和复合分组表,然后在班级进行汇报。

项目二：某地为了解残疾人数量，抽取了70个街（乡），各街（乡）残疾人数量资料如下：

461	403	414	377	367	333	327	383	495	484
932	370	283	278	400	397	390	394	381	413
571	564	580	425	409	398	396	324	345	382
431	376	365	347	324	356	371	378	385	412
435	426	432	367	543	367	426	463	523	324
536	276	325	374	341	356	391	338	345	442
331	371	335	374	304	396	471	389	345	411

要求：对上述资料进行适当分组；根据分组资料编制统计表；进行累计次数分布；绘制适当的统计图。

项目三：试根据本班同学的性别、籍贯、年龄等资料，编制如下统计表：

1. 主词简单分组、宾词指标复合分组设计的统计表；
2. 主词复合分组、宾词指标简单分组设计的统计表；
3. 比较分析哪一种设计更好，为什么？

项目四

综合指标的计算及运用

项目概述

经过统计整理，我们得到了条理化的统计数据。接下来，该进行的工作是统计分析。统计分析的方法有综合指标分析法、动态分析法、指数分析法、抽样推断法、相关分析与回归分析法等。我们将首先学习综合指标分析法。综合指标分析法主要运用总量指标、相对指标、平均指标、标志变异指标来反映现象在具体时间、地点、条件下的总体规模、相对水平、平均水平和差异程度，概括地描述总体的综合数量特征及其变动趋势。

学习目标

1. 理解总量指标的概念、种类和运用。
2. 理解相对指标的概念、种类，掌握相对指标的计算方法及运用。
3. 理解平均指标的概念、种类，掌握平均指标的计算方法及运用。
4. 理解标志变异指标的概念、种类，掌握标志变异指标的计算方法及运用。
5. 会用 Excel 描述统计工具计算各种综合指标。

★导入案例　　百货公司延长营业时间是否值得

某百货公司最近实施了一项延长星期三晚上营业时间的试验方案。这一试验方案受到雇员的强烈反对，公司里也有许多人认为，要保证连续 11.5 个小时的营业，雇员会有时间安排上的困难，这会在顾客服务上造成与初衷相反的效果。

公司经理必须使人相信延长营业时间带来的销售收益要大于延长营业时间带来的附加成本，对此他感到有很大压力。若不能明确证实这一点，那么他将面临中断这项试验的强大压力。

大约在一年之前，公司的员工注意到，越来越多的顾客要求商店延长营业时间，以满足他们的购物需要。一个家庭里夫妇两人工作的趋势使家庭的空闲时间减少了许多，因此，在周末时，许多顾客试图避开诸如购物一类的"杂事"。公司对此的反应是将星期三的营业时间从 9:00—18:00 改为 9:00—21:00。本地区的竞争者跟着也采取了相同的行动,不过大多数选择在星期四和星期五延长营业时间。公司除星期三以外的其他几天的营业时间仍然为 9:00—18:00。

促使改变营业时间的另一个动力是,在大多数顾客不上班时,公司销售额会有明显增加(如星期六的收入历来比星期一高)。这一事实使经理乐观地认为,晚上营业会给公司带来新的收益。

公司经理开始收集数据,以研究星期三延长营业时间对销售的影响。由于没有另外一间商店可用来做对比试验,于是他决定收集一段连续时期的销售数据。会计提供了基本的数据,但是其中有些周的销售额明显偏高或偏低,这是促销或公共假期等原因造成的。他决定只使用他认为营业状况正常的"典型"数据。营业时间延长前的数据如表 1 所示,延长晚上营业时间后的数据如表 2 所示。

表 1　公司延长营业时间前 12 个典型周的销售额　　　　　　　　　　　　　　　单位:元

周	星期一	星期二	星期三	星期四	星期五	星期六
1	579 760	826 861	648 835	655 334	679 008	861 040
2	474 653	463 470	484 722	448 201	461 223	711 261
3	660 098	683 310	769 469	1 011 456	786 410	1 162 486
4	542 688	634 330	849 703	898 719	749 395	1 026 035
5	458 295	491 610	560 448	677 369	633 180	775 104
6	472 799	390 161	456 730	470 495	504 344	653 941
7	516 454	421 412	501 155	564 660	449 221	695 562
8	513 598	552 374	698 652	590 230	645 912	708 041
9	472 932	613 294	650 908	668 282	616 811	834 614
10	506 589	577 367	557 552	649 097	750 147	872 714
11	632 901	594 783	659 122	727 147	558 966	898 298
12	436 240	565 328	557 640	640 502	548 840	805 112

表 2　公司延长周三营业时间后 12 个典型周的销售额　　　　　　　　　　　　　单位:元

周	星期一	星期二	星期三	星期四	星期五	星期六
1	687 321	652 902	911 616	666 348	710 385	940 310
2	674 433	626 359	918 228	527 178	619 050	812 920
3	465 147	469 185	770 062	558 413	442 307	629 786
4	501 925	720 662	895 183	733 627	695 055	897 214
5	522 384	542 236	755 396	667 065	670 753	816 275
6	676 541	619 003	1 138 704	742 832	717 135	963 636
7	464 283	536 331	735 669	585 322	617 849	610 697
8	372 666	477 478	707 250	535 077	531 144	612 680
9	556 701	482 694	762 746	529 451	554 434	622 584
10	564 852	610 355	966 241	747 727	602 867	750 245
11	599 106	561 983	866 497	680 890	557 416	708 739
12	778 749	616 423	988 507	746 692	739 870	912 383

他利用手头的数据开始着手分析,尽管他还不能肯定该如何界定延长时间带来的"增加销售额"。这些都应算作 18:00 以后的销售额吗?一些反对延长营业时间的人反驳说,变革的唯一影响是将星期三正常营业时间的部分销售额挪到了 18:00 以后,延长营业时间不会使销售额产生净增加。经理能证实情况并非如此吗?

思考:

请你利用统计分析方法,如指标分析法、对比分析法等来判断延长营业时间是否真的能增加销售额。

任务一　总量指标的计算及运用

一、总量指标的概念

总量指标是用来反映社会经济现象在一定条件下的总规模、总水平或工作总量的统计指标。总量指标用绝对数表示,也就是用一个绝对数来反映特定现象在一定时间上的总量状况,它是一种最基本的统计指标。例如,2018 年我国国内生产总值达 900 309 亿元;粮食总产量达 65 789 万吨;固定资产投资达 635 636 亿元;社会消费品零售总额达 380 987 亿元;进出口总额达 305 050 亿元。这些都是总量指标,都是利用绝对数来说明我国 2018 年国民经济发展的总体规模、总体水平和工作总量。

二、总量指标的种类

(一)按说明总体的内容不同,总量指标分为总体单位总量和总体标志总量

总体单位总量是用来反映统计总体内包含总体单位个数多少的总量指标。它用来表明统计总体的容量大小。总体标志总量是统计总体各单位某一方面数量标志值的总和。例如,在全国工业企业普查这一调查任务中,全国工业企业是总体,每一个工业企业是总体单位,那么全国工业企业数即为总体单位总量,反映的是总体自身规模的大小,而全国工业企业总产值为总体标志总量,是总体单位某一数量标志值的总和。

(二)按反映总体的时间状况不同,总量指标分为时期指标与时点指标

时期指标是反映社会经济现象在一定时期内发展的总量,如国民收入、国内生产总值、工资总额、人口出生数、人口死亡数等。

时期指标具有以下特点:

(1) 具有可加性。时间上相邻的时期指标相加能够得到另一更长时期的总量指标。

(2) 指标数值的大小与所属时期的长短直接相关。一般来讲,时期越长,指标数值越大。

(3) 必须连续登记而得。时期指标数值的大小取决于整个时期内所有时间上的发展状况,只有连续登记得到的时期指标才会准确。

时点指标是反映社会经济现象在某一时刻或某一时点上的状况的总量,如商品库存量、资产占用额、人口数、企业数等。

时点指标具有以下特点:

(1) 不具有可加性。不同时点上的两个时点指标数值相加不具有实际意义。

(2) 数值大小与登记时间的间隔长短无直接关系。时点指标仅仅反映社会经济现象在一瞬间上的数量，每隔多长时间登记一次对它没有直接影响。

(3) 指标数值是间断计数的。时点指标没有必要进行连续登记，有的也是不可能连续进行登记的，如一国的总人口数。

（三）按所采用的计量单位不同，总量指标可分为实物指标、价值指标和劳动量指标

1. 实物指标

实物指标是用实物单位计量的总量指标。实物单位是根据事物的属性和特点而采用的计量单位，主要有自然单位、度量衡单位和标准实物单位。

自然单位是按照被研究现象的自然状况来度量真数量的一种计量单位。例如，人口以"人"为单位，机器以"台"为单位等。度量衡单位是按照统一的度量衡制度的规定来度量事物数量的一种计量单位。例如，煤炭以"吨"为单位，棉布以"尺"或"米"为单位，运输里程以"千米"为单位等。标准实物单位是按照统一折算标准来度量被研究现象数量的一种计量单位。例如，不同的氮肥，其含氮量多少不同，一般是以含氮量21%的硫酸铵为标准进行折算的。再如，将各种不同发热量的能源统一折合成29.3千焦/千克的标准煤单位计算其总量，等等。在统计中，为了准确地反映某些事物的具体数量和相应的效能，还有一种复合单位，即将两种计量单位结合在一起以乘积表示事物的数量，如货物周转量就是用"吨·千米"来表示货运工作量的。

2. 价值指标

价值指标是用货币单位计量的总量指标。例如，国内生产总值、社会商品零售额、产品成本等，都是以货币为单位来计量的。价值指标能将不能直接相加的产品数量过渡到能够相加，用以综合说明具有不同使用价值的产品总量或商品销售量等的总规模或总水平。价值指标广泛应用于统计研究、计划管理和经济核算。

3. 劳动量指标

劳动量指标是以劳动时间作为计量单位的总量指标，如工日、工时等都属于劳动单位。在企业管理中，劳动量指标常用于编制企业的班组和个人生产计划，检查生产作业计划的完成情况，计算劳动消耗总量，核算产品成本及工人工资，计算劳动生产率等。

三、总量指标的计算和运用

总量指标数值都是通过对总体单位进行全面调查登记，采用直接计数、点数或测量等方法，逐步计算汇总得出的。例如，统计报表中的总量资料、普查中的总量资料，都是采用这种直接计量法取得的。只有在不能直接计算或不必直接计算总体的总量指标的少数情况下，才采用估计推算的方法来取得有关的总量资料。

总量指标数值在计算方法上虽然简单，但在计算内容上相当复杂，主要涉及如何在质与量的统一中反映一定历史条件下社会经济现象的规模和水平。可以说，总量指标数值的计算并不是一个单纯技术性的加总问题，而必须在正确规定总量指标所表示的各种社会经济现象的概念、构成内容和计算范围的基础之上，选择和确定计算方法后，才能进行计算汇总，从而获得正确反映社会经济现象的总量资料。详细说来，正确计算总量指标必须注意以下几点：

1. 明确界定总量指标的含义、范围

例如，要正确计算工资总额，必须先明确工资的实质和构成；要计算国民经济各部门职

工人数，不仅要明确职工的概念和范围，而且要从理论上先确定国民经济部门的分类，才能得出按部门分类的职工人数；要计算第三产业增加值，就应事先明确第三产业增加值的含义和所包括的范围。

2. 注意现象的同类性

不同种类的实物总量指标的数值不能加总，只有同类现象才能计算总量。例如，不能把钢、煤、棉、粮进行简单的加总。

任务二　相对指标的计算及运用

一、相对指标的概念和作用

（一）相对指标的概念

要分析一种社会经济现象，仅仅利用总量指标是远远不够的。如果要对事物做深入的了解，就需要对总体的构成及其各部分之间的数量关系进行分析、比较，这就必须计算相对指标。

相对指标又称相对数，通过两个有联系的指标进行对比，反映现象总体的数量结构、变化程度或现象之间的数量关系。例如，男女比例、经济增长速度、公路密度等，都属于相对指标的概念范畴。

相对指标有两种表现形式：无名数和有名数。无名数是一种抽象化的数值，多以系数、倍数、成数、百分数或千分数表示。有名数有计量单位，多采用复合单位形式，如人均粮食产量用"千克/人"表示，人口密度用"人/平方千米"表示等。

（二）相对指标的作用

（1）相对指标通过数量之间的对比，可以表明事物相关程度、发展程度，它可以弥补总量指标的不足，使人们清楚地了解现象的相对水平和普遍程度。例如，某企业去年实现利润 50 万元，今年实现 55 万元，则今年利润增长了 10%，这是总量指标不能说明的。

（2）把现象的绝对差异抽象化，使原来无法直接对比的指标变为可比。不同的企业由于生产规模条件不同，直接用总产值、利润比较评价意义不大，但如果采用一些相对指标，如资金利润率、资金产值率等进行比较，便可对企业生产经营成果做出合理评价。

（3）说明总体内在的结构特征，为深入分析事物的性质提供依据。例如，计算一个地区不同经济类型的结构，可以说明该地区经济的性质；又如，计算一个地区的第一产业、第二产业、第三产业的比例，可以说明该地区社会经济现代化程度等。

二、相对指标的种类、计算及运用

根据研究的目的不同及对比基础不同，相对指标一般可分为计划完成程度相对指标、结构相对指标、比例相对指标、比较相对指标、强度相对指标和动态相对指标。

（一）计划完成程度相对指标

计划完成程度相对指标是社会经济现象在某时期内实际完成数与计划任务数对比的结果，一般用百分数来表示。其基本计算公式为

$$计划完成程度相对指标 = \frac{实际完成数}{计划任务数} \times 100\%$$

由于计划数在实际计算中可以表现为绝对数、相对数、平均数等多种形式，因此计算计划完成程度相对指标的方法也不尽相同。

1. 计划数为绝对数和平均数

使用绝对数和平均数来计算计划完成程度相对指标时，可直接用上述计算公式。

【例 4-1】某企业 2018 年产品计划产量 1 000 件，实际完成 1 120 件，则计划完成程度为

$$计划完成程度相对指标 = \frac{1\ 120}{1\ 000} \times 100\% = 112\%$$

计算结果表明，该企业超额 12% 完成产量计划，实际产量比计划产量增加了 120 件。

【例 4-2】某企业劳动生产率计划达到 8 000 元/人，某种产品计划单位成本为 100 元，该企业实际劳动生产率达到 9 200 元/人，该产品实际单位成本为 90 元。其计划完成程度指标为

$$劳动生产率计划完成程度相对指标 = \frac{9\ 200}{8\ 000} \times 100\% = 115\%$$

$$单位成本计划完成程度相对指标 = \frac{90}{100} \times 100\% = 90\%$$

计算结果表明，该企业劳动生产率实际比计划提高了 15%，而某产品单位成本实际比计划降低了 10%。这里，劳动生产率为正指标，单位成本为逆指标。

2. 计划数为相对数

当计划数为相对数时，计划完成程度计算公式为

$$计划完成程度相对指标 = \frac{实际达到的百分数}{计划规定的百分数} \times 100\%$$

计划指标常见的形式是提高率和降低率的形式。

（1）当计划指标是提高率时，计划完成程度相对指标的计算公式为

$$计划完成程度相对指标 = \frac{1 + 实际提高率（\%）}{1 + 计划提高率（\%）} \times 100\%$$

【例 4-3】某企业计划年产量提高 10%，实际年产量提高了 12%，求计划完成程度相对指标。

$$计划完成程度相对指标 = \frac{1 + 12\%}{1 + 10\%} \times 100\% = 101.82\%$$

计算结果表明，该企业产量提高率计划完成程度为 101.82%，超额完成了 1.82%。

（2）当计划指标是降低率时，计划完成程度相对指标的计算公式为

$$计划完成程度相对指标 = \frac{1 - 实际降低率（\%）}{1 - 计划降低率（\%）} \times 100\%$$

【例 4-4】某企业计划 2018 年节约燃料 8%，实际节约了 10%，求计划完成程度相对指标。

$$计划完成程度相对指标 = \frac{1 - 10\%}{1 - 8\%} \times 100\% = 97.83\%$$

计算结果表明，该企业燃料节约计划完成程度为 97.83%，超额完成了 2.17%。

3. 中长期计划的制订与检查

在检查中长期计划的完成情况时，根据计划指标的性质不同，检查计划完成程度的计算

方法有水平法和累计法。

1）水平法

用水平法检查计划完成程度就是根据计划末期（最后一年）实际达到的水平与计划规定的同期应达到的水平比较，来确定全期是否完成计划。其计算公式为

$$计划完成程度相对指标 = \frac{中长期计划末期实际达到的水平}{中长期计划末期计划达到的水平} \times 100\%$$

【例 4-5】企业生产的某产品按五年计划规定，最后一年产量应达到 45 万吨，前三年的产量分别是 30 万吨、34 万吨、40 万吨，后两年的计划执行情况如表 4-1 所示。

表 4-1 企业生产计划执行情况　　　　　　　　　　　　　　单位：万吨

第四年				第五年			
第一季度	第二季度	第三季度	第四季度	第一季度	第二季度	第三季度	第四季度
9	10	11	12	12	12	13	13

根据上述资料，用水平法检查计划的执行情况，并计算提前完成计划的时间。

首先，确定该产品产量是否完成了计划。

由表 4-1 可知，该产品在计划最末年即第五年的产品产量实际达到 12+12+13+13 = 50（万吨），而计划规定最后一年的产量应达到 45 万吨，所以该产品的计划完成相对指标为

$$计划完成程度相对指标 = \frac{50}{45} \times 100\% = 111\%$$

即该产品超额 11% 完成了产量计划。

其次，确定该产品是否提前完成了计划。

因为从第四年第二季度开始到第五年第一季度止，连续一年的产量累计已达到计划规定的 45 吨，所以可以确认该计划已提前完成。提前完成计划的时间为三个季度。

2）累计法

累计法就是将整个计划期间实际完成的累计数与同期计划数相比，来确定计划完成程度。其计算公式为

$$计划完成程度相对指标 = \frac{中长期计划末期实际累计完成量}{中长期计划末期计划累计完成量} \times 100\%$$

【例 4-6】某市"十二五"期间计划五年固定资产投资总额 150 亿元，实际各年投资情况如表 4-2 所示。

表 4-2 某地区"十二五"期间固定资产投资完成情况　　　　　　单位：亿元

年份	2011 年	2012 年	2013 年	2014 年	2015 年
固定资产实际投资额	29.4	32.6	39.1	48.9	60

此时，该地区"十二五"期间固定资产投资的计划完成程度相对指标为

$$计划完成程度相对指标 = \frac{29.4+32.6+39.1+48.9+60}{150} \times 100\% = 140\%$$

计算结果表明，该地区超额 40% 完成"十二五"固定资产投资计划。

采用累计法计算，只要从中长期计划开始到某一时期止，所累计完成数达到计划数，就

是完成了计划。本例中，前4年投资额已完成5年计划，比计划时间提前1年。

（二）结构相对指标

研究社会经济现象总体时，不仅要掌握其总量，而且要揭示总体内部的组成数量表现，即要对总体内部的结构进行数量分析，这就需要计算结构相对指标。

结构相对指标就是在分组的基础上，将总体中各组指标数值与总体指标数值对比所得的相对数，用以反映总体各组成部分占总体比重的大小。结构相对指标一般用百分数、成数或系数表示，可以用公式表述如下：

$$结构相对指标 = \frac{总体某部分或组的数值}{总体全部数值} \times 100\%$$

概括地说，结构相对指标就是部分与全体对比得出的比重或比率。由于对比的基础是同一总体的总数值，因此各部分（或组）所占比重之和应当等于100%或1。

在社会经济统计中，结构相对指标应用广泛，它的主要作用可以概括为以下几个方面：

（1）可以说明在一定的时间、地点和条件下，总体结构的特征。

例如，从表4-3中的资料可以看出，2017年我国GDP的产业构成特点。

表4-3　2017年我国GDP的产业构成

产业	增加值/亿元	比重/%
第一产业	65 467.6	7.9
第二产业	334 622.6	40.5
第三产业	427 031.5	51.6
合计	827 121.7	100.0

（2）不同时期结构相对指标的变化，可以反映事物性质的发展趋势，从而有利于发现经济结构的演变规律。

例如，从表4-4的资料中，可以看出不同年份的农业人口在世界人口中所占的比重呈现平稳下降的趋势，这也是伴随经济发展、工业化程度提高和社会进步而产生的必然结果。

表4-4　世界人口和农业人口的发展趋势

年份	1950年	1960年	1970年	1980年	1985年	1990年	2000年	2010年	2020年	2025年
世界人口/亿人	25.2	30.2	36.9	44.5	48.5	52.9	62.5	71.9	80.6	84.7
其中：农业人口/亿人	16.2	17.6	17.6	21.9	22.9	23.9	25.7	26.6	26.5	26.2
占世界总人口的/%	64.3	58.4	58.4	49.4	47.2	45.1	41.1	37.0	32.0	30.9

（3）各构成部分所占比重大小，可以反映所研究现象总体的质量以及人、财、物的利用情况。

例如，入学率、青年受高等教育人口比率等可从文化教育方面表明人口的质量；产品的合格率、优质品率、高新技术品率、商品损耗率等可表明企业的工作质量；出勤率或缺勤率、设备利用率等，则可反映企业的人、财、物的利用状况。

（三）比例相对指标

比例相对指标是反映总体中各个组成部分之间的比例关系和均衡状况的综合指标。它是同一总体中某一部分数值与另一部分数值对比的结果，计算公式为

$$比例相对指标 = \frac{总体中某一部分数值}{总体中另一部分数值} \times 100\%$$

比例相对指标的数值,一般用百分数或比例的形式表示。例如,某高校教学人员为 800 人,行政人员 200 人,则教学人员与行政人员之比为 4∶1。

根据统计资料,计算各种比例相对指标,反映有关事物之间的实际比例关系,有助于我们认识客观事物是否符合按比例协调发展的要求,参照有关标准,可以判断比例关系是否合理。如计算积累和消费的比例、农轻重的比例、外贸出口与进口的比例、短期借款与长期借款的比例、直接融资与间接融资的比例等。在宏观经济管理中,这些比例相对指标的计算,对于研究、分析整个国民经济和社会发展是否协调均衡具有重要的意义。

(四) 比较相对指标

比较相对指标是同一时间内,将不同总体同类现象的指标数值进行对比,以表明同类事物在不同空间条件下的差异程度或相对状态。比较相对指标可以用百分数、倍数和系数表示。其计算公式可以概括为

$$比较相对指标 = \frac{某一总体的某类指标数值}{另一总体的同类指标数值} \times 100\%$$

例如,2017 年北京市人均 GDP 为 128 994 元,邻近的河北省只有 45 387 元,北京市人均 GDP 是河北省的 2.84 倍。根据世界银行公布的数据,2017 年中国人均 GDP 为 8 827 美元,美国人均 GDP 为 59 532 美元,是中国的 6.74 倍。这里的不同地市、国家之间人均 GDP 之比 2.84、6.74 都是比较相对指标。

在经济管理工作中,要广泛应用比较相对指标。例如,用各种质量指标在企业之间、车间或班组之间进行对比,把各项技术经济指标与国家规定的标准条件对比,与同类企业的先进水平或世界先进水平对比,借以找差距,挖潜力,定措施,为提高企业的经营管理水平提供依据。

(五) 强度相对指标

强度相对指标是将两个性质不同而又有密切联系的总量指标对比得到的相对数,是用来分析不同事物之间的数量对比关系,表明现象的强度、密度和普遍程度的综合指标。其计算公式可以概括为

$$强度相对指标 = \frac{某一总体指标数值}{另一个有联系而性质不同的总体指标数值}$$

例如,我国土地面积为 960 万平方千米,第六次人口普查人口总数为 133 972.49 万人,则

$$人口密度 = \frac{133\ 972.49}{960} = 139.55 (人/平方千米)$$

又如,用铁路(公路)长度与土地面积对比,可以得出铁路(公路)密度。这些强度相对指标都用来反映现象的密集程度或普遍程度。

利用强度相对数来说明社会经济现象的强弱程度时,广泛采用人均产量指标来反映一个国家的经济实力。例如,按全国人口数计算的人均钢产量、人均粮食产量等,这种强度相对指标的数值越大,表示一个国家的经济发展程度越高,经济实力越强。

由于强度相对数是两个性质不同但有联系的总量指标数值之比,因此在多数情况下,是由分子与分母原有单位组成的复合单位表示的,如人口密度用人/平方千米,人均钢产量用

吨/人等。但有少数的强度相对指标因其分子与分母的计量单位相同，可以用千分数或百分数表示其指标数值。例如

$$人口自然增长率 = \frac{年内出生人口数 - 年内死亡人口数}{年平均人口数} \times 1\,000‰$$

$$= \frac{年内人口自然增长数}{年平均人口数} \times 1\,000‰$$

$$= 人口出生率（‰）- 人口死亡率（‰）$$

又如，商品流通费用与商品销售额对比得出的商品流通费用率，则用百分数表示。

从强度相对指标数值的表现形式上看，带有"平均"的意义，例如，按人口计算的主要产品产量指标用吨（千克）/人表示；按全国人口分摊的每人平均国民收入用元/人表示。但究其实质，强度相对数与统计平均数有根本的区别。平均数是同一总体中的标志总量与单位总量之比，是将总体的某一数量标志的各个变量值加以平均。如前所述，强度相对数是两个性质不同而有联系的总量指标数值之比，它表明两个不同总体之间的数量对比关系。

（六）动态相对指标

动态相对指标就是将同一现象在不同时间的两个数值进行动态对比而得出的相对数，借以表明现象在时间上发展变动的程度，一般用百分数或倍数表示，也称为发展速度。其计算公式为

$$动态相对指标 = \frac{报告期指标数值}{基期指标数值} \times 100\%$$

通常，作为比较标准的时期称为基期，与基期对比的时期称为报告期。

例如，某高校 2017 年年底在校学生人数为 12 446 人，2018 年年底在校学生人数为 13 870 人，则该校在校学生人数的动态相对指标是

$$动态相对指标 = \frac{13\,870}{12\,446} \times 100\% = 111.44\%$$

动态相对指标对于分析社会经济现象的发展变化过程具有重要意义，本书在项目五中将予以详细论述。

任务三　平均指标的计算及运用

一、平均指标的概念和作用

1. 平均指标的概念

平均指标又称为平均数，是用以表明社会经济现象在一定时间、地点和条件下所达到的一般水平的综合指标，如职工的平均工资、商品的平均价格、单位产品成本等。

2. 平均指标的作用

（1）反映了总体分布的集中趋势。统计数据的分布是分散的，但一般会集中在平均指标附近。也就是说，越靠近平均指标，统计数据越多，而两端的数据较少。因此，平均数反映了一组数据向某一中心值靠拢的趋势，故可以直接把平均指标称为集中趋势。

（2）利用平均指标便于进行对比分析。平均指标作为一个代表值，不仅使个别单位的离差相互抵消，而且不受总体单位多少的影响，因此，最便于用来对社会经济现象总体进行

比较分析。一方面,平均指标可以用来在不同部门、不同地区和不同单位之间进行对比;另一方面,平均指标可以反映某现象的水平在不同时期的变化,以便说明现象的发展趋势或规律性。

(3)利用平均指标可以分析现象之间的依存关系。在对现象进行分组的基础上,结合应用平均指标,可以观察现象之间存在的依存关系。例如,分析广告费与平均销售额之间的关系,分析工业企业固定资产与平均产值之间的关系等。

(4)利用平均指标可以进行数量上的估计推断。例如,根据部分总体单位计算的平均指标,可以用来推断整个总体的平均数或标志总量。

二、平均指标的种类、计算及运用

平均指标按其计算方法不同,通常分为算术平均数、调和平均数、几何平均数、众数和中位数,它们都是用来反映社会经济现象一般水平的。其中,前三种是根据总体所有标志值来计算的,可以称为数值平均数;而众数和中位数是根据标志值所处位置决定的,可以称为位置平均数。

(一)算术平均数

算术平均数是计算平均指标最基本、最常用的一种平均数,它是由总体标志总量除以总体单位总量所得的平均数。其计算公式为

$$算术平均数 = \frac{总体标志总量}{总体单位总量}$$

利用上式计算时,要求各变量值必须是同质的,分子与分母必须属于同一总体,即公式的分子是分母具有的标志值,分母是分子的承担者。在实际工作中,由于所掌握的统计资料的不同,利用上述公式进行计算时,其可分为简单算术平均数和加权算术平均数两种。

1. 简单算术平均数

简单算术平均数是根据未经分组整理的原始数据计算的平均数。设一组数据为 x_1, x_2, …, x_n,则简单算术平均数的计算公式如下:

$$\bar{x} = \frac{x_1 + x_2 + \cdots + x_n}{n} = \frac{\sum x_i}{n}$$

式中,x_i 代表各组标志值;n 代表总体单位数。

【例 4-7】据某市人才服务中心调查,该市工业企业从业人员年薪在 40 000~55 000 元,表 4-5 所示的数据是工业企业从业人员年薪的一个样本。

表 4-5 24 名工业企业从业人员年薪资料

工业企业从业人员年薪/元								
49 100	48 600	49 950	48 800	47 200	49 900	51 350	54 600
49 300	51 200	51 000	49 400	51 400	51 800	49 600	53 400
48 700	50 300	49 000	49 800	48 900	48 650	51 300	51 900

试计算这 24 名工业企业从业人员的平均年薪。

解:根据公式有

$$\bar{x} = \frac{\sum x_i}{n} = \frac{49\ 100 + 49\ 300 + \cdots + 53\ 400 + 51\ 900}{24} = 50\ 215 (元)$$

2. 加权算术平均数

加权算术平均数就是根据分组整理的数据计算的算术平均数。其计算公式为

$$\bar{x} = \frac{x_1 f_1 + x_2 f_2 + \cdots + x_n f_n}{f_1 + f_2 + \cdots + f_n} = \frac{\sum x_i f_i}{\sum f_i}$$

式中，f_i 代表各组单位数即频数。

1）单项式数列计算平均数

【例 4-8】某车间 50 名工人的日产量（单位：件）资料如表 4-6 所示，计算该车间工人的平均日产量。

表 4-6　某车间 50 名工人的日产量资料

日产量 x/件	人数 f/人	各组日产量 xf/件
4	5	20
5	8	40
6	20	120
7	10	70
8	7	56
合计	50	306

解： 该车间工人平均日产量为

$$\bar{x} = \frac{\sum xf}{\sum f} = \frac{306}{50} = 6.12（件）$$

2）组距式数列计算加权算术平均数

【例 4-9】某企业职工工资的分组资料如表 4-7 所示，计算该企业职工的平均工资。

表 4-7　某企业职工工资的分组资料

工资/元	人数 f/人	组中值 x/元	工资总额 xf/元
2 000 以下	50	1 500	75 000
2 000～3 000	100	2 500	250 000
3 000～5 000	20	4 000	80 000
5 000 以上	10	6 000	60 000
合计	180	—	465 000

$$\bar{x} = \frac{\sum xf}{\sum f} = \frac{465\,000}{180} = 2\,583.33（元）$$

通过上例可知，算术平均数不仅取决于变量值的大小，而且受各变量值重复出现的频数（f）或频率（$f/\sum f$）大小的影响。如果某一组变量值出现的频数或频率较大，则说明该组数据对算术平均数的影响就大；反之，则小。可见各组频数或频率对平均的结果起着权衡

轻重的作用,这一衡量变量值相对重要性的数值称为权数,而根据权数计算出来的平均数就称为加权算术平均数。这里所谓权数的大小,并不是以权数本身值的大小而言的,而是指各组单位数占总体单位数的比重,即权数系数($f/\sum f$)。

当然,利用组中值作为本组平均值来计算算术平均数,一般是假定各单位标志值在组内的分布是均匀的。

如果是计算相对数的平均数,则应符合所求的相对数本身的计算公式,将分子视为总体标志总量,分母视为总体单位总量。

【例 4 – 10】某季度某工业公司 18 个工业企业产值计划完成程度如表 4 – 8 所示,计算平均产值计划完成程度。

表 4 – 8 某工业公司 18 个工业企业产值计划完成程度

产值计划完成/%	组中值/% x	企业数/个	计划产值/万元 f	实际产值/万元 xf
80 ~ 90	85	2	800	680
90 ~ 100	95	3	2 500	2 375
100 ~ 110	105	10	17 200	18 060
110 ~ 120	115	3	4 400	5 060
合计	—	18	24 900	26 175

$$平均产值计划完成程度 = \frac{实际完成产值}{计划产值} = \frac{\sum xf}{\sum f}$$

$$= \frac{26\ 175}{24\ 900} = 105.12\%$$

计划完成相对数的计算公式是实际完成数与计划任务数之比,因此,平均产值计划完成程度的计算只能是所有企业的实际完成值与其计划产值之比,不能把各个企业的计划完成百分数简单平均。

3. 算术平均数性质

算术平均数具有下面一些重要的数学性质,这些数学性质在实际工作中有着广泛的应用(如在相关性分析和方差分析及建立回归方程中),同时体现了算术平均数的统计思想。

(1) 各变量值与其算术平均数的离差之和等于 0,即

$$\sum (x - \bar{x})f = 0$$

(2) 各变量值与其算术平均数的离差平方和最小,即

$$\sum (x - \bar{x})^2 f = 最小值(\min)$$

(二)调和平均数

在计算平均数时,如果缺乏总体单位的资料,则不能直接采用算术平均数的方法计算平均数,需要采用调和平均数。所谓调和平均数,是指各个变量倒数的算术平均数的倒数。与算术平均数类似,调和平均数也有简单调和平均数和加权调和平均数两种形式。

1. 简单调和平均数

简单调和平均数就是各总体单位标志值倒数的简单算术平均数的倒数。其计算公式为

$$H = \frac{n}{\frac{1}{x_1} + \frac{1}{x_2} + \cdots + \frac{1}{x_n}} = \frac{n}{\sum \frac{1}{x_i}}$$

式中，H 代表调和平均数；x_i 代表各单位标志值；n 代表标志值的项数。

【例 4-11】某公司采购甲、乙、丙 3 种不同设备，单价分别为 0.125 万元/台、0.2/万元/台和 0.5 万元/台。

（1）若 3 种设备各采购 1 台，试计算 3 台设备的平均单价。

解：应按简单算术平均数计算，有

$$\bar{x} = \frac{\sum x_i}{n} = \frac{0.125 + 0.2 + 0.5}{3} = 0.275 \text{（万元/台）}$$

（2）若 3 种设备各采购 1 万元的，试计算所采购设备的平均单价。

解：应按简单调和平均数计算，有

$$H = \frac{n}{\sum \frac{1}{x_i}} = \frac{1+1+1}{\frac{1}{0.125} + \frac{1}{0.2} + \frac{1}{0.5}} = 0.2 \text{（万元/台）}$$

2. 加权调和平均数

加权调和平均数就是各总体单位标志值倒数的加权算术平均数的倒数。其计算公式为

$$H = \frac{m_1 + m_2 + \cdots + m_n}{\frac{m_1}{x_1} + \frac{m_2}{x_2} + \cdots + \frac{m_n}{x_n}} = \frac{\sum m_i}{\sum \frac{m_i}{x_i}}$$

式中，x_i 代表各组标志值；m_i 为各组标志总量。

【例 4-12】上例中，若甲设备采购 1 万元的，乙设备采购 2 万元的，丙设备采购 3 万元的，试计算所采购设备的平均单价。

解：应按加权调和平均数计算，有

$$H = \frac{\sum m_i}{\sum \frac{m_i}{x_i}} = \frac{1+2+3}{\frac{1}{0.125} + \frac{2}{0.2} + \frac{3}{0.5}} = 0.25 \text{（万元/台）}$$

式中，x_i 是各种设备的单价，即各组的标志值；权数 m_i 是各种设备的采购额，即各组的标志总量。

【例 4-13】设有某行业 150 个企业的有关产值和利润情况，如表 4-9 所示。

表 4-9　某行业 150 个企业的有关产值和利润情况

产值利润率/%	第一季度		第二季度	
	企业数/个	实际产值/万元	企业数/个	实际利润/万元
5~10	30	5 700	50	710
10~20	70	20 500	80	3 514
20~30	50	22 500	20	2 250
合计	150	48 700	150	6 474

试分别计算该行业第一季度和第二季度的平均产值利润率。

计算全行业的平均产值利润率，必须以产值利润率的基本公式为依据，即

$$产值利润率 = \frac{实际利润}{实际产值} \times 100\%$$

计算第一季度的平均产值利润率，应该对每组企业的产值利润率采用实际产值加权，求算术平均数，即有

$$第一季度平均产值利润率 = \frac{\sum xf}{\sum f} = \frac{0.075 \times 5\,700 + 0.15 \times 20\,500 + 0.25 \times 22\,500}{5\,700 + 20\,500 + 22\,500}$$

$$= \frac{9\,127.5}{48\,700} \approx 18.74\%$$

计算第二季度的平均产值利润率，则应该对每组企业的产值利润率采用实际利润加权，进行调和平均，即有

$$第二季度平均产值利润率 = \frac{\sum m}{\sum \frac{m}{x}} = \frac{710 + 3\,514 + 2\,250}{\frac{710}{0.075} + \frac{3\,514}{0.15} + \frac{2\,250}{0.25}}$$

$$= \frac{6\,474}{41\,893.3} \approx 15.45\%$$

由上例可知，对于同一问题的研究，算术平均数和调和平均数的实际意义是相同的，计算公式也可以相互推算，采用哪一种方法完全取决于所掌握的实际资料。一般的做法是：如果掌握的是基本公式中的分母资料，则采用算术平均数；如果掌握的是基本公式中的分子资料，则采用调和平均数的计算公式。

（三）几何平均数

几何平均数是 n 个变量值乘积的 n 次方根。根据统计资料的不同，几何平均数也有简单几何平均数和加权几何平均数之分。

1. 简单几何平均数

直接将 n 项变量连乘，然后对其连乘积开 n 次方根所得的平均数即为简单几何平均数。它是几何平均数的常用形式。其计算公式为

$$G = \sqrt[n]{x_1 \cdot x_2 \cdot x_3 \cdot \cdots \cdot x_n} = \sqrt[n]{\prod x_i}$$

式中，G 代表几何平均数；x_i 代表各变量值；$\prod$ 代表连乘符号。

【例 4 – 14】某流水生产线有前后衔接的五道工序。某日各工序产品的合格率分别为 95%、92%、90%、85%、80%。此时，整个流水生产线产品的平均合格率为

$$G = \sqrt[5]{0.95 \times 0.92 \times 0.90 \times 0.85 \times 0.80}$$

$$= \sqrt[5]{0.534\,9} \approx 88.24\%$$

2. 加权几何平均数

与算术平均数一样，当资料中的某些变量值重复出现时，相应地，简单几何平均数就变成了加权几何平均数。其计算公式为

$$G = \sqrt[\sum f]{x_1^{f_1} \cdot x_2^{f_2} \cdot x_3^{f_3} \cdot \cdots \cdot x_n^{f_n}} = \sqrt[\sum f]{\prod x_i^{f_i}}$$

式中，f_i 代表各变量值出现的次数。

【例 4 – 15】某工商银行某项投资年利率是按复利计算的。20 年投资年利率分配情况如表 4 – 10 所示，试计算 20 年的平均年利率。

表 4-10　20 年投资年利率分配情况

年限	年利率/%	本利率 x_i/%	年数 f_i/个
第 1 年	5	105	1
第 2 年至第 4 年	8	108	3
第 5 年至第 15 年	15	115	11
第 16 年至第 20 年	18	118	5
合计	—	—	20

按公式计算 20 年的平均年利率，有

$$G = \sqrt[20]{1.05^1 \times 1.08^3 \times 1.15^{11} \times 1.18^5} \approx 114.14\%$$

即 20 年的平均年利率为 114.14% - 1 = 14.14%。

（四）众数

顾名思义，众数就是次数最多的数。具体说来，它是指总体中出现次数最多的变量值，它可以近似地反映总体中各总体单位某一变量值的一般水平，因此，属于平均数的一种，一般用 M_0 表示。

众数是一种位置平均数，是总体中出现次数最多的变量值，因而在实际工作中有时有它特殊的用途。比如，要说明一个企业中工人最普遍的技术等级，说明消费者需要的内衣、鞋袜、帽子等最普遍的号码，说明农贸市场上某种农副产品最普遍的成交价格等，都需要利用众数。

1. 单项数列确定众数

【例 4-16】某制鞋厂要了解消费者最需要哪种型号的男皮鞋，调查了某百货商场某季度男皮鞋的销售情况，得到资料如表 4-11 所示。

表 4-11　某百货商场某季度男皮鞋的销售情况

男皮鞋号码/厘米	销售量/双
24.0	12
24.5	84
25.0	118
25.5	541
26.0	320
26.5	104
27.0	52
合计	1 231

从表 4-11 可以看出，25.5 厘米的鞋号销售量最多，故众数为 25.5 厘米。如果我们计算算术平均数，则平均号码为 25.65 厘米，而这个号码显然是没有实际意义的，直接用 25.5 厘米作为顾客对男皮鞋所需尺寸的集中趋势既便捷又符合实际。

2. 组距数列确定众数

若所掌握的资料是组距式数列，则只能按一定的方法来推算众数的近似值。其计算公式为

$$M_0 = L + \frac{\Delta_1}{\Delta_1 + \Delta_2} \times d \quad （下限公式）$$

$$M_0 = U - \frac{\Delta_2}{\Delta_1 + \Delta_2} \times d \quad （上限公式）$$

式中，L 表示众数所在组下限；U 表示众数所在组上限；Δ_1 表示众数所在组次数与其下限的邻组次数之差；Δ_2 表示众数所在组次数与其上限的邻组次数之差；d 表示众数所在组组距。

【例 4-17】根据表 4-12 的数据，计算 50 名工人日加工零件数的众数。

表 4-12 某企业 50 名工人加工零件数的众数计算表

按零件数分组/件	组中值/件	频数/人
105～110	107.5	3
110～115	112.5	5
115～120	117.5	8
120～125	122.5	14
125～130	127.5	10
130～135	132.5	6
135～140	137.5	4
合计	—	50

计算步骤如下：

(1) 首先确定众数组。从表 4-12 中的数据可以看出，最大的频数值是 14，即众数组为 120～125 这一组。

(2) 代入公式。

$$M_0 = L + \frac{\Delta_1}{\Delta_1 + \Delta_2} \times d = 120 + \frac{14 - 8}{(14 - 8) + (14 - 10)} \times 5 = 123 （件）$$

或

$$M_0 = U - \frac{\Delta_2}{\Delta_1 + \Delta_2} \times d = 125 - \frac{14 - 10}{(14 - 8) + (14 - 10)} \times 5 = 123 （件）$$

众数的计算需满足一个条件，即总体单位数比较多，而且有明显的集中趋势。如果单位数很少，或单位数多但无明显的集中趋势，则是无法计算众数的。

（五）中位数

中位数是将数据按大小顺序排列起来，形成一个数列，居于数列中间位置的那个数据就是中位数。中位数用 M_e 表示。

从中位数的定义可知，所研究的数据中有一半小于中位数，一半大于中位数。中位数的作用与算术平均数相近，也作为所研究数据的代表值。在数列中出现了极端变量值的情况下，用中位数作为代表值要比用算术平均数更好，因为中位数不受极端变量值的影响；如果

研究目的就是反映中间水平,则也应该用中位数。

1. 由未分组资料确定中位数

对于未分组的原始资料,首先必须将标志值按大小排序,并按公式 $\frac{n+1}{2}$ 来确定中位数的位置。

当 n 为奇数时,中位数就是居于中间位置的那个标志值;当 n 为偶数时,中位数是处于中间位置的那两个标志值的算术平均数。

【例4-18】10名同学的成绩分别为70、75、80、82、85、88、90、92、95、98,计算中位数。

根据公式,中位数的位置 $=\frac{n+1}{2}=\frac{10+1}{2}=5.5$,即意味着本例的中位数为中间两个变量值的平均数。即

$$中位数 = \frac{85+88}{2} = 86.5$$

2. 由分组资料确定中位数

由单项数列确定中位数,先按 $\frac{\sum f}{2}$ 的公式求出中位数所在的位置,再计算各组的累计次数,累计次数达到 $\frac{\sum f}{2}$ 的那一组就是中位数所在的组,该组对应的变量值即为中位数。

【例4-19】根据表4-11的数据,计算该商场销售男皮鞋号码的中位数。

首先,由表4-11的数据可得,$\frac{\sum f}{2} = \frac{1231}{2} = 615.5$。也就是说,中位数的位置在第615.5位。

然后,计算各组的累计次数,如表4-13所示。

表4-13 某商场销售男皮鞋号码中位数计算表

男皮鞋号码/厘米	销售量/双	向上累计/双
24.0	12	12
24.5	84	96
25.0	118	214
25.5	541	755
26.0	320	1 075
26.5	104	1 179
27.0	52	1 231
合计	1 231	—

由表4-13可知,累计频数在25.5厘米这一组内达到615.5,所以中位数是25.5厘米。

由组距数列确定中位数，应先按 $\frac{\sum f}{2}$ 确定中位数所在组的位置，再按下限公式或上限公式来确定中位数。

$$下限公式：M_e = L + \frac{\frac{\sum f}{2} - S_{m-1}}{f_m} \times d$$

$$上限公式：M_e = U - \frac{\frac{\sum f}{2} - S_{m+1}}{f_m} \times d$$

式中，M_e 表示中位数；L 表示中位数所在组下限；U 表示中位数所在组上限；f_m 表示中位数所在组的次数；$\sum f$ 表示总次数；d 表示中位数所在组的组距；S_{m-1} 表示中位数所在组以前的累计次数；S_{m+1} 表示中位数所在组以后的累计次数。

【例 4-20】 根据表 4-14 所列数据，计算 50 名工人日加工零件数的中位数。

表 4-14　某企业 50 名工人日加工零件数的中位数计算表

按零件数分组/个	频数/人	向上累计/人	向下累计/人
105~110	3	3	50
110~115	5	8	47
115~120	8	16	42
120~125	14	30	34
125~130	10	40	20
130~135	6	46	10
135~140	4	50	4

由表 4-13 可知，中位数的位置 =50/2 =25，即中位数在 120~125 这一组；又知，L =120，S_{m-1} =16，U =125，S_{m+1} =20，f_m =14，d =5，故根据中位数公式，得

$$M_e = 120 + \frac{\frac{50}{2} - 16}{14} \times 5 \approx 123.21 \text{（件）}$$

或

$$M_e = 125 - \frac{\frac{50}{2} - 20}{14} \times 5 \approx 123.21 \text{（件）}$$

对于有些离散型变量的单项式数列，当次数分布偏态时，中位数的代表性会受到影响。

三、算术平均数、众数和中位数的比较

算术平均数、众数和中位数之间的关系与次数分布数列有关。在次数分布完全对称时，算术平均数、众数和中位数都是同一数值，如图 4-1 所示；在次数分布非对称时，算术平均数、众数和中位数就不再是同一数值了，而是具有相对固定的关系。在尾巴拖

在右边的正偏态（或右偏态）分布中，众数最小，中位数适中，算术平均数最大，如图4-2所示；在尾巴拖在左边的负偏态（或左偏态）分布中，众数最大，中位数适中，算术平均数最小，见图4-3。

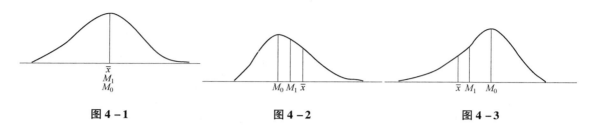

图4-1　　　　　　图4-2　　　　　　图4-3

★ 相关链接

2018年，全国居民人均可支配收入为28 228元，比上年名义增长8.7%，扣除价格因素，实际增长6.5%。其中，城镇居民人均可支配收入为39 251元，增长（以下如无特别说明，均为同比名义增长）7.8%，扣除价格因素，实际增长5.6%；农村居民人均可支配收入14 617元，增长8.8%，扣除价格因素，实际增长6.6%。

全年全国居民人均可支配收入中位数为24 336元，比上年增长8.6%，中位数是平均数的86.2%。其中，城镇居民人均可支配收入中位数为36 413元，增长7.6%，是平均数的92.8%；农村居民人均可支配收入中位数为13 066元，增长9.2%，是平均数的89.4%。

按收入来源分，全年全国居民人均工资性收入为15 829元，比上年增长8.3%，占可支配收入的比重为56.1%；人均经营净收入为4 852元，增长7.8%，占可支配收入的比重为17.2%；人均财产净收入为2 379元，增长12.9%，占可支配收入的比重为8.4%；人均转移净收入为5 168元，增长8.9%，占可支配收入的比重为18.3%。

任务四　标志变异指标的计算及运用

一、标志变异指标

社会经济现象总体内部各单位存在着一定的共性，但更多的是差异，因此，不仅要通过平均数去认识总体的一般水平，还需要对总体内各单位之间的差异程度进行认识，这就需要运用一定的指标，我们把这类反映差异程度的指标称为标志变异指标。

标志变异指标是反映总体各单位标志值的差别大小程度的综合指标，又称标志变动度。平均指标反映总体一般数量水平的同时，掩盖了总体各单位标志值的数量差异。变异指标弥补了这方面的不足，综合反映了总体各单位标志值的差异性，从另一方面说明了总体的数量特征。平均指标说明总体各单位标志值的集中趋势，而变异指标说明标志值的分散程度或离中趋势。

变异指标是衡量平均指标代表性的尺度。一般来讲，数据分布越分散，变异指标越大，平均指标的代表性越小；数据分布越集中，变异指标越小，平均指标的代表性越大。常用的变异指标有全距、平均差、方差与标准差以及标准差系数。

二、全距

全距也称为极差，是指总体各单位标志值中最大值与最小值之差，即

$$R = 最大标志值 - 最小标志值$$

因此，全距可反映总体中变量值的变动范围。

【例5-10】 两个学习小组的统计学考试成绩（单位：分）分别为

第一组：60　70　80　90　100

第二组：78　79　80　81　82

很明显，两个小组的考试成绩平均分都是80分，但是哪一组的分数比较集中呢？

如果用全距指标来衡量，则有

$$R_甲 = 100 - 60 = 40（分）$$

$$R_乙 = 82 - 78 = 4（分）$$

这说明，第一组的成绩变动幅度远大于第二组，也说明第二组的成绩分布更加集中。

极差是测定标志变动度的一种简单方法，但受极端值的影响，因而它往往不能充分反映社会经济现象的离散程度。

在实际工作中，全距常用来检查产品质量的稳定性和进行质量控制。在正常生产条件下，全距在一定范围内波动，若全距超过给定的范围，就说明有异常情况出现。因此，利用全距有助于及时发现问题，以便采取措施，保证产品质量。

三、平均差

平均差是总体各单位标志值与其算术平均数的离差绝对值的算术平均数，它综合反映了总体各单位标志值的变动程度。平均差越大，表示标志变动度越大；反之，表示标志变动度越小。

1. 简单平均式

在资料未分组的情况下，平均差的计算公式为

$$A \cdot D = \frac{\sum |x_i - \bar{x}|}{n}$$

【例4-21】 某厂两组工人生产某种产品的日产量资料如表4-15所示，试通过平均差比较两组平均数的代表性。

表4-15　某厂两组工人生产某种产品的日产量资料

第一组			第二组		
日产量/件 x_i	离差 $x_i - \bar{x}$	离差绝对值 $|x_i - \bar{x}|$	日产量/件 x_i	离差 $x_i - \bar{x}$	离差绝对值 $|x_i - \bar{x}|$
73	-2	2	50	-25	25
74	-1	1	65	-10	10
75	0	0	70	-5	5
76	+1	1	90	+15	15
77	+2	2	100	+25	25
合计	0	6	合计	0	80

经计算，两组工人的平均日产量都为 $\bar{x} = 75$（件）。

第一组的平均差 $A \cdot D_1 = \dfrac{\sum |x_i - \bar{x}|}{n} = \dfrac{6}{5} = 1.2$

第二组的平均差 $A \cdot D_2 = \dfrac{\sum |x_i - \bar{x}|}{n} = \dfrac{80}{5} = 16$

计算结果表明，第一组的平均差小于第二组，因此第一组平均数的代表性比第二组大。

2. 加权平均式

在资料已分组的情况下，要用加权平均差公式，即

$$A \cdot D = \dfrac{\sum |x_i - \bar{x}| f_i}{\sum f_i}$$

【例 4-22】某企业 105 名工人的月工资资料如表 4-16 所示。

表 4-16 某企业 105 名工人的月工资资料

按月工资分组/元	工人数 f_i	组中值 x_i	离差 $x_i - \bar{x}$	离差绝对值 $\|x_i - \bar{x}\|$	离差绝对值×权数 $\|x_i - \bar{x}\| f_i$
400~500	10	450	-181	181	1 810
500~600	30	550	-81	81	2 430
600~700	40	650	19	19	760
700~800	20	750	119	119	2 380
800~900	5	850	219	219	1 095
合计	105	—	—	—	8 475

试计算该企业 105 名工人的月工资水平差异程度平均值。

可得该企业工人的月平均工资和平均差为

$$\bar{x} = \dfrac{\sum xf}{\sum f} = \dfrac{450 \times 10 + 550 \times 30 + 650 \times 40 + 750 \times 20 + 850 \times 5}{105} = \dfrac{66\,250}{105} = 631（元）$$

$$A \cdot D = \dfrac{\sum |x_i - \bar{x}| f_i}{\sum f_i} = \dfrac{8\,475}{105} = 80.7（元）$$

计算结果表明，该企业 105 名工人的月工资水平差异程度平均为 80.7 元。

平均差计算简便，意义明确，而且平均差是根据所有变量值计算的，因此它能够准确地、全面地反映一组数值的变异程度。但是，由于平均差是用绝对值进行运算的，它不适宜于代数形式处理，因此在实际应用上受到很大的限制。

四、方差与标准差

方差和标准差是测度数据变异程度的最重要、最常用的指标。方差是各个变量值与其算术平均数的离差平方的平均数，通常以 σ^2 表示。方差的计量单位和量纲不便于从经济意义上进行解释。所以，在实际统计工作中，多用方差的算术平方根——标准差来测度统计数据的差异程度。标准差又称均方差，一般用 σ 表示。方差和标准差的计算也分为简单平均和加权平均两种。

1. 简单平均式

如掌握的资料未分组,则可用简单平均式来计算方差和标准差,公式为

$$\sigma^2 = \frac{\sum (x_i - \bar{x})^2}{n}$$

$$\sigma = \sqrt{\frac{\sum (x_i - \bar{x})^2}{n}}$$

2. 加权平均式

如掌握的资料已分组,则可用加权平均式来计算方差和标准差,公式为

$$\sigma^2 = \frac{\sum (x_i - \bar{x})^2 f_i}{\sum f_i}$$

$$\sigma = \sqrt{\frac{\sum (x_i - \bar{x})^2 f_i}{\sum f_i}}$$

【例 4-23】某班学生统计学考试成绩资料如表 4-17 所示,计算标准差。

表 4-17 某班学生统计学考试成绩资料

按分数分组/分	学生人数/人 f_i	组中值/分 x_i	离差 $x_i - \bar{x}$	离差平方 $(x_i - \bar{x})^2$	离差平方×权数 $(x_i - \bar{x})^2 f_i$
60 以下	5	55	-18.5	342.25	1 711.25
60~70	10	65	-8.5	72.25	722.5
70~80	14	75	1.5	2.25	31.5
80~90	8	85	11.5	132.25	1 058
90 以上	3	95	21.5	462.25	1 386.75
合计	40	—	—	—	4 910

先利用加权平均法计算出学生的平均考试成绩 $\bar{x} = 73.5$ 分,然后计算标准差,有

$$\sigma = \sqrt{\frac{\sum (x_i - \bar{x})^2 f_i}{\sum f_i}} = \sqrt{\frac{4\,910}{40}} = \sqrt{122.75} = 11.08(分)$$

和平均差一样,方差和标准差也是根据全部变量值计算的,它反映了各个变量值与其均值平均离差的数值,因此能准确地反映数据的离散程度。方差和标准差是实际中应用最广泛的离散程度测度值。

五、标准差系数

前面介绍的全距、平均差、方差和标准差都是反映一组数值变异程度的绝对值,其数值的大小,不仅取决于数值的变异程度,还与变量值水平的高低、计量单位的不同有关。所以,不宜直接利用上述变异指标对不同水平、不同计量单位的现象进行比较,而是应当先做无量纲化处理,即将上述反映数据的绝对差异程度的变异指标转化为反映相对差异程度的指标,再进行对比。

标准差系数是反映一组数据相对差异程度的指标,是一组数据的标准差与算术平均数的

比值。其计算公式为

$$V_\sigma = \frac{\sigma}{\overline{X}} \times 100\%$$

【例 4 – 24】甲、乙两组工人的平均工资分别为 1 138.14 元、1 176 元,标准差分别为 121.32 元、124.67 元,试计算两组工人工资水平离散系数。

两组工人工资水平离散系数计算如下:

$$V_{\sigma甲} = \frac{121.32}{1\ 138.14} \times 100\% = 10.66\%$$

$$V_{\sigma乙} = \frac{124.67}{1\ 176} \times 100\% = 10.60\%$$

从标准差来看,乙组工人工资水平的标准差比甲组大,但不能断言乙组平均工资的代表性小。这是因为,两组工人的工资水平处在不同的水平上,不能直接根据标准差的大小做出结论。而正确的方法是用消除了平均水平的标准差系数比较。从两组的标准差系数可以看出,甲组相对的变异程度大于乙组,因而乙组平均工资的代表性要大。

任务五 用 Excel 计算综合指标

Excel 是一个设计精良、功能齐全的办公软件。它除了具有我们常用的办公功能,如通过电子表格的形式对数字数据进行组织和计算,将数字数据转化为可视化的图表和数据库管理功能外,还是一个十分强大、非常易用于使用的数据统计和预测工具。一般来说,在 Excel 中求统计量、未分组资料等可用函数计算,求已分组资料则可用公式计算。本任务将利用 Excel 提供的描述性统计工具分别对组数据和非组数据进行平均指标及标志变异指标的计算。

【例 4 – 25】未分组数据的算术平均值计算实例。

某商场电视机销售情况如表 4 – 18 所示,试求该商场电视机销售量平均值。

表 4 – 18 某商场电视机销售情况

月份	电视机销售台数/台	月份	电视机销售台数/台
1	100	7	100
2	110	8	110
3	120	9	115
4	100	10	120
5	96	11	90
6	100	12	95

1. 根据公式求算术平均数

第一步:新建工作表"例 4 – 25 某商场电视机销售情况.xlsx",输入表 4 – 18 中的调查数据,如图 4 – 4 所示。

第二步:单击 B14 单元格,然后单击菜单栏"开始""编辑""自动求和"按钮,Excel 自动对 B2:B13 单元格区域进行求和,按"Enter"即可。

第三步:求算术平均数。单击单元格 B15 单元格,在编辑栏中输入" = B14/12",完成后按"Enter"确认,结果如图 4 – 5 所示。

	A	B
1	月份	电视机销售台数
2	1	100
3	2	110
4	3	120
5	4	100
6	5	96
7	6	100
8	7	100
9	8	110
10	9	115
11	10	120
12	11	90
13	12	95
14		

图 4－4　某商场电视机销售量

	A	B
1	月份	电视机销售台数
2	1	100
3	2	110
4	3	120
5	4	100
6	5	96
7	6	100
8	7	100
9	8	110
10	9	115
11	10	120
12	11	90
13	12	95
14	求和	1256
15	算术平均值	104.6666667

图 4－5　电视机销售量的算术平均值

【结论】

从图 4－5 可以看出，该商场电视机销售量的平均值为 104.666 666 7。

2. 使用 AVERAGE 函数求算术平均值

除了使用上述公式外，Excel 还给出了 AVERAGE（number1，number2，…）函数语法。

- AVERAGE 函数语法具有下列参数（参数是指为操作、事件、方法、属性、函数或过程提供信息的值）：
- number1：必要。要计算平均值的第一个数字、单元格引用或单元格区域。
- number2，…：可选。要计算平均值的其他数字、单元格引用或单元格区域，最多可包含 255 个。

应用 AVERAGE 函数求解具体操作步骤如下：

第一步：打开工作表“例 4－25 某商场电视机销售情况 .xlsx”，单击 B14 单元格，然后单击“开始”菜单栏“公式”“插入函数”命令，弹出“插入函数”对话框。

第二步：在“选择类别”下拉列表中选择“统计”，然后在“选择函数（N）：”中选择“AVERAGE”函数，如图 4－6 所示。单击“确定”按钮，Excel 默认选择 B2: B13 单元格区域，按“Enter”键即可。最终结果如图 4－7 所示。

【结论】

从图 4－5 和图 4－7 可以看出，以上两种方法求出的算术平均值完全相同。

【例 4－26】 分组数据的算术平均值计算实例。

某地 2015 年城镇居民可支配收入抽样数据如表 4－19 所示，使用 Excel 计算该地城镇居民可支配收入的算术平均值。

表 4－19　某地 2015 年城镇居民可支配收入抽样数据

按收入高低分组	2015 年	
	可支配收入/（元·人$^{-1}$）	调查人数/人
最低收入	2 970.38	418
低收入	4 718.44	398
中下收入	6 517.29	763

续表

按收入高低分组	2015 年	
	可支配收入/（元·人$^{-1}$）	调查人数/人
中等收入	8 986.99	738
中上收入	12 251.28	693
高收入	17 091.81	313
最高收入	26 948.70	305

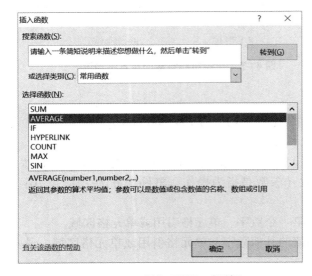

图 4-6 "插入函数"对话框　　图 4-7 用 AVERAGE 函数求解结果

1. 根据公式求组数据的算术平均值

计算组数据的平均值最直观的方法是按照计算公式求解，可以使用 SUM 函数求中点值与频率值乘积的总和，然后除以总数。

根据公式求组数据的算术平均值的具体操作步骤如下：

第一步：新建工作表"例 4-26 某地 2015 年城镇居民可支配收入抽样数据.xlsx"，输入表 4-19 中的已知数据。依次添加表格名称和需要统计的数据名称，并选择 C11 和 D11 单元格，单击菜单栏"开始""对齐方式""合并后居中"按钮，如图 4-8 所示。

图 4-8 组数据的算术平均值计算表格

第二步：求 fx。单击 D2 单元格，在编辑栏中输入"=B2*C2"，按"Enter"键，即结束；再单击 D2 单元格，将鼠标指针移动至 D2 单元格右下角，当鼠标指针变为小黑色十字形状时按下鼠标左键拖曳至 D8 单元格，完成单元格自动填充，结果如图 4-9 所示。

	A	B	C	D	E
1	按收入高低分组	可支配收入（元/人）	调查人数（人）	fx	
2	最低收入	2970.38	418	1241618.84	
3	低收入	4718.44	398	1877939.12	
4	中下收入	6517.29	763	4972692.27	
5	中等收入	8986.99	738	6632398.62	
6	中上收入	12251.28	693	8490137.04	
7	高收入	17091.81	313	5349736.53	
8	最高收入	26948.7	305	8219353.50	
9					
10		总和			
11		算术平均值			
12					
13					

图 4-9　fx 值

第三步：求数据观测值的总数目。单击 C10 单元格，单击菜单栏"开始""编辑""自动求和"按钮，按"Enter"键即可，结果如图 4-10 所示。

	A	B	C	D	E
1	按收入高低分组	可支配收入（元/人）	调查人数（人）	fx	
2	最低收入	2970.38	418	1241618.84	
3	低收入	4718.44	398	1877939.12	
4	中下收入	6517.29	763	4972692.27	
5	中等收入	8986.99	738	6632398.62	
6	中上收入	12251.28	693	8490137.04	
7	高收入	17091.81	313	5349736.53	
8	最高收入	26948.7	305	8219353.50	
9					
10		总和	3628		
11		算术平均值			
12					
13					

图 4-10　数据观测值的总数目

第四步：求 fx 的和。单击 D10 单元格，单击菜单栏"开始""编辑""自动求和"按钮，按"Enter"键结束，结果如图 4-11 所示。

	A	B	C	D	E
1	按收入高低分组	可支配收入（元/人）	调查人数（人）	fx	
2	最低收入	2970.38	418	1241618.84	
3	低收入	4718.44	398	1877939.12	
4	中下收入	6517.29	763	4972692.27	
5	中等收入	8986.99	738	6632398.62	
6	中上收入	12251.28	693	8490137.04	
7	高收入	17091.81	313	5349736.53	
8	最高收入	26948.7	305	8219353.50	
9					
10		总和	3628	36783875.92	
11		算术平均值			
12					
13					

图 4-11　fx 的和

第五步：单击 C11 单元格，在编辑栏输入"=D10/C10"，按"Enter"键，得到算术平均值，计算结果如图 4-12 所示。

	A	B	C	D	E
1	按收入高低分组	可支配收入（元/人）	调查人数（人）	fx	
2	最低收入	2970.38	418	1241618.84	
3	低收入	4718.44	398	1877939.12	
4	中下收入	6517.29	763	4972692.27	
5	中等收入	8986.99	738	6632398.62	
6	中上收入	12251.28	693	8490137.04	
7	高收入	17091.81	313	5349736.53	
8	最高收入	26948.7	305	8219353.50	
9					
10		总和	3628	36783875.92	
11		算术平均值		10138.88531	
12					
13					

图 4-12　算术平均值计算结果

2. 用 SUMPRODUCT 求组数据的算术平均值

Excel 除了提供 SUM 函数之外，还提供了 SUMPRODUCT 函数，将数组间对应的元素相乘，并返回乘积总和，再除以总数，从而得到平均值。

函数语法：SUMPRODUCT（array1，array2，array3，…）

- array1，array2，array3，…：为 2 到 255 个数组，其相应元素需要进行相乘并求和。
- 数组参数必须具有相同的维数，否则函数 SUMPRODUCT 返回错误值"#VALUE!"。
- 函数 SUMPRODUCT 把非数值型的数组元素作为 0 处理。

下面使用 SUMPRODUCT 函数来求解【例 4-26】，具体操作步骤如下：

第一步：打开工作表"例 4-26 某地 2015 年城镇居民可支配收入抽样数据.xlsx"，通过复制、粘贴，在"sheet2"工作表中创建新的数据表格。

第二步：单击 B10 单元格，在编辑栏中输入" = SUM（C2:C8）"，按"Enter"键，数据观测值的总数目结果如图 4-13 所示。

	A	B	C	D
1	按收入高低分组	可支配收入（元/人）	调查人数（人）	
2	最低收入	2970.38	418	
3	低收入	4718.44	398	
4	中下收入	6517.29	763	
5	中等收入	8986.99	738	
6	中上收入	12251.28	693	
7	高收入	17091.81	313	
8	最高收入	26948.7	305	
9				
10	总和	3628		
11	算术平均值			
12				
13				

图 4-13　调查总人数

第三步：单击 C10 单元格，在编辑栏中输入" = SUMPRODUCT（B2:B8，C2:C8）"，然后按下"Ctrl + Shift + Enter"组合键，结果如图 4-14 所示。

第四步：在 B11 单元格输入" = C11/B11"，从而求得算术平均值，结果如图 4-15 所示。

【**结论**】图 4-12 和图 4-15 所示的计算结果是相同的，城镇居民可支配收入算术平均值为 10 138.885 31 元/人。

	A	B	C	D
1	按收入高低分组	可支配收入（元/人）	调查人数（人）	
2	最低收入	2970.38	418	
3	低收入	4718.44	398	
4	中下收入	6517.29	763	
5	中等收入	8986.99	738	
6	中上收入	12251.28	693	
7	高收入	17091.81	313	
8	最高收入	26948.7	305	
9				
10	总和		3628	36783875.92
11	算术平均值			
12				
13				

图 4-14　计算可支配收入总和

	A	B	C	D
1	按收入高低分组	可支配收入（元/人）	调查人数（人）	
2	最低收入	2970.38	418	
3	低收入	4718.44	398	
4	中下收入	6517.29	763	
5	中等收入	8986.99	738	
6	中上收入	12251.28	693	
7	高收入	17091.81	313	
8	最高收入	26948.7	305	
9				
10	总和		3628	36783875.92
11	算术平均值		10138.88531	
12				
13				

图 4-15　算术平均值结果

【例 4-27】几何平均数计算实例。

某产品生产需要经过六道工序，每道工序的合格率分别为 98%、91%、93%、98%、98%、91%，求这六道工序的平均合格率。

因为成品的合格率等于各道工序产品合格率的乘积，所以要用几何平均数来计算这六道工序的平均合格率。

在 Excel 中，可以同求解算术平均值一样，通过前边介绍的公式来计算几何平均值。同时，Excel 还给出了 GEOMEAN 函数，可以用来求未分组数据的几何平均值。这里我们不再使用公式方法，而直接使用 GEOMEAN 函数来计算几何平均值。

函数语法：GEOMEAN（number1，number2，…）

- number1，number2，…：用于计算平均值的 1 到 255 个参数，也可以不使用这种用逗号分隔参数的形式，而用单个数或对数组的引用。

求解几何平均值的具体操作步骤如下：

第一步：新建工作表"例 4-27 某产品六道工序的平均合格率.xlsx"，输入【例 4-27】中的已知数据，依次添加表格名称，如图 4-16 所示。

第二步：单击 B9 单元格，在编辑栏中输入"=GEOMEAN（B2：B7）"，如图 4-17 所示，然后按"Enter"键，结果如图 4-18 所示。

	A	B
1	工序	合格率
2	工序1	98%
3	工序2	91%
4	工序3	93%
5	工序4	98%
6	工序5	98%
7	工序6	91%
8		
9	几何平均值	
10		

图 4-16　各工序的合格率

【结论】

从图 4-18 可以看出，使用 GEOMEAN 函数求得六道工序的平均合格率为 0.947 779 53。

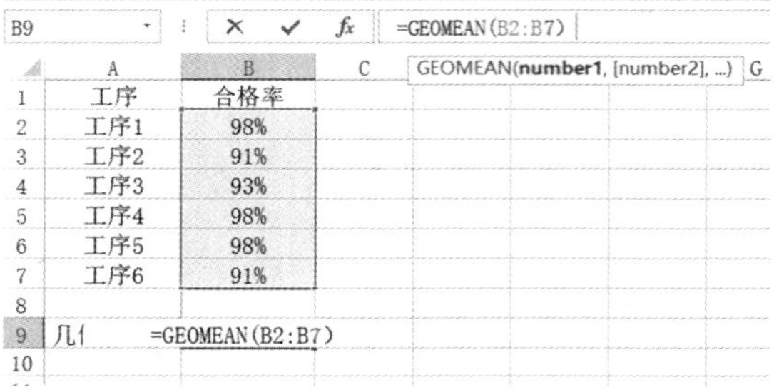

图 4-17　输入 GEOMEAN 函数

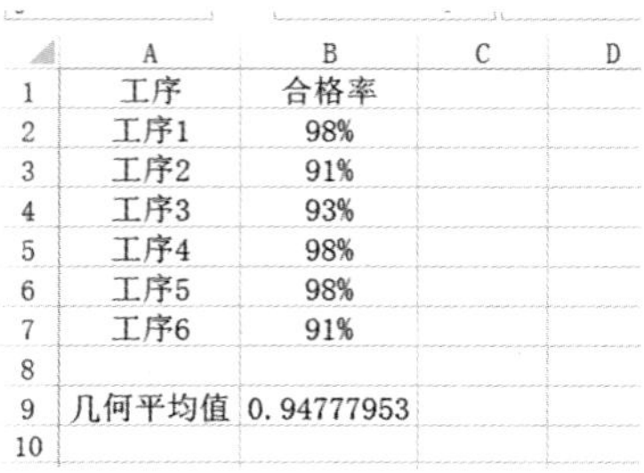

图 4-18　工序的平均合格率

【例 4-28】调和平均数的计算实例。

求 5、7、11、9、16、22、18 的调和平均值。

在 Excel 中，提供了 HARMEAN 函数计算调和平均值。

函数语法：HARMEAN（number1，number2，…）

● number1，number2，…：用于计算平均值 1 到 255 个参数，也可以使用单个数组或对数组的引用，而不使用这种用逗号分隔参数的形式。

根据 HARMEAN 函数求解调和平均值具体步骤如下：

第一步：新建工作表"例 4-28 调和平均值.xlsx"，输入【例 4-28】中的已知数据，如图 4-19 所示。

第二步：单击 B9 单元格，在编辑栏中输入"= HARMEAN（A2：A8）"，然后按"Enter"键，结果如图 4-20 所示，5、7、11、9、16、22、18 的调和平均值为 9.881 598。

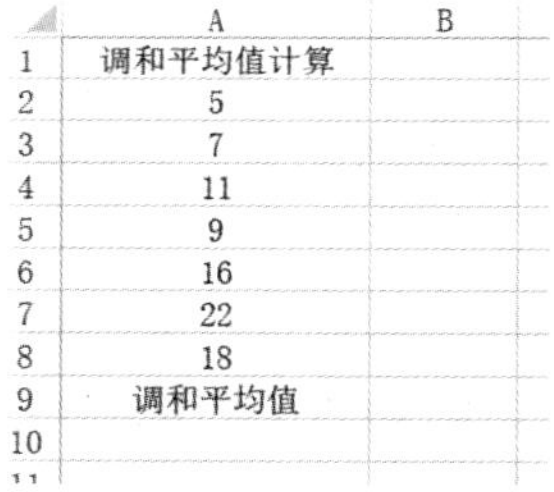

图 4-19　调和平均值数据

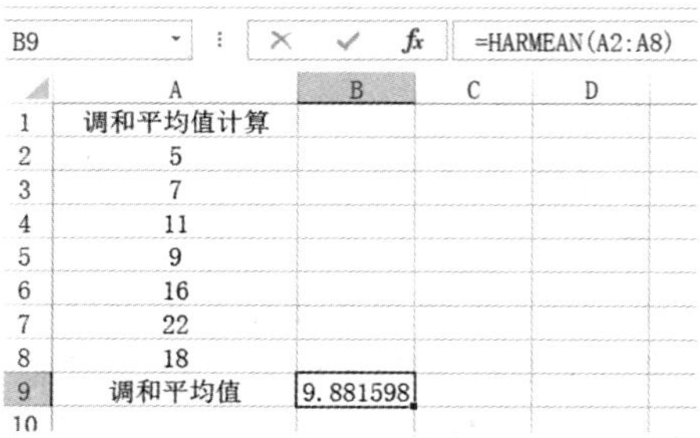

图 4-20　调和平均值

【例 4-29】未分组数据的众数计算实例。

求下列数据（见表 4-20）的众数。

表 4-20　数据表

151	189	189	214	217	173
160	189	183	215	119	121
169	189	189	189	189	189
144	144	144	156	156	156
113	124	136	143	163	175

在 Excel 中，可利用 MODE 函数来计算未分组数据的众数。

函数语法：MODE（number1，number2，…）

- number1，number2，…：用于计算众数的 1 到 255 个参数，也可以不使用这种用逗号分隔参数的形式，而选择用单个数组或对数组的引用。

计算未分组数据的众数，具体操作步骤如下：

第一步：新建工作表"例 4 - 29 非组数据的众数.xlsx"，在 A2:F6 单元格区域输入上述序列数据。合并 A1:F1 单元格，并添加单元格名称。

第二步：单击 D8 单元格，在编辑栏中输入"= MODE（A2:F6）"，完成后按"Enter"键，结果如图 4 - 21 所示，所求的序列众数为 189。

图 4 - 21 未分组数据的众数

【例 4 - 30】分组数据的众数计算实例。

某车间统计了车间零件加工数据，根据车间统计的零件数分组和职工人数，计算车间零件加工的众数。其中，原始的统计数据如表 4 - 21 所示。

表 4 - 21 车间零件加工数据

按零件数分组/件	职工人数/人
40 ~ 50	20
50 ~ 60	40
60 ~ 70	80
70 ~ 80	50
80 ~ 90	10

利用公式求车间零件数的众数，具体步骤如下：

第一步：新建工作表"例 4 - 30 车间零件加工数据.xlsx"，输入表 4 - 21 中的数据，样式如图 4 - 22 所示。

第二步：确定众数所在组的下限 L。这里次数最大为 80，对应的组为"60 ~ 70"，所以对应的下限 L 为 60。

第三步：确定众数所在组的次数减去众数所在组前一组的次数的值 $f_m - f_{m-1}$，单击 B8 单元格，在编辑栏中输入"= B4 - B3"，然后按"Enter"键，结果如图 4 - 23 所示。

图 4 - 22 车间零件加工数据

图 4 - 23 众数组和前一组的次数差

第四步：确定众数所在组的次数减去众数所在组后一组的次数的值 $f_m - f_{m+1}$，单击 B9 单元格，在编辑栏中输入“=B4－B5”，然后按“Enter”键，结果如图 4－24 所示。

第五步：依据公式求众数。单击单元格 B10，在编辑栏中输入“=60+B8/(B8+B9)*10”，完成后按“Enter”键结束。最终求得众数结果为 65.714 285 71，结果如图 4－25 所示。

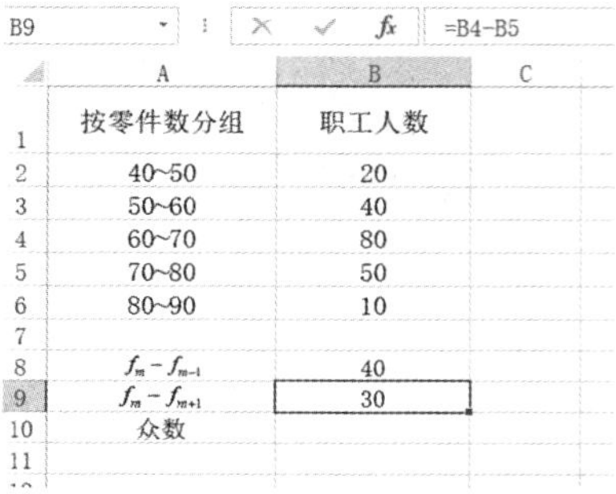

B9 =B4-B5

	A	B	C
1	按零件数分组	职工人数	
2	40~50	20	
3	50~60	40	
4	60~70	80	
5	70~80	50	
6	80~90	10	
7			
8	$f_m - f_{m-1}$	40	
9	$f_m - f_{m+1}$	30	
10	众数		
11			

图 4－24　众数组和后一组的次数差

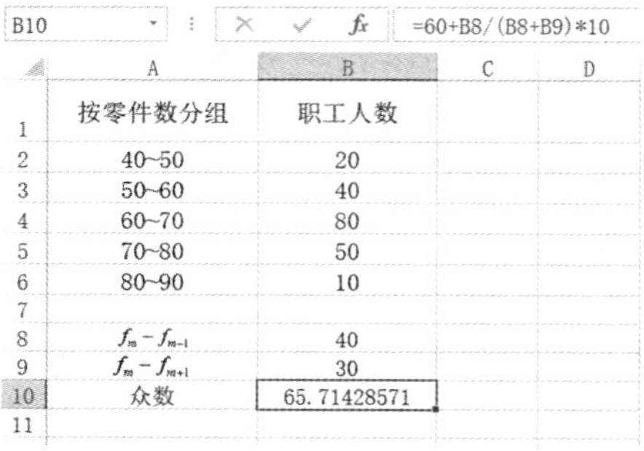

B10 =60+B8/(B8+B9)*10

	A	B	C	D
1	按零件数分组	职工人数		
2	40~50	20		
3	50~60	40		
4	60~70	80		
5	70~80	50		
6	80~90	10		
7				
8	$f_m - f_{m-1}$	40		
9	$f_m - f_{m+1}$	30		
10	众数	65.71428571		
11				

图 4－25　分组数据众数结果

【例 4－31】 未分组数据的中位数计算实例。

求未分组数据：9　13　34　11　15　17　18　19　25　36　27　33　22　18　19　21 的中位数。

在 Excel 中，可用 MEDIAN 函数来求解非组数据的中位数。

函数语法：MEDIAN（number1, number2, …）

- number1, number, …：要计算中位数的 1 到 255 个数字。

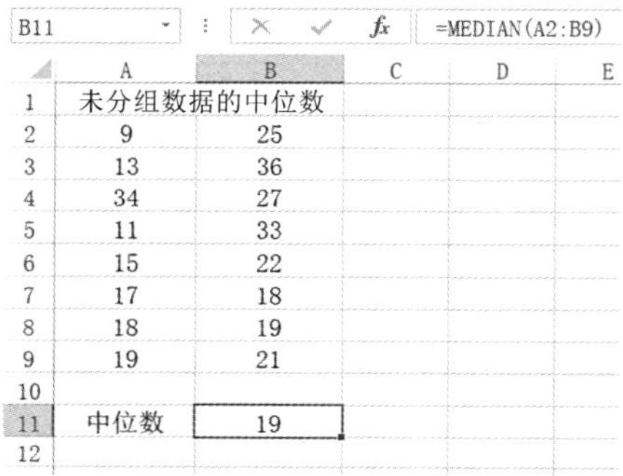

B11 =MEDIAN(A2:B9)

	A	B	C	D	E
1	未分组数据的中位数				
2	9	25			
3	13	36			
4	34	27			
5	11	33			
6	15	22			
7	17	18			
8	18	19			
9	19	21			
10					
11	中位数	19			
12					

图 4－26　未分组数据的中位数

使用 MEDIAN 函数，来求中位数具体操作步骤如下：

第一步：新建工作表“例 4－31 未分组数据的中位数 . xlsx”，表头输入“未分组数据的中位数”，输入上述未分组数据。

第二步：单击 B11 单元格，在编辑栏中输入“=MEDIAN（A2: B9）”，完成后按“Enter”键，得到中位数 19，如图 4－26 所示。

【例 4－32】 分组数据的中位数计算实例。

已知某地区家庭收入分组的家庭数和累积频数，试确定此地区家庭收入的中位数，如表 4－22 所示。

表 4－22　某地区家庭收入分组数据

按家庭收入分组/元	家庭数/户	累积频数
5 000 以下	21	21
5 000 ~ 10 000	45	66
10 000 ~ 15 000	14	80
15 000 ~ 20 000	6	86
20 000 以上	6	92

具体分析步骤如下：

第一步：新建工作表"例 4 - 32 某地区家庭收入分组数据.xlsx"，表头输入"组数据的中位数"，再输入表 4 - 22 中的数据，如图 4 - 27 所示。

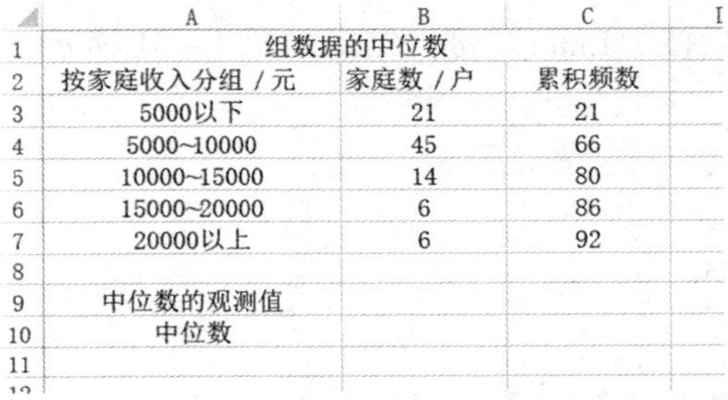

第二步：确定中位数的观测值位置，为"观测值总数/2"。单击 B9 单元格，在编辑栏中输入"= C7/2"，按"Enter"键，结果为 46，如图 4 - 28 所示，从而判断中位数所在组为"5 000 ~ 10 000"。中位数所在组的下限 L 为 5 000，中位数所在组前一组止的累积频数 s_{m-1} 为 21，中位数所在组的频数 f_m 为 45。

第三步：求中位数。单击 B10 单元格，在编辑栏中输入"= 5 000 + (B9 - C3)/B4 * 5 000"，按"Enter"键，中位数的近似值为 7 777.777 778，结果如图 4 - 29 所示。

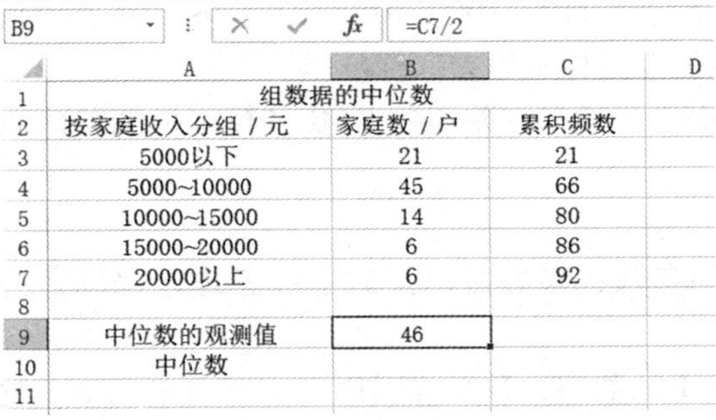

图 4 - 27　某地区家庭收入分组数据

图 4 - 28　中位数的观测值位置

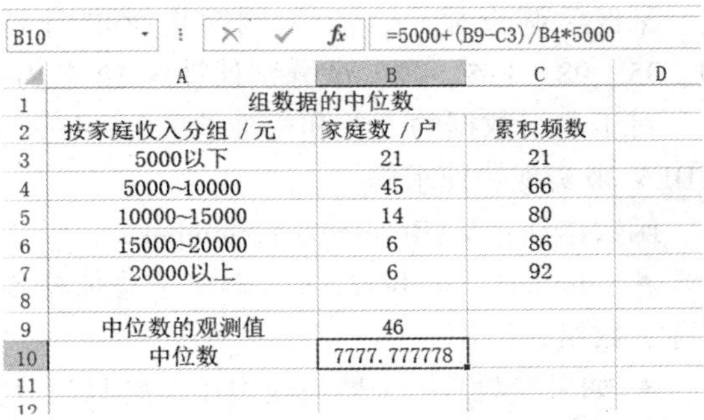

图 4 - 29　家庭收入的中位数

【例 4 - 33】极差计算实例。

某班级 40 名同学统计学考试成绩的（单位：分）原始资料如表 4 - 20 所示，求考试成绩极差。

表 4 - 23　某班级 40 名同学统计学考试成绩的原始资料

64	70	89	64	56
78	89	60	78	68
85	79	70	84	68
78	89	99	36	75
88	88	79	98	95
60	68	95	97	79
75	75	89	75	75
84	78	64	78	85

求考试成绩极差的具体步骤如下：

第一步：新建工作表"例 4 - 33 统计学考试成绩.xlsx"，表头输入"40 名同学统计学成绩"，在 A11 单元格输入表格名称"极差"，再输入表 4 - 23 中的数据，如图 4 - 30 所示。

第二步：单击 B11 单元格，在编辑栏中输入“ = MAX （A2: E9）– MIN （A2: E9）”，结束后按“Enter”键，结果如图 4 – 31 所示，考试成绩的极差为 63。

	A	B	C	D	E	F
1			40名同学统计学成绩			
2	64	70	89	64	56	
3	78	89	60	78	68	
4	85	79	70	84	68	
5	78	89	99	36	75	
6	88	88	79	98	95	
7	60	68	95	97	79	
8	75	75	89	75	75	
9	84	78	64	78	85	
10						
11	极差					
12						
13						

图 4 – 30　统计学考试成绩

B11　=MAX(A2:E9)-MIN(A2:E9)

	A	B	C	D	E	F
1			40名同学统计学成绩			
2	64	70	89	64	56	
3	78	89	60	78	68	
4	85	79	70	84	68	
5	78	89	99	36	75	
6	88	88	79	98	95	
7	60	68	95	97	79	
8	75	75	89	75	75	
9	84	78	64	78	85	
10						
11	极差	63				

图 4 – 31　统计学考试成绩极差

【例 4 – 34】 未分组数据的方差和标准差计算实例。

某医学调查显示，12 名同龄男孩的身高分别是 110、100、102、101、99、96、104、90、95、98、115、97，试分别计算这 12 名男孩的年龄样本方差和标准差。

对于非组数据的方差和标准差，Excel 专门提供了样本方差函数 VAR 和样本标准差函数 STDEV 来实现快速求解。

函数语法：VAR(number1, number2, …)

- number1, number2, …：对应于总体样本的参数，参数可以是数字或者是包含数字的名称、数组、引用。
- 如果参数是一个数组或引用，则只计算其中的数字，数组或引用中的空白单元格、逻辑值、文本或错误值将被忽略。逻辑值和直接键入参数列表中代表数字的文本被计算在内。
- 函数 VAR：假设其参数是样本总体中的一个样本。如果数据为整个样本总体，则应使用函数 VARP 来计算方差。

函数语法：STDEV(number1, number2, …)

- number1, number2, …：对应于总体样本的参数，也可以用单个数组或对数组的引用，而不使用这种逗号分隔参数的形式。
- 参数可以是数字或者是包含数字的名称、数组、引用。如果参数是一个数组或引用，则只计算其中的数字，数组或引用中的空白单元格、逻辑值、文本或错误值将被忽略。逻辑值和直接键入参数列表中代表数字的文本被计算在内。
- 函数 STDEV：假设其参数是样本总体中的一个样本。如果数据为整个样本总体，则应使用函数 STDEVP 来计算标准差。

利用样本方差函数 VAR 和样本标准差函数 STDEV 求解的具体步骤如下：

第一步：新建工作表“例 4 – 34 某医学调查的男孩身高 . xlsx”，表头输入“12 名男孩身高”，输入例【4 – 34】的数据。

第二步：求样本方差。单击 D5 单元格，在编辑栏中输入“ = VAR （A2: A13）”，然后按“Enter”键，结果如图 4 – 32 所示。12 名男孩的年龄样本方差为 45. 174 24。

第三步：求样本标准差。单击 D6 单元格，在编辑栏中输入“ = STDEV （A2: A13）”，然后按“Enter”键，结果如图 4 – 33 所示。12 名男孩的年龄样本标准差为 6. 721 179。

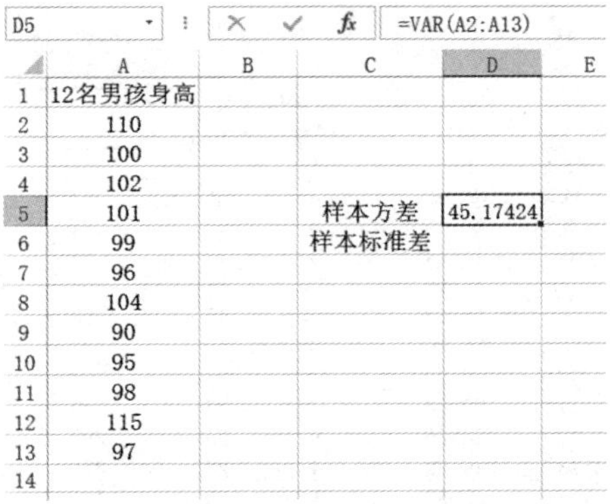

	A	B	C	D	E
1	12名男孩身高				
2	110				
3	100				
4	102				
5	101		样本方差	45.17424	
6	99		样本标准差		
7	96				
8	104				
9	90				
10	95				
11	98				
12	115				
13	97				
14					

图 4－32　样本方差

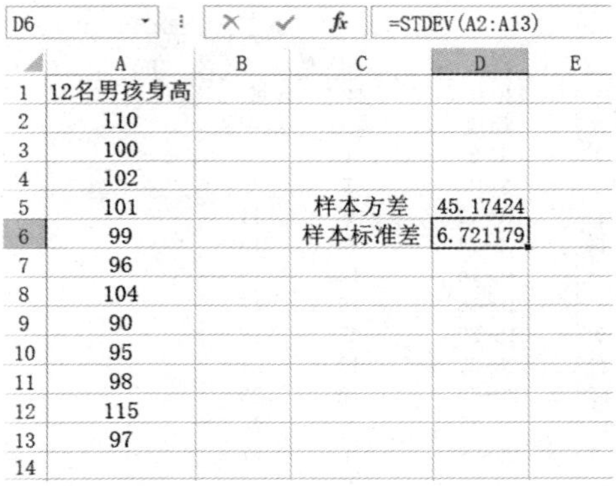

	A	B	C	D	E
1	12名男孩身高				
2	110				
3	100				
4	102				
5	101		样本方差	45.17424	
6	99		样本标准差	6.721179	
7	96				
8	104				
9	90				
10	95				
11	98				
12	115				
13	97				
14					

图 4－33　样本标准差

【例 4－35】 分组数据的方差和标准差计算实例。

某医院调查 120 名成年男子血清铁含量，原始数据如表 4－24 所示，试计算 120 名成年男子血清铁含量方差和标准差。

表 4－24　成年男子血清铁含量

组段	频数	组中值	组段	频数	组中值
6～8	1	7	18～20	27	19
8～10	3	9	20～22	12	21
10～12	6	11	22～24	10	23
12～14	8	13	24～26	8	25
14～16	12	15	26～28	4	27
16～18	20	17	28～30	1	29

依据组数据方差和标准差的公式求解，具体操作步骤如下：

第一步：新建工作表“例 4－35 成年男子血清铁含量.xlsx”，表头输入“120 名成年男子血清铁含量”，输入如表 4－24 中的数据，建立工作区域，如图 4－34 所示。

第二步：求样本平均值。单击 B16 单元格，在编辑栏中输入“＝AVERAGE（C3: C14）”，然后按“Enter”键，计算结果如图 4－35 所示。

第三步：单击 D3 单元格，在编辑栏中输入“＝(C3－$B$16)^2＊B3”，然后按“Enter”键；再单击 D3 单元格，将鼠标指针移动至 D3 单元格右下角，当鼠标指针变为小黑色十字形状时，按住鼠标左键拖曳至 D14 单元格，利用自动填充单元格功能求出各组值，计算结果如图 4－36 所示。

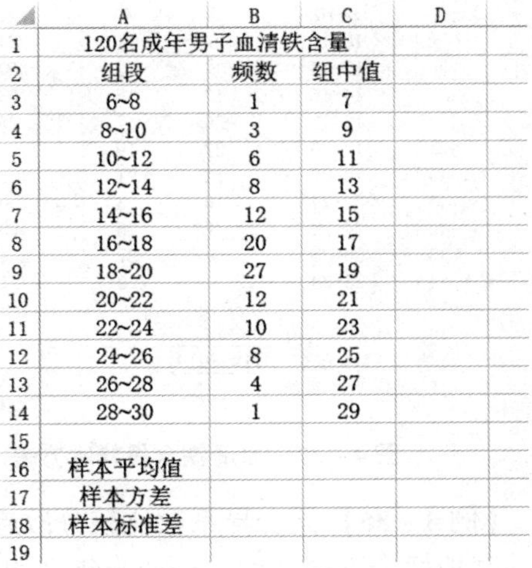

	A	B	C	D
1	120名成年男子血清铁含量			
2	组段	频数	组中值	
3	6~8	1	7	
4	8~10	3	9	
5	10~12	6	11	
6	12~14	8	13	
7	14~16	12	15	
8	16~18	20	17	
9	18~20	27	19	
10	20~22	12	21	
11	22~24	10	23	
12	24~26	8	25	
13	26~28	4	27	
14	28~30	1	29	
15				
16	样本平均值			
17	样本方差			
18	样本标准差			
19				

图 4－34　成年男子血清铁含量

B16 =AVERAGE(C3:C14)

	A	B	C	D	E
1	120名成年男子血清铁含量				
2	组段	频数	组中值		
3	6~8	1	7		
4	8~10	3	9		
5	10~12	6	11		
6	12~14	8	13		
7	14~16	12	15		
8	16~18	20	17		
9	18~20	27	19		
10	20~22	12	21		
11	22~24	10	23		
12	24~26	8	25		
13	26~28	4	27		
14	28~30	1	29		
15					
16	样本平均值	18			
17	样本方差				
18	样本标准差				

图 4 -35　样本平均值

D3 =(C3-$B$16)^2*B3

	A	B	C	D	E
1	120名成年男子血清铁含量				
2	组段	频数	组中值		
3	6~8	1	7	121	
4	8~10	3	9	243	
5	10~12	6	11	294	
6	12~14	8	13	200	
7	14~16	12	15	108	
8	16~18	20	17	20	
9	18~20	27	19	27	
10	20~22	12	21	108	
11	22~24	10	23	250	
12	24~26	8	25	392	
13	26~28	4	27	324	
14	28~30	1	29	121	
15					
16	样本平均值	18			
17	样本方差				
18	样本标准差				

图 4 -36　利用自动填充求各组值

第四步：单击 D15 单元格，单击菜单栏“开始”“编辑”“自动求和”按钮，然后按“Enter”键；单击 B15 单元格，单击菜单栏“开始”“编辑”“自动求和”按钮，然后按“Enter”键。

第五步：求样本方差。单击 B17 单元格，在编辑栏中输入“ = D15/(B15 - 1)”，然后按“Enter”键，结果如图 4 - 37 所示。这 120 名成年男子的血清铁含量方差值为 19.891 9。

第六步：求样本标准差。单击 B18 单元格，在编辑栏中输入“ = B17^0.5”，然后按“Enter”键，求得样本标准差结果如图 4 -38 所示。这 120 名成年男子的血清铁含量标准差值为 4.460 03。

B17 =D15/(B15-1)

	A	B	C	D	E
1	120名成年男子血清铁含量				
2	组段	频数	组中值		
3	6~8	1	7	121	
4	8~10	3	9	243	
5	10~12	6	11	294	
6	12~14	8	13	200	
7	14~16	12	15	108	
8	16~18	20	17	20	
9	18~20	27	19	27	
10	20~22	12	21	108	
11	22~24	10	23	250	
12	24~26	8	25	392	
13	26~28	4	27	324	
14	28~30	1	29	121	
15		112		2208	
16	样本平均值	18			
17	样本方差	19.8919			
18	样本标准差				

图 4 -37　血清铁含量样本方差

B18 =B17^0.5

	A	B	C	D
1	120名成年男子血清铁含量			
2	组段	频数	组中值	
3	6~8	1	7	121
4	8~10	3	9	243
5	10~12	6	11	294
6	12~14	8	13	200
7	14~16	12	15	108
8	16~18	20	17	20
9	18~20	27	19	27
10	20~22	12	21	108
11	22~24	10	23	250
12	24~26	8	25	392
13	26~28	4	27	324
14	28~30	1	29	121
15		112		2208
16	样本平均值	18		
17	样本方差	19.8919		
18	样本标准差	4.46003		

图 4 -38　血清铁含量样本标准差

【例 4 -36】 同变异系数比较分散趋势的计算实例。

某地两个不同类型的企业半年平均月产量资料如表 4 -25 所示，试计算两个企业平均月产量变异系数，并比较两者的分散程度。

表 4－25　某地两个不同类型的企业半年平均月产量资料

月份	炼钢厂产量/吨	纺纱厂产量/锭
1 月	510	198
2 月	520	195
3 月	500	210
4 月	500	200
5 月	510	195
6 月	490	210

使用变异系数比较分散程度的具体操作步骤如下：

第一步：新建工作表“例 4－36 两个企业半年平均月产量”，输入表 4－25 中的数据，如图 4－39 所示。

第二步：求产量的标准差。单击 B9 单元格，在编辑栏中输入“＝STDEV（B2：B7）”，然后按“Enter”键，求出炼钢厂产量的标准差；再单击 B9 单元格，将鼠标指针移动至 B9 单元格右下角，当鼠标指针变为小黑色十字形状时按住鼠标左键拖曳至 C9 单元格，求出纺纱厂产量的标准差。计算结果如图 4－40 所示。

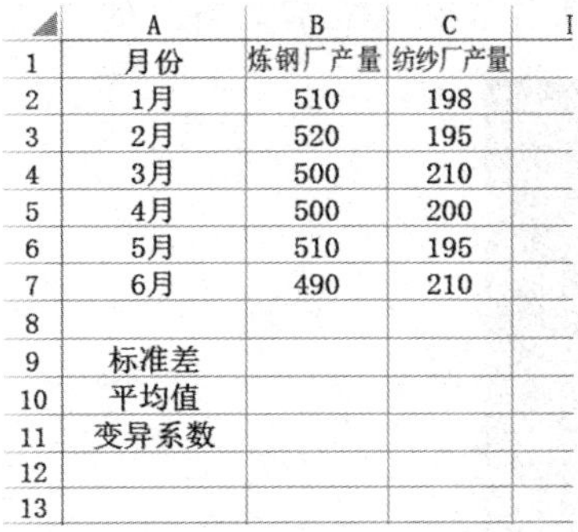

	A	B	C
1	月份	炼钢厂产量	纺纱厂产量
2	1月	510	198
3	2月	520	195
4	3月	500	210
5	4月	500	200
6	5月	510	195
7	6月	490	210
8			
9	标准差		
10	平均值		
11	变异系数		
12			
13			

图 4－39　两个企业半年平均月产量

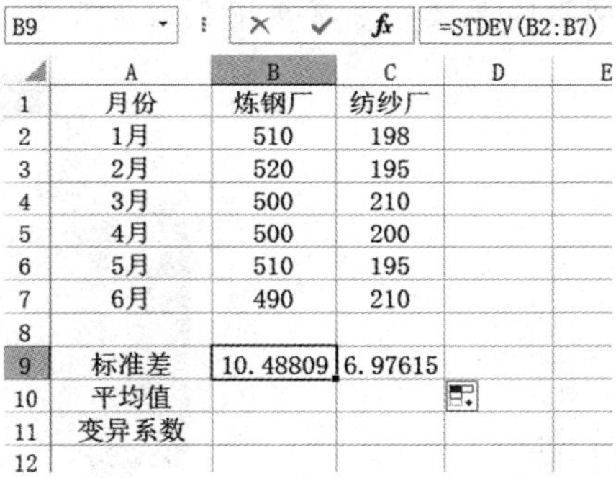

B9　=STDEV(B2:B7)

	A	B	C	D	E
1	月份	炼钢厂	纺纱厂		
2	1月	510	198		
3	2月	520	195		
4	3月	500	210		
5	4月	500	200		
6	5月	510	195		
7	6月	490	210		
8					
9	标准差	10.48809	6.97615		
10	平均值				
11	变异系数				
12					

图 4－40　产量的标准差

第三步：求产量平均值。单击 B10 单元格，在编辑栏中输入“＝AVERAGE（B2：B7）”，按“Enter”键，求出炼钢厂产量的平均值；再单击 B10 单元格，将鼠标指针移动至 B10 单元格右下角，当鼠标指针变为小黑色十字形状时按住鼠标左键拖曳至 C10 单元格，求出纺纱厂产量的平均值。计算结果如图 4－41 所示。

第四步：求变异系数。单击 B11 单元格，在编辑栏中输入“＝B9/B10”，按“Enter”键；再单击 C11 单元格，在编辑栏中输入“＝C9/C10”，按“Enter”键。计算结果如图 4－42 所示。

【结论】

从图 4－42 可以看出，炼钢厂的标准差比纺纱厂的标准差大，但不能直接断定炼钢厂的平均月产量的代表性就比纺纱厂的小。首先这两个厂的平均月产量相差悬殊，其次两个厂属于性质不同而且计量单位不同的企业，因此只能根据变异系数的大小来判断。两个企业的变异系数表明，炼钢厂的平均月产量的代表性就比纺纱厂的大，生产比较稳定，其结果与用标准差判断的结果正好相反。

B10 | =AVERAGE(B2:B7)

	A	B	C	D	E
1	月份	炼钢厂	纺纱厂		
2	1月	510	198		
3	2月	520	195		
4	3月	500	210		
5	4月	500	200		
6	5月	510	195		
7	6月	490	210		
8					
9	标准差	10.48809	6.97615		
10	平均值	505	201.333		
11	变异系数				
12					

图 4-41 产量平均值

B11 | =B9/B10

	A	B	C	D
1	月份	炼钢厂	纺纱厂	
2	1月	510	198	
3	2月	520	195	
4	3月	500	210	
5	4月	500	200	
6	5月	510	195	
7	6月	490	210	
8				
9	标准差	10.48809	6.97615	
10	平均值	505	201.333	
11	变异系数	0.020768	0.03465	
12				
13				

图 4-42 产量变异系数

★案例分析 “Old Faithful”间歇喷泉的喷发

间歇喷泉是一种向空中喷出热水和热气的温泉，因为这种喷泉要经过一段相对稳定的状态后才能喷发，故得名。有时它喷射的时间间隔不太稳定。

Ohio（俄亥俄）州黄石国家公园中的“Old Faithful”间歇喷泉（见图 4-43）是世界上最著名的间歇喷泉之一。参观者们都希望到公园后不用等多久就能看到喷泉的喷发。

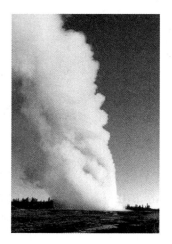

图 4-43 “Old Faithful”间歇喷泉

国家公园的服务部门在喷泉处安装了一个指示牌预报下次喷泉喷发的时间，如表 4-26 所示。

表 4-26 “Old Faithful”间歇喷泉喷发时间表①

开始时间	持续时间	预测区间	预测下一次喷发时间
6:35	1 分 55 秒	58 分	7:33am
7:32	接近 4 秒	82 分	8:54am

① 注：数据来源：《应用线性回归》第二版，作者：S. Weisberg。

续表

开始时间	持续时间	预测区间	预测下一次喷发时间
8:59	1分51秒	58分	9:57am
10:12	4分33秒	89分	11:41am
11:46	1分42秒	58分	12:44am
中午吃饭			
2:06	1分41秒	55分	3:01am

那么，公园是如何得到这个结果的呢？为了了解喷泉喷发间隔时间的规律，以1978年8月至1979年8月间喷泉222次喷发的间隔时间记录为样本进行分析，得如图4-44所示的直方图。

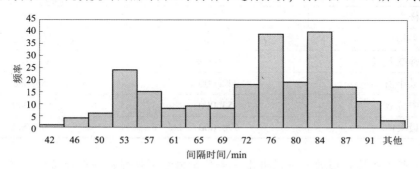

图4-44 "Old Faithful"喷发时间间隔图

从图4-44中可以看出，喷泉喷发的间隔时间一般在40~100分钟内变动。但是，在数据中明显地存在两个子群，它们的中心大约分别在喷发间隔55分钟和80分钟，这样在图形中间形成一个缺口。

进一步对数据进行描述性分析，结果如表4-27所示。

表4-27 "Old Faithful"喷泉间隔时间描述统计表

统计指标	数值
平均数	71.009 01
标准误差	0.859 024
中位数	75
众数	75
标准差	12.799 018
样本方差	163.818 9
峰度	-0.485 52
偏度	-0.485 52
全距	53
最小值	42
最大值	95
合计	15 764
单位数	222
置信度	1.692 928

从表 4-27 中可以看出，平均间隔时间约为 71 分钟。事实上，间歇时间大致呈现双峰分布，因而这一平均数并不能确切描述上述两个子群中任何一个子群的特征。

按喷发持续的时间将观察值分成两组，可以对两种喷发的不同特性在更多细节做出检测。表 4-28 所示为以喷发持续的时间是少于 3 分钟还是大于 3 分钟为依据进行的分组，分别列出喷发间歇时间的主要统计指标。

表 4-28 喷泉喷发间歇时间的主要描述统计指标

统计指标 \ 间歇时间 \ 喷发时间	喷发时间 < 3 分钟	喷发时间 > 3 分钟
样本数	67	155
平均数	54.463	78.161
标准差	6.298 9	6.891 1
最小值	42.000	53.000
中位数	53.000	78.000
最大值	78.000	95.000

根据上述统计指标和图表，可以得出一个简单的预测规律：一个持续时间少于 3 分钟的喷发将必然伴随着一个大约 55 分钟的间歇；一个持续时间大于 3 分钟的喷发将必然伴随着一个大约 80 分钟的间歇。与此同时，后者这种较长的间歇发生的可能性为 67%。

这样，通过一个非常简单的规则，国家公园的工作人员能够保证来黄石公园的游客不用等很长时间就会观看到"Old Faithful"间歇喷泉的喷发。

问题

1. 文中运用了哪些统计指标和统计研究方法？
2. 如何应用表 4-27 的数据分析"Old Faithful"间歇喷泉的喷发规律？

基础训练

一、思考题

1. 什么是总量指标？总量指标可以分为哪些类型？
2. 时期指标与时点指标有什么区别与联系？
3. 强度相对指标与其他相对指标的主要区别是什么？
4. 算术平均数与调和平均数有何区别与联系？
5. 什么是标志变异指标？标志变异指标有什么作用？

二、单项选择题

1. 2017 年，我国人均粮食产量 477 公斤，这是（　　）。
   A. 结构相对指标　　　　　　　　B. 比较相对指标
   C. 比例相对指标　　　　　　　　D. 强度相对指标

2. 2017 年，我国平均家庭户规模为 3.03 人/户，这是（　　）。
   A. 时期指标　　B. 时点指标　　C. 总量指标　　D. 平均指标

3. 下列指标中属于时点指标的是（　　）。
   A. 国内生产总值　　B. 流通费用率　　C. 人均利税额　　D. 商店总数
4. 下列指标中属于比例相对指标的是（　　）。
   A. 工人出勤率　　　　　　　　　B. 农轻重的比例关系
   C. 每百元产值利税额　　　　　　D. 净产值占总产值的比重
5. 下列指标中属于强度相对指标的是（　　）。
   A. 粮食产量　　　　　　　　　　B. 资金利税率
   C. 产品合格率　　　　　　　　　D. 学生人数
6. 将不同地区、部门、单位之间同类指标进行对比所得的综合指标称为（　　）。
   A. 动态相对指标　　　　　　　　B. 结构相对指标
   C. 比例相对指标　　　　　　　　D. 比较相对指标
7. 一个企业产品销售收入计划增长8%，实际增长20%，则计划超额完成程度为（　　）。
   A. 12%　　　　B. 150%　　　　C. 111.11%　　　　D. 11.11%
8. 时点指标的数值（　　）。
   A. 与其时间间隔长短无关　　　　B. 通常连续登记
   C. 时间间隔越长，指标数值越大　D. 具有可加性
9. 平均指标反映了（　　）。
   A. 总体次数分布的集中趋势　　　B. 总体分布的特征
   C. 总体单位的集中趋势　　　　　D. 总体次数分布的离中趋势
10. 标志变异指标说明变量的（　　）。
    A. 变动趋势　　B. 集中趋势　　C. 离中趋势　　D. 一般趋势

三、多项选择题

1. 下列指标中属于总量指标的有（　　）。
   A. 国内生产总值　　B. 人均利税总额　　C. 利税总额
   D. 职工人数　　　　E. 固定资产原值
2. 下列指标中属于时点指标的有（　　）。
   A. 银行年底储蓄余额　　B. 商业销售量　　C. 商品库存量
   D. 职工人数　　　　　　E. 人口净增加数
3. 下列指标中属于强度相对指标的有（　　）。
   A. 人均国内生产总值　　B. 人口密度　　C. 人均钢产量
   D. 每千人拥有的商业网点数　　E. 人均粮食产量
4. 在各种平均指标中不受极端值影响的平均指标有（　　）。
   A. 算术平均数　　B. 调和平均数　　C. 几何平均数
   D. 中位数　　　　E. 众数
5. 加权算术平均数的大小（　　）。
   A. 受各组次数的影响　　　　　　B. 受组中值大小的影响
   C. 受各组标志值大小的影响　　　D. 受各组频率的影响
   E. 不受各组次数的影响

四、计算题

1. 某集团所属的三家公司2017年工业产值计划和实际资料如表4-29所示。

表 4-29 三家公司 2017 年工业产值计划和实际资料

公司名称	2017 年 计划 产值/万元	2017 年 计划 比重/%	2017 年 实际 产值/万元	2017 年 实际 比重/%	计划完成/%	2018 年实际产值/万元	2018 年比 2017 年增长/%
A					97		9.3
B		31			111		
C	370		402				-0.8
合计	1 900					1 950.0	

试填入表 4-29 中所缺的数字,要求写出计算过程。

2. 某制冷机公司计划在未来的五年内累计生产压缩机 12 000 台。其中,最后一年产量达到 3 000 台,实际完成情况如表 4-30 所示。

表 4-30 某制冷机公司产量实际完成情况   单位:台

| 时间 | 第一年 | 第二年 | 第三年 | 第四年 | | | | 第五年 | | | |
				第一季度	第二季度	第三季度	第四季度	第一季度	第二季度	第三季度	第四季度
产量	2 000	2 300	2 600	650	650	700	750	750	800	800	850

试求:(1)该公司五年累计完成计划程度?
(2)该公司提前多少时间完成累计产量计划?
(3)该公司提前多少时间达到最后一年计划产量?

3. 某企业 360 名工人生产某种产品的资料如表 4-31 所示。

表 4-31 某企业 360 名工人生产某种产品的资料

| 工人按日产量分组/件 | 工人数/人 | |
	7 月	8 月
20 以下	30	18
20~30	78	30
30~40	108	72
40~50	90	120
50~60	42	90
60 以上	12	30
合计	360	360

试分别计算 7、8 月平均每人日产量,并简要说明 8 月平均每人日产量变化的原因。

4. 甲、乙两市场农产品价格及成交量资料如表 4-32 所示。

表 4-32 甲、乙两市场农产品价格及成交量资料

品种	价格/(元·千克$^{-1}$)	甲市场成交额/万元	乙市场成交量/万千克
甲	1.2	1.2	2
乙	1.4	2.8	1
丙	1.5	1.5	1
合计	—	5.5	4

试比较哪个市场的平均价格高，并分析其原因。

5. 某地区抽样调查职工家庭收入资料如表4-33所示。

表4-33 某地区职工家庭收入资料

按平均每人月收入分组/元	职工户数/户
100~200	6
200~300	10
300~400	20
400~500	30
500~600	40
600~700	240
700~800	60
800~900	20

试根据上述资料计算：
（1）职工家庭平均每人月收入（用算术平均数公式）；
（2）依下限公式计算中位数和众数；
（3）简要说明其分布特征。

6. 某公司下属20个商店第四季度的统计资料如表4-34所示。

表4-34 某公司下属20个商店第四季度的统计资料

按商品销售计划完成情况分组/%	商店数目	实际商品销售额/万元	流通费用率/%
90以下	3	45.9	14.8
90~100	4	68.4	13.2
100~110	8	134.4	12.0
110以上	5	94.3	11.0
合计	20	343.0	—

要求：
（1）计算该公司20个商店销售额平均计划完成程度；
（2）计算总的流通费用率。（提示：流通费用率=流通费用额/实际销售额）

7. 将一笔钱存入银行，存期为10年，按复利计息。10年的利率分别是：第一年和第二年为0.05，第三年至第五年为0.08，第六年至第八年为0.1，第九年和第十年为0.12。求平均年利率。

8. 某省2017年各地区人均收入如表4-35所示。

表 4-35 某省 2017 年各地区人均收入

人均 GDP 水平/万元	地区数/个
0~1.0	1
1.0~2.0	3
2.0~3.0	5
3.0~4.0	2
4.0~5.0	1

试根据表中资料计算该省各地区收入水平的平均差、标准差，并计算标准差系数。

实训项目

项目一：以小组为单位，通过互联网搜索、查阅图书资料或赴企业调查等方式搜集资料，分析工业企业经济效益指标体系的构成，理解其中每一个指标的含义及其反映的内容，掌握每一个指标的计算方法，然后在班级展示学习成果。

项目二：某商场家用电器销售情况如图 4-45 所示。利用 Excel 计算各种电器的全年销售总量、平均销售量、最大值、最小值、各种电器销售量的中位数、众数、总体标准差、总体标准差系数。

	A	B	C	D	E
1	月份	电视机	电冰箱	洗衣机	电脑
2	1	100	50	100	40
3	2	110	45	120	45
4	3	115	50	130	48
5	4	120	46	98	45
6	5	90	60	99	50
7	6	95	70	110	55
8	7	100	90	100	60
9	8	96	60	100	60
10	9	100	40	150	65
11	10	120	60	110	55
12	11	110	60	100	50
13	12	100	50	100	55

图 4-45 某商场家用电器销售情况

项目五

动态数列分析

项目概述

经济现象是不断发展变化的,因此,社会经济统计分析不仅要对社会经济现象的相互关联进行静态分析,而且需要进行全面、动态的分析,以便认识社会经济现象发展变化的方向、程度和规律。进行动态分析,首先需要将动态变化的数据编制成动态数列,然后根据动态数列计算相关动态分析指标,如发展速度、增长速度等,以说明社会经济现象发展变化的方向、程度。利用动态数列,也可以分析现象发展变化的规律,并进一步对现象的发展趋势进行预测,为制定各项经济政策和编制社会经济计划提供依据。

学习目标

1. 了解动态数列的概念、作用、种类及编制原则。
2. 区分时期数列和时点数列,并理解动态数列的水平指标和速度指标。
3. 掌握平均发展水平、增长量的计算及应用。
4. 掌握发展速度、增长速度及平均发展速度的计算与应用。
5. 掌握经济现象长期趋势的测定方法。
6. 掌握利用 Excel 进行动态分析的方法。

★导入案例　　赵同录:经济运行稳中有进　发展质量不断提高

2018 年,各地区各部门认真贯彻落实党中央和国务院各项决策部署,积极应对国内外复杂多变的形势,国民经济持续平稳发展,结构调整和转型升级持续推进,发展质量不断提高。

一、经济继续保持平稳增长,总量跃上新台阶

2018 年,我国国内生产总值为 900 309 亿元,按可比价格计算,比上年增长 6.6%,虽比上年回落 0.2%,但仍实现了 6.5% 左右的经济预期增长目标。其中,第一产业增加值为 64 734 亿元,比上年增长 3.5%,回落 0.5%;第二产业增加值为 366 001 亿元,比上年增长

5.8%，回落 0.1%；第三产业增加值为 469 575 亿元，比上年增长 7.6%，回落 0.3%。分季看，2018 年，4 个季度的国内生产总值增速分别为 6.8%、6.7%、6.5% 和 6.4%，连续 16 个季度运行在 6.4%～7.0%，保持了较为平稳的增长态势。

经过改革开放 40 年的发展，我国经济实力不断增强，人民生活水平极大提高。国内生产总值总量从 1978 年的 3 679 亿元飞升到 2018 年的 900 309 亿元，稳居世界第二；按可比价格计算，年均增长 9.4%，平均每 8 年翻一番。人均国内生产总值从 1978 年的 385 元提升到 2018 年的 64 644 元，稳居中上收入国家之列。

二、内生动力进一步增强，消费对经济增长的基础作用更加显著

2018 年，最终消费支出对经济增长的贡献率为 76.2%，比上年提高 18.6%；资本形成总额对经济增长的贡献率为 32.4%，比上年回落 1.4%；货物和服务净出口对经济增长的贡献率为 -8.6%，比上年回落 17.2%。内需成为稳定经济增长的压舱石。

消费是拉动经济增长的主要动力。供给侧结构性改革为持续促进消费提供了政策保障，消费规模逐步扩大，消费水平进一步提高，消费结构不断改善，消费升级态势持续。在居民消费支出中，服务消费占比逐年提高，2018 年居民消费支出中服务消费占比为 49.5%，比 2017 年提高 0.3%。消费对经济增长的贡献率自 2015 年以来稳步上升，连续 3 年保持在 50% 以上，消费对经济增长的拉动作用更加显著。

三、产业结构持续优化，服务业对经济增长的贡献继续提升

2018 年，第一产业、第二产业、第三产业增加值占 GDP 的比重分别为 7.2%、40.7% 和 52.2%，与上年相比，第一产业比重下降 0.4%，第二、三产业比重分别提高 0.2% 和 0.3%，经济结构持续优化。从对经济增长的贡献率来看，2018 年第一产业、第二产业、第三产业的贡献率分别为 4.2%、36.1% 和 59.7%，第一产业、第二产业、第三产业分别拉动经济增长 0.3%、2.4% 和 3.9%。第三产业对经济增长的贡献率比第二产业高 23.6%，比上年提高 0.1%，服务业对经济增长的拉动作用进一步增强。

从行业构成看，经济新动能快速成长，带动相关产业较快发展，比重不断提高。其中，信息传输、软件和信息技术服务业，租赁和商务服务业，交通运输、仓储和邮政业增加值分别比上年增长 30.7%、8.9% 和 8.1%，领先于其他行业的增长，增加值占国内生产总值的比重分别为 3.6%、2.7% 和 4.5%，比上年有所提高或持平。这三个产业合计拉动国内生产总值增长 1.7%，比上年提高 0.4%。

四、经济增长质量提高，新动能为经济发展添活力

2018 年是十九大的开局之年，供给侧结构性改革持续推进，经济发展的质量效益不断提高。1—11 月，规模以上工业企业利润总额增长 11.8%，实现两位数增长。11 月末，规模以上工业企业资产负债率为 56.8%，同比降低 0.4%。1—11 月，规模以上交通运输、仓储和邮政业，租赁和商务服务业，居民服务、修理和其他服务业，文化、体育和娱乐业企业营业利润分别比上年增长 21.4%、9.5%、10.4% 和 12.9%。

随着创新驱动发展战略的大力实施，新产业、新业态、新商业模式层出不穷，新技术、新产品、新服务不断涌现，新动能成为保持经济平稳增长的重要动力。2018 年，规模以上工业战略性新兴产业增加值比上年增长 8.9%，规模以上工业高技术产业增加值比上年增长 11.7%，分别高于整个规模以上工业 2.7% 和 5.5%。1—11 月，规模以上科技服务业企业营业收入同比增长 15.0%，战略性新兴服务业企业营业收入同比增长 14.9%，分别高于全部规模以上服务业企业营业收入增速 3.5% 和 3.4%。2018 年，全国网上零售额同比增长 23.9%。其中，实物商品网上零售额同比增长 25.4%，非实物商品网上零售额同比增长 18.7%，分别高于社会消费品零售总额增速 14.9%、16.4% 和 9.7%。

(资料来源：中国经济网；发布时间：2019—01—22 22:58)

思考：

文中主要采取了哪些分析方法来反映我国经济发展情况？文中应用了哪些动态分析指标，说明了什么问题？

任务一　动态数列的编制

动态数列概述

一、动态数列的概念

动态数列又称时间数列，是将反映某种现象在时间上变化发展的某一统计指标的一系列数值，按时间先后顺序排列所形成的数列。表 5 – 1 所示为我国 2013—2017 年国民经济部分指标动态数列。

表 5 – 1　我国 2013—2017 年国民经济部分指标动态数列

年份	2013 年	2014 年	2015 年	2016 年	2017 年
国内生产总值/亿元	592 963	641 281	685 993	740 061	820 754
年底总人口/万人	135 404	136 072	136 782	137 462	138 271
人口自然增长率/‰	4.92	5.21	4.96	5.86	5.36
就业人员/万人	76 977	77 253	77 451	77 603	77 640
城镇单位就业人员平均工资/元	51 483	56 360	62 029	67 569	74 318
人均国内生产总值/元	43 684	47 005	50 028	53 680	59 201
人均居民消费支出/元	16 190	17 778	19 397	21 285	22 935

由表 5 – 1 可知，动态数列由两个基本要素构成：一个是现象所属的时间，如上例中的 2013 年、2014 年、…、2017 年；另一个是反映现象在不同时间上的指标数值，如上例中的各年的国内生产总值、年底总人口等指标的数值。

二、动态数列编制的作用

动态数列是计算动态分析指标、考查现象发展方向和速度、预测现象发展趋势的基础。动态数列分析有助于我们了解过去的活动规律、评价当前、安排未来。所以，动态数列分析在社会经济统计分析中起着重要作用，主要表现在以下几个方面：

1. **动态数列可以描述社会经济现象的量变过程**

通过动态数列的数值资料，可以观察所研究的社会经济现象在某一时期内的量变过程。

2. **通过动态数列分析可以研究现象的发展程度和发展趋势，揭示其发展规律**

根据动态数列的数值资料分析，通过对各期发展水平进行观察和比较，可以反映社会经济现象发展变化的过程、方向、程度和趋势，从而揭示现象发展变化的规律以及现象之间的相互联系。例如从表5-1可以看出，国内生产总值有逐年增加趋势；人均国内生产总值也逐年增加。

3. 通过对动态数列资料的研究，可以对某些社会经济现象进行观察和预测

动态数列也是累计历史资料的一种方法，而通过对历史资料的观察和分析，可以找出现象发展的规律，在此基础上结合各种统计方法，预计和推测出现象发展变化的数量表现和发展趋势。

4. 利用动态数列可以在不同国家和地区之间进行对比

利用动态数列，可以对不同国家和地区进行相同时期的横向对比，也可以进行发展过程的纵向对比。

三、动态数列的种类

动态数列按其指标的表现形式不同可分为绝对数动态数列、相对指标动态数列和平均指标动态数列。绝对数动态数列是动态数列中最基本的动态数列，相对指标动态数列和平均指标动态数列是在其基础上新派生的动态数列。

（一）绝对数动态数列

绝对数动态数列是将说明现象的总量指标按时间先后顺序排列所形成的数列，反映了现象在不同时间上所达到的规模或水平的变化情况。根据总量指标反映社会经济现象所属时间状态不同，绝对数动态数列又可分为时期指标动态数列和时点指标动态数列，简称时期数列和时点数列。

1. 时期数列

在绝对数动态数列中，如果每一指标值是反映某现象在一段时间内发展过程的总量，则这种数列称为时期数列，如表5-1中各年的国内生产总值就是这种数列。

时期数列有以下特点：

（1）具有连续统计的特点。由于时期指标反映的是现象在一段时间内发展过程的总量，因此必须在这段时间内把所发生的数量逐一登记后进行累计。

（2）数列中各个时期指标值可以相加。在时期数列中，彼此相连时期的指标值可以加总，以得出更长时期的总计值。例如，一年的产值是各月的产值的总和，五年的基本建设投资额是由每年投资额加总起来的。

（3）数列中各个指标数值的大小和时期的长短有直接关系。在时期数列中，每一个指标值所体现的时间长短，称为时期。在时期数列中，时期也可以是日、月、季或更长的日期，这要根据具体研究目的来确定。对于研究现象变动发展进度的动态资料，时期可以短一些；对历史资料的研究，时期可以长一些。例如，研究我国"一五"至"十二五"期间国民经济的发展变化，就可以五年为一个时期。在时期数列中，时期长，指标数值大；时期短，指标数值小。

2. 时点数列

在绝对数动态数列中，若每一个指标值所反映的是现象在某一时刻上的总量，则这种数列称为时点数列。如在表5-1中，年底总人口数就是这种数列。

时点数列有以下特点：

（1）数列指标不具有连续统计的特点。时点指标是反映现象在某一时刻状况的数量，

我们只需在某一时点上进行统计，取得该时点资料，不必连续登记。

（2）数列中各个指标数值不具有可加性。与时期数列指标相反，在时点数列中，同样一个总体单位或者标志值可能被统计到数列中几个时期的指标值中，如普查过后的人口有很大一部分又包含在以后各年中。如表 5-1 中的年底总人数，2013 年为 135 404 万人，它的一部分又被统计到 2014 年的人口数量里面，甚至统计到 2015 年、2016 年等以后的年份中。所以，时点数列中经常出现总体的一些单位或标志值两次或多次被计算到指标值中的情况，这使得动态数列各指标值总和本身无意义。

（3）数列中每个指标值的大小与时点间隔长短没有直接联系。时点数列的每一个指标值只表明了现象在某一瞬间的数量，因而时点间隔的长短对指标值大小不发生直接的影响。如年底的工人数、库存量不一定都比年内各月底的工人数、库存量大。

（二）相对指标动态数列

把一系列同类相对指标按时间先后顺序排列而形成的动态数列叫作相对指标动态数列。它反映社会经济现象之间相互联系的发展过程。例如，用利润总额同销售产值对比计算销售利润率指标排列形成的动态数列、用各个时期生产部门职工占全部职工比重指标形成的动态数列等，就是相对指标动态数列。在表 5-1 中，人口自然增长率就是这种数列。在相对指标动态数列中，各个指标数值是不能相加的。

（三）平均指标动态数列

把一系列平均指标按时间先后顺序排列形成的动态数列即为平均指标动态数列。它反映社会经济现象总体各单位某标志一般水平的发展变动趋势。在表 5-1 中，城镇单位就业人员平均工资就是这种数列。在平均指标动态数列中，各个指标值也是不能相加的。

四、动态数列编制的原则

编制动态数列的目的是通过对时间数列中各个指标数值的对比来反映社会经济现象的发展变化过程及其规律性。因此，保证数列中各个指标数值的可比性，是编制时间数列应遵循的基本原则，具体包括以下几个方面：

1. 时期长短应该前后一致

在时期数列中，各个指标数值的大小与时期长短直接相关，时期越长，指标数值越大；反之，亦然。若时期长短不一，就难以直接做出判断和比较。但这一原则也不能绝对化，有时为了特殊的研究目的，也可将时期不相等的指标编成时间数列。例如，我国不同历史时期的钢产量资料，如表 5-2 所示。

表 5-2 我国不同历史时期的钢产量资料　　　　　　　　　单位：万吨

时期	1900—1948 年	1953—1957 年	2006—2010 年
钢产量	760	1 667	259 989

从表 5-2 可以明显看出，我国第一个五年计划时期（1953—1957 年）的钢产量超过了（1900—1948 年）近半个世纪钢产量 1 倍以上，"十一五"时期（2006—2010 年）的钢产量又比"一五"时期有了更快的发展，增长了 154 倍以上。

对于时点数列来说，由于各个指标只反映现象在某一时点达到的数量，指标数值的大小与两点间隔的长短无关，因此不存在时期长短应该统一的问题，但为了更有利于对比分析，时点间的间隔长短最好能保持一致。

2. 总体范围前后应该一致

在时间数列中，各个指标所包括的总体范围前后各期应该一致。例如，要研究某省的工农业生产及人口变动情况，就必须注意该省的行政区划有无变动。若存在变动，则相应各项指标便不能直接对比，必须将资料进行适当调整，使前后各期总体范围一致后，才能对比。

3. 指标的经济内容应该相同

在实际工作中，有些指标的名称相同，但指标的经济内容或经济含义不同，便不能混合编制成一个时间数列。例如，在新老财务准则下，集团公司净资产和净利润的含义发生了明显变化，在进行分析时，不同准则下的数据就不能直接对比，应做相应调整。

4. 指标计算口径应该前后一致

计算口径主要是指计算方法、计量单位、计算价格等。例如，我们在研究某企业劳动生产率的变化情况时，如果各期指标的计算方法不一致，有的按生产工人计算、有的按全部职工计算、有的按产品的实物量计算、有的按产品的价值量计算，那么各指标之间显然没有可比性，从而不能运用动态分析方法来正确说明该企业劳动生产率的变动情况。

五、动态数列分析的内容

动态数列分析主要包括水平分析、速度分析和趋势分析。

动态数列水平分析包括发展水平、平均发展水平、增长量和平均增长量。

动态数列速度分析包括发展速度、平均发展速度、增长速度、平均增长速度和增长1%的绝对值。

动态数列趋势分析包括长期趋势的测定、季节变动的测定等。

任务二 动态数列的水平分析指标

编制动态数列是为了进一步做好动态分析。动态数列的分析指标有两类：一类是水平分析指标；另一类是速度分析指标。本节介绍水平分析指标。

一、发展水平

发展水平是动态数列中的每个指标数值，它反映现象在各个时期（或时点）上发展所达到的规模或水平，发展水平可以是绝对数、相对数或平均数。其可以表示为：a_0，a_1，a_2，$\cdots$，a_{n-1}，a_n。

根据发展水平在动态数列中的地位和作用不同，其可以分为最初水平（动态数列中第一项指标值，用a_0表示）、最末水平（动态数列中最后一项指标值，用a_n表示）、中间水平（动态数列中其余各项指标值，用a_1，a_2，$\cdots$，a_{n-1}表示）。

在动态分析中，我们将所研究的那一时期的发展水平称为报告期水平；用来对比时期的发展水平叫作基期水平。

从表5-3可以看出，陕西省2013年的国内生产总值a_0为16 205亿元，是最初水平；

2017 年的国内生产总值 a_4 为 21 899 亿元，是最末水平；其余是中间水平。如果对比该地区 2013 年和 2017 年两年国内生产总值的发展水平，则 $a_4 = 21\ 899$ 亿元是报告期水平，$a_0 = 16\ 205$ 亿元是基期水平。这些发展水平，随着动态分析目的及任务的改变而随时变动自己的位置：今年是报告时期水平，将来可能是基期水平；这一个数列的最末水平，可能是另一个数列的最初水平。

表 5 – 3　陕西省 2013—2017 年国内生产总值资料　　　　　　　单位：亿元

年份	2013 年	2014 年	2015 年	2016 年	2017 年
国内生产总值	16 205	17 690	18 022	19 165	21 899

发展水平在文字上习惯用增加到、增加为、降低到、降低为来表示。例如，"十二五"时期我国国内生产总值由 2010 年的 40.2 万亿元增加到 2014 年的 64.1 万亿元。增加和降低后面不要遗漏"到"或"为"字。

二、平均发展水平

平均发展水平又称为序时平均数或动态平均数，是将时间数列中各期的发展水平加以平均而得出的平均数，它可以概括性地描述出现象在一段时期内所达到的一般水平。

平均发展水平是平均数的一种表现形式，与静态平均数相比，有一定的共同点，即是它们都抽象了现象的个别差异，以反映现象总体的一般水平。但二者之间更多的是区别，主要表现在：平均发展水平抽象的是现象在不同时间上的数量差异，因而它能够从动态上说明现象在一定时期内发展变化的一般趋势，也就是说，平均发展水平是动态水平；静态平均数抽象的是总体各单位某一数量标志值在同一时间上的差异，因此，它是静态水平。

由于构成动态数列的指标的性质和特点不同，因此计算不同性质的动态数列的平均发展水平的方法也各不相同。

（一）由总量指标动态数列计算平均发展水平

总量指标动态数列分为时期数列和时点数列，由于它们性质不同，因此计算平均发展水平的方法也不一样。

1. 由时期数列计算平均发展水平

由时期数列计算平均发展水平时采用简单算术平均法，即以各时期的指标数值之和除以数列中时期项数即得平均发展水平。其计算公式为

$$\bar{a} = \frac{a_1 + a_2 + \cdots + a_n}{n} = \frac{\sum a}{n}$$

式中，$\bar{a}$ 表示平均发展水平；a_1，a_2，…，a_n 表示各期发展水平；n 表示观察期数。

【例 5 – 1】某工业企业上半年各月产量如表 5 – 4 所示，计算上半年各月的平均产量。

表 5 – 4　某工业企业上半年各月产量　　　　　　　单位：万吨

月份	1 月	2 月	3 月	4 月	5 月	6 月
产量	220	240	250	210	240	260

根据公式计算该企业上半年各月平均产量，有

$$\bar{a} = \frac{\sum a}{n} = \frac{220+240+250+210+240+260}{6} = 236.67 \text{（万吨）}$$

2. 由时点数列计算平均发展水平

由时点数列计算平均发展水平时，因掌握的资料情况不同，所以具体方法也不一样。一般时间数列可分为连续时点数列和间断时点数列两种情况。

1）由连续时点数列计算平均发展水平

连续时点数列是指能够直接或间接掌握每天的时点指标资料的数列。其具体计算有以下两种情况：

（1）间隔相等的连续时点数列的平均发展水平，直接采用简单算术平均法计算。即以时点数值之和除以时点数值的个数，计算公式为

$$\bar{a} = \frac{a_1 + a_2 + \cdots + a_n}{n} = \frac{\sum a}{n}$$

【例 5-2】某车间某月下旬产品产量变动如表 5-5 所示。

表 5-5 某车间某月下旬产品产量变动　　　　　　　　　　单位：吨

日期	21日	22日	23日	24日	25日	26日	27日	28日	29日	30日
产量	80	78	81	82	79	77	83	84	80	84

该车间某月下旬产品平均产量为

$$\bar{a} = \frac{a_1 + a_2 + \cdots + a_n}{n} = \frac{\sum a}{n}$$
$$= \frac{80+78+81+82+79+77+83+84+80+84}{10} = 72.6 \text{（吨）}$$

（2）间隔不相等的连续时点数列的平均发展水平，采用加权算术平均计算，即以每次变动持续的时间间隔长度（f_i）为权数对各时点数值（a_i）加权。其计算公式为

$$\bar{a} = \frac{a_1 f_1 + a_2 f_2 + \cdots + a_n f_n}{f_1 + f_2 + \cdots + f_n} = \frac{\sum af}{\sum f}$$

其中，$\bar{a}$ 表示序时平均数；$a_1, \cdots, a_n$ 表示各时点发展水平；$f_1, \cdots, f_n$ 表示各时点间隔长度。

【例 5-3】某公司 5 月在职职工人数统计情况如表 5-6 所示。

表 5-6 某公司 5 月在职职工人数统计情况

日期	1-4日	5-13日	14-21日	22-28日	29-31日
职工人数/人	210	207	208	203	205
持续天数/天	4	9	8	7	3

试求该公司 5 月平均在职职工人数。该公司 5 月平均在职职工人数为

$$\bar{a} = \frac{\sum af}{\sum f} = \frac{210 \times 4 + 207 \times 9 + 209 \times 8 + 203 \times 7 + 205 \times 3}{4+9+8+7+3} = 207 \text{（人）}$$

2）由间断时点数列计算平均发展水平

间断时点数列是指通常掌握的只是期初或期末时点的指标数值的数列，有时间间隔相等

和间隔不等两种情况。

（1）由时间间隔相等的时点数列计算平均发展水平。根据这种数列计算平均发展水平时，要假设所研究的现象在两个相邻时点之间的变动是均匀的，因而可以将两个相邻时点的数值相加除以2，以求得表明两个时点之间的简单平均数，然后根据这些平均数，用简单算术平均法来计算整个研究时间内的现象的平均发展水平。

【例5-4】某商业企业第四季度某商品的库存量如表5-7所示。试求该商品第四季度的月平均库存量。

表5-7 某商业企业第四季度某商品的库存量

日期	9月30日（a_1）	10月31日（a_2）	11月30日（a_3）	12月31日（a_4）
库存量/万件	100	102	104	108

首先，计算各月的库存量。

我们知道9月30日是9月的结束，九月末的库存量即为10月初的库存量，这样可求得10月的平均库存量，即

$$10 月的平均库存量 = \frac{a_1 + a_2}{2} = \frac{100 + 102}{2} = 101 （万件）$$

依次类推，其他各月的平均库存量为

$$11 月平均库存量 = \frac{a_2 + a_3}{2} = \frac{102 + 104}{2} = 103 （万件）$$

$$12 月平均库存量 = \frac{a_3 + a_4}{2} = \frac{104 + 108}{2} = 106 （万件）$$

$$第四季度的平均库存量（\bar{a}） = \frac{101 + 103 + 106}{3} = 103.33 （万件）$$

为简化计算过程，上述计算步骤可以合并简化为

$$第四季度平均库存量（\bar{a}） = \frac{\frac{a_1 + a_2}{2} + \frac{a_2 + a_3}{2} + \frac{a_3 + a_4}{2}}{3} = \frac{\frac{a_1}{2} + a_2 + a_3 + \frac{a_4}{2}}{3}$$

$$= \frac{\frac{100}{2} + 102 + 104 + \frac{108}{2}}{3}$$

$$= 103.33 （万件）$$

根据上述计算过程，可推导出简化计算公式为

$$\bar{a} = \frac{\frac{a_1 + a_2}{2} + \frac{a_2 + a_3}{2} + \cdots + \frac{a_{n-1} + a_n}{2}}{n - 1} = \frac{\frac{a_1}{2} + a_2 + \cdots + a_{n-1} + \frac{a_n}{2}}{n - 1}$$

式中，$\bar{a}$表示平均发展水平；a_i表示各项时点指标数值（$i = 1, 2, 3, \cdots, n$）；n表示时点指标数值的项数。

由此可见，在间断时点数列间隔相等的情况下，计算平均发展水平，只要将首尾两项时点数值折半，加上中间各项数值，再除以项数减去1即可，这种方法在统计上被称为"首尾折半法"或"简单序时平均法"。

（2）由间隔不相等的时点数列计算平均发展水平。如果掌握了间隔不相等的间断时点

资料,则可用各时间间隔长度 (f) 为权数,对各相应时点的平均水平加权,再应用算术平均法来计算平均发展水平,这种方法叫作加权序时平均法。

其计算公式为

$$\bar{a} = \frac{\frac{(a_1+a_2)}{2}f_1 + \frac{(a_2+a_3)}{2}f_2 + \cdots + \frac{(a_{n-1}+a_n)}{2}f_{n-1}}{f_1+f_2+\cdots+f_{n-1}}$$

$$= \frac{\frac{(a_1+a_2)}{2}f_1 + \frac{(a_2+a_3)}{2}f_2 + \cdots + \frac{(a_{n-1}+a_n)}{2}f_{n-1}}{\sum f}$$

式中,$\bar{a}$ 表示平均发展水平;a_1,a_2,…,a_n 表示各时点发展水平;f_1,f_2,…,f_n 表示各时点间隔长度。

【例 5-5】 某人 2018 年各期银行存款如表 5-8 所示,计算此人 2018 年的月平均银行存款余额。

表 5-8 某人 2018 年各期银行存款

日期	年初	4月底	9月底	年底
存款/万元	60	70	56	62

由上述资料可知,由于每两个时点之间的间隔都不相等,因此属于较为典型的间隔不等的间断时点数列。

根据公式计算,此人 2018 年平均银行存款余额

$$\bar{a} = \frac{\frac{60+70}{2}\times 4 + \frac{70+56}{2}\times 5 + \frac{56+62}{2}\times 3}{4+5+3} = \frac{65\times 4 + 63\times 5 + 59\times 3}{12} \approx 62.67 \text{(万元)}$$

需要注意的是,根据间断时点数列计算平均发展水平,是以被研究的现象在相邻两个时点之间均匀变动为前提的,但实际上现象的变动并非完全如此。因此,所求得的结果只是一个近似值,为了使其计算结果尽可能反映实际情况,间断时点数列的间隔不宜过长。

(二) 由相对指标动态数列计算平均发展水平

相对指标是由具有互相联系的两个总量指标动态数列加以计算后形成的。在相对数或平均数背后隐藏着与之相适应的绝对数,不能像总量指标动态数列那样直接计算序时平均数。它只能按照数列的性质,分别计算分子、分母两个总量指标动态数列的平均发展水平,然后加以对比。所以,总量指标动态数列的平均发展水平是基本方法,以相对指标或平均指标动态数列计算平均发展水平,也应该以这种方法为基础来计算,写成一般算式为

相对数平均发展水平

$$\bar{c} = \frac{\bar{a}}{\bar{b}}$$

式中,$\bar{c}$ 表示相对数或平均数时间数列的平均发展水平;$\bar{a}$ 表示分子数列的平均发展水平;$\bar{b}$ 表示分母数列的平均发展水平。

需要注意的是:在计算分子数列和分母数列的平均发展水平时,首先必须分清分子、分母数列是时期数列还是时点数列,然后分别计算各自的平均发展水平。

【例 5-6】 如表 5-9 所示，为某超市第四季度各月商品流转资料，要求计算该超市 2010 年第四季度各月平均商品流转次数（商品流转次数等于商品流转额与月平均商品库存额之比）。

表 5-9 某超市第四季度各月商品流转资料

项目 \ 月份	2010 年 10 月	2010 年 11 月	2010 年 12 月	2011 年 1 月
商品流转额（a）/万元	1 500	1 800	2 002	—
月初商品库存额（b）/万元	150	300	280	320
商品流转次数（c）/次	6.667	6.207	6.667	—

在表 5-9 的资料中，商品流转额是时期指标，月初商品库存额是时点指标，要计算平均商品流转次数，首先必须求出其分子、分母的平均数，然后进行对比。在计算平均商品流转次数时，绝不能将各月的商品流转次数简单平均来计算，即

$$\bar{c} \neq \frac{c_1 + c_2 + c_3}{3} = \frac{6.667 + 6.207 + 6.667}{3} \approx 6.514 \text{（次）}$$

该超市 2010 年第四季度各月平均商品流转次数正确的计算为

$$\bar{c} = \frac{\bar{a}}{\bar{b}} = \frac{\dfrac{\sum a}{n}}{\dfrac{\dfrac{b_1}{2} + b_2 + \cdots + \dfrac{b_n}{2}}{n-1}} = \frac{\dfrac{1\,500 + 1\,800 + 2\,002}{3}}{\dfrac{\dfrac{150}{2} + 300 + 280 + \dfrac{320}{2}}{4-1}} = \frac{5\,300}{815} \approx 6.506 \text{（次）}$$

（三）由平均指标动态数列计算平均发展水平

平均指标动态数列可分为一般平均指标数列和动态平均指标数列。两种不同的平均指标数列的平均发展水平的计算方法也不相同。

1. 一般平均指标组成的动态数列

这种动态数列实质上是两个总量指标动态数列相对应项对比形成的，即分子数列是标志总量数列，分母数列是总体单位总数数列。计算这种平均指标动态数列的平均发展水平和前面介绍的计算相对指标动态数列的平均发展水平相同，即先计算出该平均指标的分子和分母的平均数，然后进行对比。其计算公式为

$$\bar{c} = \frac{\bar{a}}{\bar{b}}$$

2. 动态平均指标所形成的动态数列

这种动态数列分为以下两种情况：

（1）时期相等，采用简单算术平均法计算。其计算公式为

$$\bar{a} = \frac{\sum a}{n}$$

【例 5-7】 某公司下半年各月产品平均库存资料如表 5-10 所示，计算该公司下半年产品月平均库存量。

表 5-10　某公司下半年各月产品平均库存资料

月份	6月	7月	8月	9月	10月	11月	12月
商品数量/万件	50	60	70	70	80	60	60

该公司下半年产品月平均库存量为

$$\bar{a} = \frac{\sum a}{n} = \frac{50+60+70+70+80+60+60}{6} = 75（万件）$$

（2）时期不等，则以不同时期为权数，采用加权算术平均法计算。其计算公式为

$$\bar{a} = \frac{\sum af}{n}$$

【例 5-8】某高校在校生人数 7 月平均为 12 100 人，8~9 月平均每月为 12 080 人，第四季度平均每月为 11 800 人。试计算该校下半年平均每月在校生人数。

该校下半年平均每月在校生人数为

$$\bar{a} = \frac{\sum af}{n} = \frac{12\,100 \times 1 + 12\,080 \times 2 + 11\,800 \times 3}{1+2+3} = \frac{71\,660}{5} = 11\,943（人）$$

三、增长量

增长量又称为增减量，是报告期水平与基期水平之差，用来说明社会经济现象在一定时期内增长的绝对数量。其用公式表示为

$$增长量 = 报告期水平 - 基期水平$$

其用符号表示为

$$a_n - a_0$$

增长量是一个绝对数，有正有负，正数表示增加或增长，负数表示减少或降低。

增长量按选用对比基期的不同，可以分为逐期增长量和累计增长量两种。逐期增长量是报告期水平与报告期的前期水平之差，用来说明现象逐期增减的绝对数量。其计算公式为

$$逐期增长量 = 报告期增长量 - 前期水平$$

其用符号表示为

$$a_1 - a_0, \ a_2 - a_1, \ \cdots, \ a_n - a_{n-1}$$

累计增长量是报告期水平与某一固定基期水平（通常为最初水平）之差，用来反映现象在较长时期内的增减总量。其用公式表示为

$$累计增长量 = 报告期水平 - 固定期水平$$

$$逐期增长量之和 = 对应的累计增长量$$

其用符号表示为

$$(a_1 - a_0) + (a_2 - a_1) + \cdots + (a_n - a_{n-1}) = \sum (a_n - a_{n-1}) = a_n - a_0$$

四、平均增长量

平均增长量是逐期增长量的平均数，用来反映经济现象在较长时间内增长的一般水平。其计算公式为

平均增长量 = 逐期增长量之和 ÷ 逐期增长量的个数

用符号表示为

$$\frac{(a_1-a_0)+(a_2-a_1)+\cdots+(a_n-a_{n-1})}{n}=\frac{\sum(a_n-a_{n-1})}{n}=\frac{a_n-a_0}{n}$$

任务三 动态数列的速度分析指标

动态数列的速度分析，就是将动态数列的指标数值进行对比，经过对比而得到的指标称为速度分析指标，包括发展速度、增长速度和增长1%的绝对值、平均发展速度、平均增长速度。

一、发展速度

发展速度是反映客观现象变化发展程度的动态相对数，它是将报告期发展水平与基期发展水平进行比较计算而得的，一般用百分数或倍数的形式表示。其计算公式为

$$发展速度 = \frac{报告期水平}{基期水平} = \frac{a_n}{a_0}$$

由于对比的基期不同，发展速度可以分为定基发展速度和环比发展速度。

1. 定基发展速度

定基发展速度是报告期水平与某一固定时期水平之比，说明现象在整个观察期内总的发展变化程度。

定基发展速度用符号表示为

$$\frac{a_n}{a_0},\frac{a_n}{a_0},\frac{a_n}{a_0},\cdots,\frac{a_n}{a_0}$$

2. 环比发展速度

环比发展速度是报告期水平与前期水平之比，用以说明现象逐期发展变化的程度。

环比发展速度用符号表示为

$$\frac{a_1}{a_0},\frac{a_2}{a_1},\frac{a_3}{a_2},\cdots,\frac{a_n}{a_{n-1}}$$

3. 环比发展速度与定基发展速度之间的关系

环比发展速度和定基发展速度之间存在一定的数量关系，可以相互推算。

（1）定基发展速度 = 各环比发展速度的连乘积。其用符号表示为

$$\frac{a_n}{a_0}=\frac{a_1}{a_0}\times\frac{a_2}{a_1}\times\frac{a_3}{a_2}\times\cdots\times\frac{a_n}{a_{n-1}}$$

（2）环比发展速度 = 同期定基发展速度 ÷ 上期定基发展速度。其用公式表示为

$$\frac{a_n}{a_{n-1}}=\frac{\frac{a_n}{a_0}}{\frac{a_{n-1}}{a_0}}$$

了解这一数量关系，有利于我们进行发展速度的推算。此外，在实际工作中，为了消除季节变动因素的影响，以确切地反映现象的发展速度，可以计算年距发展速度。

$$年距发展速度 = 本期发展水平 \div 上年同期发展水平 \times 100\%$$

二、增长速度

增长速度是增长量与基期水平之比,用来反映社会经济现象在一定时期内增长的相对程度。其计算公式为

$$增长速度 = \frac{增长量}{基期水平} \times 100\% = \frac{报告期水平 - 基期水平}{基期水平} \times 100\% = 发展速度 - 1$$

由此可见,增长速度和发展速度之间只差一个基数(100%)。当发展速度大于1时,增长速度是正值,表明现象的增长程度;当发展速度小于1时,增长速度为负值,表明现象的降低程度。

由于采用的基期不同,增长速度也可分为环比增长速度和定基增长速度。

1. 环比增长速度

环比增长速度是逐期增减量与前期水平之比,用于描述现象逐期增长的程度。其计算公式为

$$环比增长速度 = \frac{逐期增长量}{前期水平} \times 100\%$$

$$= \frac{报告期水平 - 前期水平}{前期水平} \times 100\% = 环比发展速度 - 1$$

2. 定基增长速度

定基增长速度是报告期累计增长量与某一固定时期发展水平之比,用于描述现象累计增长的速度。其计算公式为:

$$定基增长速度 = \frac{累计增长量}{固定基期水平} \times 100\%$$

$$= \frac{报告期水平 - 固定基期水平}{固定基期水平} \times 100\% = 定基发展速度 - 1$$

在实际工作中,通常还计算年距增长速度,其作用与年距发展速度类似。

$$年距增长速度 = \frac{年距增长量}{上年同期水平} \times 100\% = 年距发展速度 - 1$$

三、增长1%的绝对值

增长1%的绝对值是一种将相对指标与总量指标结合起来分析的指标。它表示现象每增长1%所包含的绝对增长量。其计算公式为

$$增长1\%的绝对值 = \frac{逐期增长量}{环比增长速度} \times 1\% = \frac{逐期增长量}{\frac{逐期增长量 \times 100}{前期水平}} \times 100\% = \frac{前期水平}{100}$$

其用符号表示为

$$增长1\%的绝对值 = \frac{a_n - a_{n-1}}{\frac{a_n - a_{n-1}}{a_{n-1}}} \times 1\% = \frac{a_n - a_{n-1}}{\frac{(a_n - a_{n-1}) \times 100}{a_{n-1}}} = \frac{a_{n-1}}{100}$$

可见,每增长1%的绝对值就是前期水平的1%。一般来说,基期水平越高,发展速度提高1%所包含的绝对量就越多;反之,则发展速度提高1%所包含的绝对量越低。

四、平均发展速度和平均增长速度

平均发展速度是指被研究的现象在一段时期内各环比发展速度的平均数,用于说明某种现象在一个较长时期中逐年平均发展变化的程度;平均增长速度是指各环比增长速度的平均数,用于说明现象在一个较长时期内逐年平均增长变化的程度。二者统称为平均速度指标。

平均发展速度和平均增长速度的关系是:

$$平均增长速度 = 平均发展速度 - 1$$

平均发展速度始终为正值,而平均增长速度可以为正值,也可以为负值。正值表明现象在一段时期内平均递增程度,称为递增率;负值表明现象逐期平均递减程度,称为递减率。

关于平均速度指标的计算,主要是对平均发展速度的计算,只要求得了平均发展速度,平均增长速度通过平均发展速度减去100%便可得到。

1. 平均发展速度

计算平均发展速度的最常用方法是几何平均法。几何平均法又称为水平法。时间数列的总速度等于各期环比发展速度的连乘积,因此,平均发展速度的计算要采用几何平均法。其计算公式为

$$\overline{X} = \sqrt[n]{x_1 \cdot x_2 \cdots x_n} = \sqrt[n]{\frac{a_1}{a_0} \cdot \frac{a_2}{a_1} \cdots \frac{a_n}{a_{n-1}}} = \sqrt[n]{\frac{a_n}{a_0}} = \sqrt[n]{R}$$

式中,$\overline{X}$ 表示平均发展速度;x_i 表示各环比发展速度;n 表示环比发展速度的项数;R 表示总速度(即定基发展速度)。

【例 5-9】某地区粮食产量:2010—2012 年,平均发展速度是 1.03;2013—2014 年平均发展速度是 1.05;2015 年比 2014 年增长 6%。试求,2010—2015 年的平均发展速度。

平均发展速度

$$\overline{X} = \sqrt[\sum f]{\prod x^f} = \sqrt[6]{(1.03)^3 \times (1.05)^2 \times 1.06} \approx 104.2\%$$

从几何法计算平均发展速度的公式中可以看出,平均发展速度实际上只与序列的最初观察值 a_0 和最末观察值 a_n 有关,而与其他各期观察值没有直接关系。这一特点表明,几何法旨在考查现象在最后一期所达到的发展水平。因此,如果需要关心的只是现象在最后一期应达到的水平,则采用水平法计算平均发展速度比较合适。

2. 平均增长速度

平均增长速度是各期环比增长速度的平均发展水平,说明现象逐期增长的平均程度。

根据发展速度与增长速度的关系,平均增长速度($\overline{G}$)与平均发展速度($\overline{X}$)具有下列关系,即

$$\overline{G} = \overline{X} - 1$$

式中,$\overline{G}$ 表示平均增长速度;$\overline{X}$ 表示平均发展速度。

平均增长速度为正值,表明现象在某段时期内逐期平均递增的程度,也称为平均递增率;若为负值,则表明现象在某段时间内逐期平均递减的程度,也称为平均递减率。

【例 5-10】某地区 2010-2015 年粮食产量资料如表 5-11 所示。

表 5-11　某地区 2010-2015 年粮食产量资料

年份	2010 年	2011 年	2012 年	2013 年	2014 年	2015 年
粮食产量/万吨	200					
定基增长量/万吨	—		31	40		
环比发展速度/%	—	110			105	93

（1）利用指标间的关系将表中所缺数字补齐；

（2）计算该地区 2011—2015 年这五年的粮食产量的年平均增长量以及按水平法计算的年平均增长速度。

（1）计算结果如表 5-12 所示。

表 5-12　某地区 2010-2015 年粮食产量资料

年份	2010 年	2011 年	2012 年	2013 年	2014 年	2015 年
粮食产量/万吨	200	220	231	240	252	234.4
定基增长量/万吨	—	20	31	40	52	34.4
环比发展速度/%	—	110	105	103.9	105	93

（2）年平均增长量 = 34.4 ÷ 5 = 6.88（万吨）

$$年平均增长速度 = \sqrt[n]{\frac{a_n}{a_0}} - 1 = \sqrt[5]{\frac{234.4}{200}} - 1 \approx 1.032 - 1 = 3.2\%$$

3. 计算和应用平均发展速度指标应注意的问题

（1）结合具体研究目的，适当地选择基期。

由于基期水平对平均发展速度指标的影响重大，因此如果基期水平因受特殊原因的影响而过高或过低，都会降低这一指标的意义，甚至会失去代表性而不能说明现象变化的实际情况。

（2）应用分段平均速度或用突出个别环比速度来补充总平均速度。

因为根据几何平均法求得的平均速度指标，实际只反映了最初和最末水平的变化，并不反映中间各年的实际变化，所以当研究时期过长时，为了避免由于中间各期波动过大或不同的变化方向而降低平均速度指标的代表性，应用计算分段平均速度指标来补充说明总平均发展速度，这对于全面、深入地了解现象的整个过程的变化情况很有必要。

（3）结合发展水平、经济效益来研究平均发展速度指标。

在经济生活中，有可能出现高速度下的低水平，低效益下或者是低速度背后隐藏着的高水平、高效益。将水平指标、经济效益及各种速度指标结合起来，对现象进行综合分析，这能更有利于揭示现象发展变化的真实规律性。

任务四　动态数列的趋势分析

一、影响动态数列变动的主要因素

时间数列是客观事物动态变化的数量表现，当事物因发展而发生变化时，可以通过时间数列的数值反映和把握。影响事物变化的因素错综复杂，一般地，事物变化是自然、社会、政治以及经济等各种因素交替作用的结果，按性质不同将其归纳为以下四种。

1. 长期趋势因素

长期趋势是时间数列变动的总方向、总趋势，也是在事物发展变化过程中长期起着根本性作用的因素。这种因素会使现象在发展过程中沿着同一方向（向上或向下）持续发展。如国家的方针和政策、经济管理体制等，其发挥的作用是长期的、决定性的。

2. 季节变动因素

季节变动是指社会经济现象随着季节的更替而发生的有固定规律性的变动。这种变动每年重复出现，有比较稳定的规律性，而且每个周期的变化强度大体上一致。例如，羽绒服的销售量，随着春、夏、秋、冬四季的交替变化而呈现出的周期性变化。

3. 循环变动因素

循环变动因素是指使现象发生周期较长的、涨落起伏交替变动的因素。它与季节因素的影响有明显的不同，也不同于使得现象朝着单一方向持续发展的长期趋势因素。这种变动没有固定的循环周期，一般在数年以上，没有固定可循的变动规律。例如，由于生产关系改革滞后而引起的周期经济危机就是循环变动，生产关系就是一种循环因素。

4. 偶然变动因素

偶然变动因素是指在目前科学技术条件下还不能预测或控制的因素。它具有局部性、临时性、非决定性和影响方向不确定性等特点。它对现象发展变化的影响，有的在短时间内是明显甚至是巨大的，且不易综合抵消，但对现象的正负影响在较长时期内一般是可以综合抵消的。例如，自然灾害、战争等影响。

现象发展趋势分析的基本前提假设：

（1）假定影响现象发展变化的因素包括长期趋势因素、季节因素、偶然因素和循环因素；

（2）假设这四种因素对现象发展变化的影响是按照某种数量关系结合在一起的，其综合结果就是所观察到的动态数列中的实际水平。

一般来说，现象发展变化是以上四种因素共同作用或部分作用的结果，现象发展趋势分析就是要把现象受各类因素影响的影响程度和影响方向单独测定出来，以掌握其发展变化的规律，为科学预测和科学决策提供依据。

二、长期趋势的测定

长期趋势就是研究某种现象在一个相当长的时期内持续向上或向下发展变动的趋势。测定长期趋势的主要目的是把握事物的趋势变化，从数量方面来研究现象发展变化的规律性，为统计预测提供依据。同时，在经济变量构成的时间数列中，包括四种因素，测定长期趋势后，可排除原数列中长期趋势的影响，更好地把握其他因素的变动规律。

反映现象发展的长期趋势有两种基本形式：第一种是直线趋势，即研究现象在一个相当长的时期内呈现出较一致的上升或下降的变动趋势，可用一条直线来代表这种发展趋势。由于直线趋势中每期增减的数量大致相同，因此其变化率或斜率基本不变。第二种是非直线趋势，即所研究现象在整个时期内呈现无规律性的变动，时而上升、时而下降，每期增减变化没有一个固定的规律，变化率或趋势线的斜率是变动的。

要研究现象发展的长期趋势,就必须对原来的时间数列进行统计处理,排除季节因素、偶然因素和循环因素的影响,使其固有的发展趋势显现出来。测定长期趋势常用的方法有:间距扩大法;移动平均法;数学模型法。

(一)时距扩大法

时距扩大法就是对原有的动态数列的时期进行合并、扩大,延长各期所包含的时间,得到一个新的时距更长的动态数列,以消除由于时距较短受偶然因素和季节因素影响而引起的波动,清晰地显示出现象长期变化趋势的分析方法。它包括两种方法:

1. 时距扩大总数法

首先把要扩大后的各时距内包含的原数列的指标值分别汇总,再把扩大后的时距和汇总后的结果重新编制成动态数列的方法叫作时距扩大总数法,它适用于时期数列。

【例5-11】某企业2018年各月产量资料如表5-13所示。

表5-13 某企业2018年各月产量资料

月份	1月	2月	3月	4月	5月	6月	7月	8月	9月	10月	11月	12月
产量/万台	25	26	24	25	26	27	25	27	27	26	26	28

从表5-13不难看出,该时间数列数据几乎没有规律可循,不能清楚地反映出产量的变动趋势。因此,需要将时距扩大,即从月资料过渡到季资料,如表5-14所示。

表5-14 某企业2018年季平均产量资料

季度	第一季度	第二季度	第三季度	第四季度
平均产量/万台	75	78	79	80

时距间隔扩大后,可以明显看出该企业的产量呈现出非常规律的增长趋势。

时距扩大法是测定长期趋势最原始的方法。其优点是简便易行;缺点是新数列的项数过少,不能据以进行深入的趋势分析和预测。至于将时间间隔扩大到什么程度,这要根据现象的性质而定,基本原则是以能够显示现象的发展趋势为度。时距过短,不能消除偶然因素的影响;时距过长,又会掩盖现象在不同时间上发展变化的差异。

2. 时距扩大平均数法

该方法的基本原理是:首先把扩大后的各时距内包含的原数列的指标值分别平均;再把扩大后的时距和所得的平均值重新编制动态数列。它既适用于时期数列和时点数列,也适用于相对指标动态数列和平均指标动态数列。仍以【例5-11】为例,将其时距扩大到季度后,求得每季度的平均产量后重新编制动态数列,如表5-15所示。

表5-15 某企业2018年季平均产量资料

季度	第一季度	第二季度	第三季度	第四季度
平均产量/万台	25	26	26.3	26.7

从表5-15可以看出,在按照时距扩大平均数法编制的时间数列中,也能清晰表明该企业的产量呈增长趋势。

采用时距扩大法时应该注意以下事项:

(1) 同一数列前后时间间距应当一致,以便于比较。
(2) 时间间距的长短,应根据具体现象的性质和特点而定,以能显示现象变化趋势为准。

(二) 移动平均法

移动平均法是趋势变动分析的一种较简单的常用方法,该方法的基本原理是:首先把原有数列的时距扩大,然后采用逐项递移的方法,计算出一系列移动的序时平均数,并用这些平均数重新编制动态数列。该方法可以用来分析预测销售情况、库存、股价或其他趋势。该方法又可分为简单移动平均法和加权移动平均法两种。

1. 简单移动平均法

简单移动平均法是直接用简单算术平均数作为移动平均趋势值的一种方法。

设移动间隔长度为 n,则移动平均数序列可以写为

$$\overline{Y}_i = \frac{Y_i + Y_{i+1} + \cdots + Y_{i+n-1}}{n}$$

式中,$\overline{Y}_i$ 表示移动平均趋势值;n 表示移动的项数。

【例 5 – 12】某公司 2018 年各月的销售额如表 5 – 16 所示,分别计算 $n=3$ 和 $n=5$ 时的移动平均趋势值。

表 5 – 16 某公司 2018 年各月的销售额

月份	实际销售额/万元	趋势值($n=3$)	趋势值($n=5$)
1 月	41	—	—
2 月	42	45	—
3 月	52	45.7	44.6
4 月	43	46.7	46.6
5 月	45	46.3	48.8
6 月	51	49.7	46.4
7 月	53	48	48
8 月	40	48	48.8
9 月	51	46.7	49.8
10 月	49	52	50
11 月	56	53	—
12 月	54		—

当 $n=3$ 时,$Y_1 = \dfrac{41+42+52}{3} = 45$;

45 应当为中间月份 2 月份的趋势值,其他各期的三项移动平均数如表 5 – 16 所示。

当 $n=5$ 时,$Y_1 = \dfrac{41+42+52+43+45}{5} = 44.6$。

44.6 应为中间月份 3 月份的趋势值,其他各期的五项移动平均值如表 5 – 16 所示。

2. 加权移动平均法

加权移动平均法是在简单移动平均法的基础上给近期数据以较大的权数,给远期的数据以较小的权数,计算加权移动平均数,并将其作为下一期的移动平均趋势值的一种方法。在时间数列中,各时期数据的现实意义是有差异的,越久远的数据对现实的参考价值越小;相

反,越近的资料对现实的参考价值越大。因此,为了体现这种"重近轻远"的思想,一般给予远期数据较小的权数,而给予近期数据较大的权数。

加权移动平均法的计算公式为

$$\overline{Y}_i = \frac{Y_i f_i + Y_{i+1} f_{i+1} + \cdots + Y_{i+n-1} f_{i+n-1}}{f_i + f_{i+1} + \cdots + f_{i+n-1}}$$

仍以表 5-16 中的已知数据为例,设 $n=3$,则有

$$Y_1 = \frac{41 \times 1 + 42 \times 2 + 52 \times 3}{6} \approx 46.83$$

……

其余各移动平均数的计算依次类推。

3. 应用移动平均法分析趋势变动应注意的问题

(1) 移动项数应大小适中。

通过分析表 5-16 中的各列数据,不难发现:通过移动平均得到的移动平均数数列,要比原始数据序列匀滑,并且 5 项移动平均数数列又比 3 项移动平均数数列匀滑。因此,为了更好地消除不规则波动,达到修匀的目的,可以适当增加移动的项数。移动的项数越大,所得趋势值越少,个别观察值影响作用就越弱,移动平均序列所表现的趋势越明显。但需要特别注意的是:如果移动的间隔过长,有时会脱离现象发展的真实趋势。因此,移动项数的选择和确定对于把握事物发展变化的趋势十分重要,应根据实际情况,选择恰当的移动项数。

(2) 移动项数依据资料的特点而定。

原时间数列如存在周期变动,则移动的项数应以周期的长度为准。例如,资料若以各年月份形式出现,则可确定移动的项数为 12;资料若以季度的形式出现,则应确定 4 为移动项数。这样可消除季节因素的影响,更好地反映和把握事物的发展趋势。

(3) 移动项数一般情况下取奇数。

由于每次移动计算出来的数值都是平均数,因此在利用移动平均法分析趋势变动时,应把移动平均后的趋势值放在各移动项的中间位置。例如,3 项移动平均的趋势值应与第 2 项对齐,5 项移动平均的趋势值则应放在第 3 项对应的位置上。因此,若移动项数 n 为奇数,则一次移动即可得到位置准确的趋势值;若 n 为偶数时,则需将第一次得到的移动平均值再做一次 2 项移动平均,才能将趋势值的位置确定好。因此,本着既简便又能说明问题的原则,一般情况下,在采用移动平均法分析事物发展趋势时,选择奇数作为移动项数更为合理。

(4) 新时间数列的项数与原时间数列的项数及移动项数密切相关。

通过移动平均法修匀后的新时间数列的项数与原时间数列的项数以及移动项数之间具有以下关系:

$$新数列的项数 = 原数列的项数 - 移动项数 + 1$$

(三) 数学模型法

它是在对原有数列进行初步分析的基础上,根据其发展趋势的类型,用数学方法对动态数列配合一个数学方程式,以测定其长期趋势的方法。下面介绍常用的最小二乘法。

最小二乘法又称为最小平方法,它是用数学模型对时间数列配合一条趋势线进行修匀的一种方法。这条趋势线可以是直线线形,也可以是曲线线形。

根据最小二乘法的基本原理,这条趋势线必须满足以下条件,即趋势值与实际值之间的离差的平方之和最小,用公式表示为

$$\sum(y-y_c)^2 = 最小值$$

式中，y 表示实际值；y_c 表示趋势值。

如果时间数列的逐期增长量大致上相等，即围绕某一个常数上下波动，则可判断对事物发展趋势线配合直线方程。直线方程的一般形式为

$$y_c = a + bt$$

式中，y_c 表示趋势值；a 表示截距；b 表示直线的斜率。

在直线方程中，a、b 为两个待定参数，根据最小二乘法的基本原理，可对这两个未知参数进行确定。

要实现 $\sum(y-y_c)^2 = 最小值$，需将直线方程代入其中，得

$$\sum(y-a-bt)^2 = 最小值$$

求偏导数，得出以下联立方程组，即

$$\begin{cases} \sum y = na + b\sum t \\ \sum yt = a\sum t + b\sum t^2 \end{cases}$$

式中，t 表示时间数列的时间；y 表示时间数列的各期发展水平；n 表示时间数列的项数。

解之，得

$$\begin{cases} b = \dfrac{n\sum ty - \sum t \sum y}{n\sum t^2 - (\sum t)^2} \\ a = \dfrac{\sum y - b\sum t}{n} = \bar{y} - b\bar{t} \end{cases}$$

【例 5-13】某工业企业历年产值资料如表 5-17 所示，用最小二乘法进行长期趋势分析。

表 5-17 某工业企业历年产值的最小二乘法计算表

年份	年份序号 t	销售额 y/万元	t^2	ty	y_c
2012 年	-3	100	9	-300	99.08
2013 年	-2	112	4	-224	112.72
2014 年	-1	125	1	-125	126.36
2015 年	0	140	0	0	140.00
2016 年	1	155	1	155	153.64
2017 年	2	168	4	336	167.28
2018 年	3	180	9	540	180.92
∑	0	980	28	382	980.00

由表 5-17 得，$\sum y = 980$，$\sum t^2 = 28$，$\sum ty = 382$。将其代入公式，得

$$\begin{cases} 980 = 7a \\ 382 = 28b \end{cases} \Rightarrow \begin{cases} a = 140 \\ b = 13.64 \end{cases}$$

从而，求得直线趋势方程为

$$y_c = 140 + 13.64t$$

把相应的 t 值代入上式，便求得相对应的趋势值 y_c，见表 5-17 的右栏。

如果将趋势直线向外延伸，则可预测该企业 2019 年的产值。即将 $t=4$ 代入方程中，得

$$y_c = 140 + 13.64 \times 4 = 194.56 \text{（万元）}$$

三、季节变动的测定

所谓季节变动，就是指一些现象受自然条件或经济条件的影响，而导致在一个年度内随着季节的更替而发生比较有规律的变动。研究季节变动的目的是认识这些变动的规律性并且进一步掌握这些规律，以便更好地安排、组织社会生产与生活。

测定季节变动的方法有很多，从是否考虑长期趋势的影响看，可分为两种：一是不考虑长期趋势的影响，直接根据原时间数列来测定；二是依据消除长期趋势后的时间数列来测定。前者常用简单平均法，后者常用移动平均趋势剔除法。但是，不管采用哪种方法，都需具备连续多年的各月（季）资料，以保证所求的季节比率具有代表性，从而能比较客观地描述现象的季节变动。下面将对这两种测定方法进行详细的介绍。

1. 简单平均法

根据月（季）的时间数列，用简单平均法测定季节变动的计算步骤如下：

（1）列表，将各年同月（季）的数值列在同一栏内；

（2）将每年各月（季）的数值加总后，计算各年的月（季）平均数；

（3）将各年同月（季）的数值加总，计算若干年内同月（季）的平均数；

（4）根据若干年内每个月的数值总计，计算若干年总的月（季）平均数；

（5）将若干年内同月（季）的平均数与总的月（季）平均数相比，即求得用百分数表示的各月（季）的季节比率，又可以称为季节指数。

例如，某企业产品销售额的季节变动分析如表 5-18 所示。

表 5-18　某企业产品销售额的季节变动分析　　　　　　　　　单位：万元

时期	1月	2月	3月	4月	5月	6月	7月	8月	9月	10月	11月	12月	平均
第1年	40	34	36	34	35	32	28	34	34	37	38	40	35.17
第2年	38	32	40	32	32	30	30	33	36	36	36	42	34.75
第3年	32	36	37	31	31	29	31	33	32	35	37	52	34.67
第4年	30	26	35	29	30	28	28	33	32	32	35	36	31.17
合计	140	128	128	126	128	119	119	133	134	140	146	170	1 629
月平均销售额	35	32	37	31.5	32	29.75	29.75	33.25	33.5	35	36.5	42.5	33.94
季节比率/%	103.13	94.29	109.02	92.82	94.29	87.66	86.19	97.97	98.71	103.13	107.55	125.23	100

由表 5-18 的资料可知，该企业产品销售的季节比率以 12 月的 125.23% 最高，3 月的 109.02% 次之；而 7 月的 86.19% 最低，6 月的 87.66% 次低。其中，季节比率的计算公式为

$$\text{季节比率} = \frac{\text{同月（季）均数}}{\text{全期总的月（季）平均数}} \times 100\%$$

例如，1 月的季节比率 $= \frac{35}{33.94} \times 100\% \approx 103.12\%$

……

其余各月的季节比率依次类推。

2. 移动平均趋势剔除法

移动平均趋势剔除法是先利用移动平均法来消除原时间数列中长期趋势的影响，再来测定其季节变动的一种方法。其计算步骤及方法如下：

（1）计算时间数列中各年按月（季）的移动平均数，由于是偶数项移动平均，因此趋势值 y_c 要分两步求得；

（2）用时间数列中各月（季）的数值（y）与其相对应的趋势值（y_c）对比，计算 y/y_c 的百分比数值；

（3）把 y/y_c 的百分比数值按月（季）排列，计算出各年同月（季）的总平均数，这个平均数即为各月（季）的季节比率；

（4）把各月（季）的季节比率加起来（对于月资料而言，其总计数应等于1 200%；对季资料而言，其总计数应等于400%），如果不符，则应把1 200% 与实际加总的各月季节比率相比求出校正系数，把校正系数分别乘上各月的季节比率。这样求得的季节比率就是一个剔除了长期趋势影响后的季节比率。

【例 5 – 14】 根据表 5 – 19 某市各年水产品的销售量（y）资料来具体说明移动平均趋势剔除法的计算方法与步骤。

表 5 – 19　某市各年水产品的销售量资料　　　　　　　　单位：万吨

月\年	2014 年	2015 年	2016 年
1	0.40	0.85	1.20
2	0.35	0.78	1.03
3	0.30	0.70	0.98
4	0.26	0.63	0.85
5	0.27	0.45	0.95
6	0.32	0.69	1.05
7	0.55	1.08	1.85
8	0.72	1.63	2.13
9	0.77	1.75	2.35
10	0.68	1.32	2.08
11	0.42	0.95	1.45
12	0.38	0.90	1.27

将表 5 – 19 中的原数列进行 12 项移动平均，可消除季节因素的变动，得到非季节因素，如表 5 – 20 所示。

表 5 – 20　移动平均趋势计算表　　　　　　　　单位：万吨

日期	1 月	2 月	3 月	4 月	5 月	6 月	7 月	8 月	9 月	10 月	11 月	12 月
2014 年	—	—	—	—	—	—	0.47	0.51	0.54	0.57	0.60	0.62
2015 年	0.66	0.72	0.80	0.86	0.91	0.96	0.99	1.02	1.04	1.06	1.09	1.13
2016 年	1.17	1.22	1.27	1.32	1.38	1.41	—	—	—	—	—	—

将趋势值等非季节因素剔除。计算三年内各月实际销售量和修匀值的比率，如 2014 年 7 月为 0.55/0.47 = 117%。列出表 5 – 21 如下：

表 5-21　水产品销售量季节比率计算表（移动平均趋势剔除法）　　单位：%

日期	1月	2月	3月	4月	5月	6月	7月	8月	9月	10月	11月	12月	合计
2014年	—	—	—	—	—	—	117	142	143	119	70	61	—
2015年	129	108	88	73	49	72	109	160	168	125	87	80	—
2016年	103	84	77	64	69	74	—	—	—	—	—	—	—
月平均值	116	96	83	69	59	73	113	151	156	122	79	71	99
季节比率	117.2	97.0	83.6	69.7	59.6	73.7	114.2	152.5	157.6	123.2	79.8	71.7	1 200

对剔除长期趋势等因素后的数列求季节比率，得到单独的季节比率（见表 5-21）。将这些比率绘成季节比率曲线（见图 5-1），可直观地观察季节变动规律。

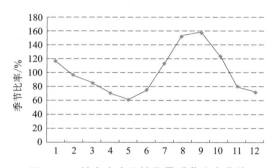

图 5-1　某市水产品销售量季节比率曲线

由表 5-21 最末一行和图 5-1 可知，某市水产品销售量 1 月、7 月、8 月、9 月、10 月为旺季，其余月为淡季。

从以上分析中不难看出，季节变动分析中的两种方法各有特点，前者计算简便，但所求出的季节比率包含长期趋势的影响。后者计算烦琐，却得到了一个反映现象发展过程中的季节变动的缩影——剔除长期趋势后的季节比率。

任务五　用 Excel 进行时间序列分析

【例 5-15】增长量和平均增长量的测定实例。

我国 1993—2003 年的人均国内生产总值（GDP）数据如表 5-22 所示，试计算我国人均 GDP 的增长量及平均增长量。

表 5-22　我国 1993—2003 年的人均 GDP 数据　　单位：元

年份	1993年	1994年	1995年	1996年	1997年	1998年	1999年	2000年	2001年	2002年	2003年
人均GDP	4 101	4 567	4 993	5 412	5 833	6 228	6 612	7 086	7 561	8 135	8 844

第一步：新建工作表"例 5-15 我国人均 GDP 数据.xlsx"，输入表 5-22 中的数据，如图 5-2 所示。

第二步：计算逐期增长量：单击单元格 C3，在编辑栏中输入公式："=B3-B2"，并用鼠标拖曳，将公式复制到 C4:C12 区域，如图 5-3 所示。

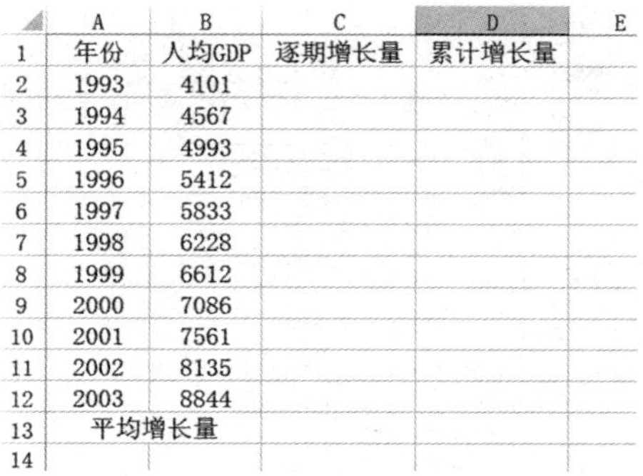

	A	B	C	D	E
1	年份	人均GDP	逐期增长量	累计增长量	
2	1993	4101			
3	1994	4567			
4	1995	4993			
5	1996	5412			
6	1997	5833			
7	1998	6228			
8	1999	6612			
9	2000	7086			
10	2001	7561			
11	2002	8135			
12	2003	8844			
13	平均增长量				
14					

图 5－2　我国人均 GDP 数据

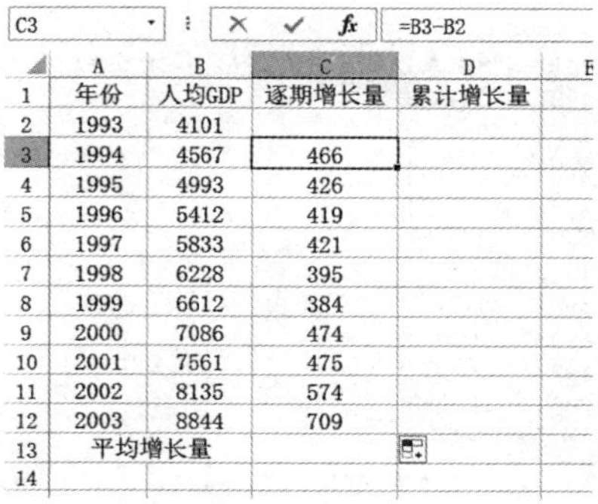

C3　=B3-B2

	A	B	C	D	E
1	年份	人均GDP	逐期增长量	累计增长量	
2	1993	4101			
3	1994	4567	466		
4	1995	4993	426		
5	1996	5412	419		
6	1997	5833	421		
7	1998	6228	395		
8	1999	6612	384		
9	2000	7086	474		
10	2001	7561	475		
11	2002	8135	574		
12	2003	8844	709		
13	平均增长量				
14					

图 5－3　逐期增长量

第三步：计算累计增长量：单击单元格 D3，在编辑栏中输入公式：“ = B3 － $B$2”，并用鼠标拖曳，将公式复制到 D4: D12 区域，如图 5－4 所示。

第四步：计算平均增长量：单击单元格 C13，在编辑栏中输入公式：“ = (B12 － B2)/10”，按“Enter”键，即可得到平均增长量，结果如图 5－5 所示。

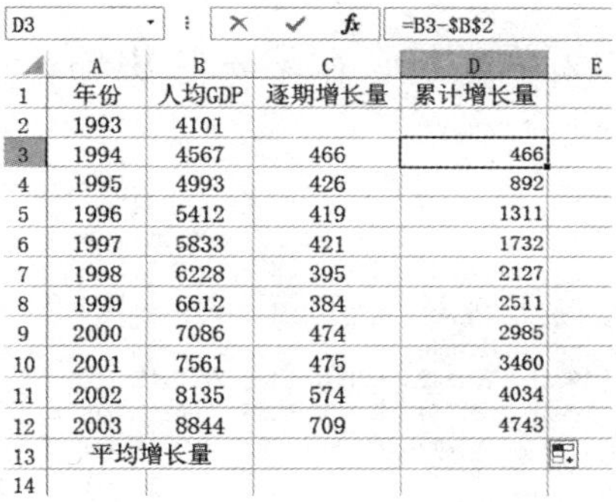

D3　=B3-$B$2

	A	B	C	D	E
1	年份	人均GDP	逐期增长量	累计增长量	
2	1993	4101			
3	1994	4567	466	466	
4	1995	4993	426	892	
5	1996	5412	419	1311	
6	1997	5833	421	1732	
7	1998	6228	395	2127	
8	1999	6612	384	2511	
9	2000	7086	474	2985	
10	2001	7561	475	3460	
11	2002	8135	574	4034	
12	2003	8844	709	4743	
13	平均增长量				
14					

图 5－4　累计增长量

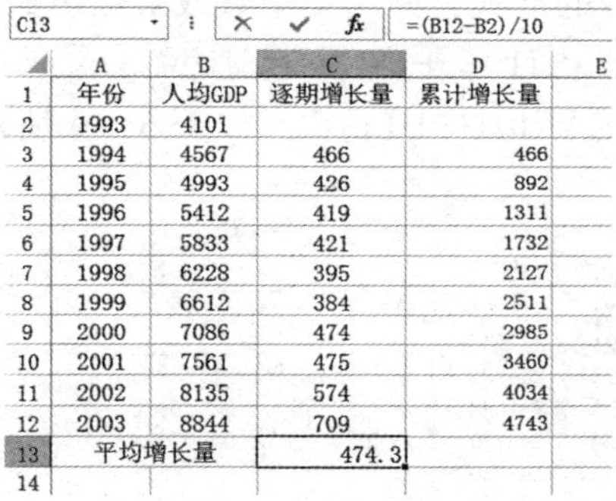

C13　=(B12-B2)/10

	A	B	C	D	E
1	年份	人均GDP	逐期增长量	累计增长量	
2	1993	4101			
3	1994	4567	466	466	
4	1995	4993	426	892	
5	1996	5412	419	1311	
6	1997	5833	421	1732	
7	1998	6228	395	2127	
8	1999	6612	384	2511	
9	2000	7086	474	2985	
10	2001	7561	475	3460	
11	2002	8135	574	4034	
12	2003	8844	709	4743	
13	平均增长量		474.3		
14					

图 5－5　平均增长量

【例 5－16】发展速度和平均发展速度测定实例。

我国 1991—2000 年中等师范学校招生人数统计资料如表 5－23 所示，试说明该中等师范学校招生人数的定基发展速度、环比发展速度和平均发展速度。

表 5－23　我国 1991—2000 年中等师范学校招生人数统计资料　　单位：人

年份	1991 年	1992 年	1993 年	1994 年	1995 年	1996 年	1997 年	1998 年	1999 年	2000 年
人数	231 646	234 342	241 644	246 700	247 730	248 778	249 272	250 422	251 472	254 486

第一步：新建工作表“例 5－16 招生人数统计资料 . xlsx”，输入表 5－23 中的数据，如图 5－6 所示。

第二步：计算定基发展速度：单击单元格 C3，在编辑栏中输入公式：“ = B3/ $B$2”，并用鼠标拖曳，将公式复制到 C4: C11 区域，如图 5－7 所示。

第三步：计算环比发展速度：单击单元格 D3，在编辑栏中输入公式：“ = B3/B2”，并用鼠标拖曳，将公式复制到 D4: D11 区域，如图 5－8 所示。

	A	B	C	D	E
1	年份	招生人数	定基发展速度	环比发展速度	
2	1991	231646			
3	1992	234342			
4	1993	241644			
5	1994	246700			
6	1995	247730			
7	1996	248778			
8	1997	249272			
9	1998	250422			
10	1999	251472			
11	2000	254486			
12	平均发展速度				
13					

图 5－6 招生人数统计资料

C3 =B3/$B$2

	A	B	C	D	E
1	年份	招生人数	定基发展速度	环比发展速度	
2	1991	231646			
3	1992	234342	1.011638448		
4	1993	241644	1.043160685		
5	1994	246700	1.064987092		
6	1995	247730	1.069433532		
7	1996	248778	1.073957677		
8	1997	249272	1.076090241		
9	1998	250422	1.081054713		
10	1999	251472	1.085587491		
11	2000	254486	1.098598724		
12	平均发展速度				
13					

图 5－7 定基发展速度

注：Excel 给出了 GEOMEAN 函数，可以用来求未分组数据的几何平均值。我们可以直接使用 GEOMEAN 函数来计算几何平均值。

函数语法：GEOMEAN(number1, number2, ...)

- number1, number2, ...：用于计算平均值的 1 到 255 个参数，也可以不使用这种用逗号分隔参数的形式，而用单个数或对数组的引用。

第四步：计算平均发展速度：单击单元格 C12 单元格，在编辑栏中输入公式："=GEOMEAN(D3:D11)"，如图 5－9 所示。

D3 =B3/B2

	A	B	C	D	E
1	年份	招生人数	定基发展速度	环比发展速度	
2	1991	231646			
3	1992	234342	1.011638448	1.011638448	
4	1993	241644	1.043160685	1.031159587	
5	1994	246700	1.064987092	1.020923342	
6	1995	247730	1.069433532	1.004175111	
7	1996	248778	1.073957677	1.004230412	
8	1997	249272	1.076090241	1.001985706	
9	1998	250422	1.081054713	1.004613434	
10	1999	251472	1.085587491	1.004192922	
11	2000	254486	1.098598724	1.01198543	
12	平均发展速度				
13					

图 5－8 环比发展速度

C12 =GEOMEAN(D3:D11)

	A	B	C	D	E
1	年份	招生人数	定基发展速度	环比发展速度	
2	1991	231646			
3	1992	234342	1.011638448	1.011638448	
4	1993	241644	1.043160685	1.031159587	
5	1994	246700	1.064987092	1.020923342	
6	1995	247730	1.069433532	1.004175111	
7	1996	248778	1.073957677	1.004230412	
8	1997	249272	1.076090241	1.001985706	
9	1998	250422	1.081054713	1.004613434	
10	1999	251472	1.085587491	1.004192922	
11	2000	254486	1.098598724	1.01198543	
12	平均发展速度		1.010503162		
13					

图 5－9 平均发展速度

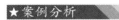

★案例分析

王有捐：全国居民收入稳步增长 居民生活质量持续改善

2018 年，全国居民收入实现稳步增长，与经济增长基本同步，为实现居民收入翻番目标打下了更加坚实的基础。居民消费支出加快增长，服务性消费支出占比提升，居民生活质量持续改善。

一、居民收入增长与经济增长基本同步，为实现居民收入翻番目标打下了更加坚实的基础

居民收入增长与经济增长基本同步。2018 年，全国居民人均可支配收入为 28 228 元，

比上年名义增长 8.7%，扣除价格因素影响，实际增长 6.5%；全国国内生产总值增速为 6.6%，考虑人口增长因素，人均国内生产总值增速为 6.1%。全国居民人均可支配收入实际增速略低于国内生产总值总量增速，但居民人均可支配收入实际增速仍高于人均国内生产总值增速，居民收入增长与经济增长实现基本同步。

全国居民收入向实现翻番目标又迈出坚实一步。按现价看，2018 年，全国居民人均可支配收入为 28 228 元，约是 2010 年的 2.3 倍。按可比价看，2011—2018 年全国居民人均可支配收入累计实际增长 85.7%。未来两年内，全国居民人均可支配收入年均实际增长 3.8% 以上即可实现到 2020 年居民人均可支配收入实际增长翻番目标。

城乡居民收入差距继续缩小。按常住地分，2018 年，城镇居民人均可支配收入为 39 251 元，比上年名义增长 7.8%，扣除价格因素影响，实际增长 5.6%；农村居民人均可支配收入为 14 617 元，比上年名义增长 8.8%，扣除价格因素影响，实际增长 6.6%。农村居民人均可支配收入实际增速高于城镇居民 1.0%。城乡居民收入比由上年的 2.71 下降为 2.69，城乡居民收入差距继续缩小。

工资、经营收入稳步增长，财产、转移收入较快增长。2018 年，全国居民人均工资性收入为 15 829 元，增长（以下如无特别说明，均为比上年名义增长）8.3%，主要是经济运行总体平稳，全年就业形势保持稳定，"农民工"就业人数小幅增长，"农民工"人均月收入增长 6.8%，拉动城乡居民工资性收入继续稳步增长。全国居民人均经营净收入为 4 852 元，增长 7.8%，增速比上年加快 1.1%，主要是深化"放管服"改革带来营商环境持续优化，减税降费力度进一步加大，带动居民经营净收入加快增长。全国居民人均财产净收入为 2 379 元，增长 12.9%，增速比上年加快 1.3%。全国居民人均转移净收入为 5 168 元，增长 8.9%，主要是各地全面落实中央关于改善民生和打赢脱贫攻坚战的要求，进一步加大惠民扶贫政策力度，推进城乡居民基本医疗保险制度整合，带动全国居民转移净收入保持较快增长。

二、居民消费支出加快增长，居民生活质量持续改善

居民消费支出加快增长。2018 年，全国居民人均消费支出为 19 853 元，比上年名义增长 8.4%，扣除价格因素影响，实际增长 6.2%，名义增速和实际增速分别比上年加快 1.3% 和 0.8%。

农村居民消费支出增长快于城镇居民。按常住地分，2018 年，城镇居民人均消费支出为 26 112 元，增长 6.8%；农村居民人均消费支出为 12 124 元，增长 10.7%。农村居民人均消费支出增速高于城镇居民 3.9%。

食品消费支出比重（恩格尔系数）进一步降低。2018 年，全国居民人均食品烟酒消费支出增长 4.8%，占消费支出比重为 28.4%，比上年下降 0.9%。城镇居民和农村居民食品烟酒消费支出比重分别为 27.7% 和 30.1%，分别比上年下降 0.9% 和 1.1%。

服务性消费支出占比提升。2018 年，全国居民人均服务性消费支出为 8 781 元，占居民消费支出的比重为 44.2%，比上年提升 1.6%。其主要原因是：随着收入水平不断提高，城乡居民消费观念提升，以及各地大力推进城乡居民医保并轨和异地就医直接结算等惠民措施，带动在外饮食、家庭服务、医疗服务等服务性消费实现较快增长。从居民服务性消费结构看，全国居民人均饮食服务支出增长 21.7%，家庭服务支出增长 32.1%，医疗服务支出增长 20.5%，包含旅馆住宿等在内的其他服务支出增长 14.9%。

居住条件进一步改善。随着收入水平的提高，居民的居住条件和生活设施持续改善。2018 年，全国居民有管道供水入户的户比重为 90.0%，比上年提高 2.2%；有安全饮用水的户比重为 95.2%，提高 3.9%；获取饮用水无困难的户比重为 96.3%，提高 1.5%；有卫生厕所的户比重为 77.7%，提高 6.0%；有洗澡设施的户比重为 84.2%，提高 4.4%。

耐用消费品拥有量继续增加。2018 年，全国居民每百户家用汽车拥有量为 33.0 辆，比上年增长 11.0%；每百户助力车拥有量为 59.2 辆，增长 4.8%；每百户移动电话拥有量为 249.1 部，增长 3.8%；每百户空调拥有量为 109.3 台，增长 13.7%；每百户排油烟机拥有量为 56.4 台，增长 10.7%；每百户热水器拥有量为 85.0 台，增长 8.1%。

（来源：中国经济网；发布时间：2019-01-22 23:19；原文链接：http://www.ce.cn/xwzx/gnsz/gdxw/201901/22/t20190122_31330462.shtml）

问题：

1. 请解释人均可支配收入、名义增长、实际增长、可比价等概念。
2. 文中哪些指标属于发展水平，哪些指标属于发展速度，哪些指标属于增长速度？
3. 请简要描述 2018 年居民人均收入与人均消费支出的发展趋势。

基础训练

一、思考题

1. 编制时间数列有何作用？
2. 时期数列与时点数列有何异同？
3. 什么是平均增长速度？它与平均发展速度存在什么关系？
4. 什么是移动平均法？应用移动平均法要解决的问题是什么？
5. 在测定季节变动时为什么要剔除长期趋势的影响？

二、单项选择题

1. 构成时间数列的两个基本要素是（　　）。
   A. 主词和宾词　　　　　　　　　　B. 变量和次数
   C. 时间和指标数值　　　　　　　　D. 时间和次数
2. 最基本的时间数列是（　　）。
   A. 时点数列　　B. 绝对数数列　　C. 相对数数列　　D. 平均数数列
3. 在时间数列中，各项指标数值可以相加的是（　　）。
   A. 相对数数列　　B. 时期数列　　C. 平均数数列　　D. 时点数列
4. 时间数列中的发展水平（　　）。
   A. 只能是总量指标　　　　　　　　B. 只能是相对指标
   C. 只能是平均指标　　　　　　　　D. 上述三种指标均可以
5. 对时间数列进行动态分析的基础指标是（　　）。
   A. 发展水平　　　　　　　　　　　B. 平均发展水平
   C. 发展速度　　　　　　　　　　　D. 平均发展速度
6. 由间断时点数列计算序时平均数，其假定条件是研究现象在相邻两个时点之间的变动为（　　）。
   A. 连续的　　　B. 间断的　　　C. 稳定的　　　D. 均匀的

7. 序时平均数与一般平均数的共同点是（　　）。
   A. 二者均反映同一总体的一般水平
   B. 都反映现象的一般水平
   C. 二者均可消除现象波动的影响
   D. 共同反映同质总体在不同时间上的一般水平
8. 时间序列最基本的速度指标是（　　）。
   A. 发展速度　　　B. 平均发展速度　　　C. 增长速度　　　D. 平均增长速度
9. 根据采用的对比基期不同，发展速度有（　　）。
   A. 环比发展速度与定基发展速度　　　B. 环比发展速度与累积发展速度
   C. 逐期发展速度与累积发展速度　　　D. 累积发展速度与定基发展速度
10. 某商场第二季度商品零售额资料如表 5–24 所示。

表 5–24　某商场第二季度商品零售额资料

月份	4月	5月	6月
完成商品零售额/万元	50	62	78
完成计划/%	100	124	104

该商场第二季度平均完成计划为（　　）。

A. $\dfrac{100\% + 124\% + 104\%}{3} \approx 108.6\%$

B. $\dfrac{50 + 62 + 78}{\dfrac{50}{100\%} + \dfrac{62}{124\%} + \dfrac{78}{104\%}} \approx 108.6\%$

C. $\dfrac{\dfrac{50}{100\%} + \dfrac{62}{124\%} + \dfrac{78}{104\%}}{50 + 62 + 78} \approx 92.1\%$

D. $\dfrac{50 \times 100\% + 62 \times 124\% + 78 \times 104\%}{50 + 62 + 78} \approx 109.5\%$

11. 增长速度的计算公式为（　　）。
    A. 增长速度 = $\dfrac{增长量}{基期水平}$　　　B. 增长速度 = $\dfrac{增长量}{初期水平}$
    C. 增长速度 = $\dfrac{增长量}{报告期水平}$　　　D. 增长速度 = $\dfrac{增长量}{期末水平}$
12. 如果逐期增长量相等，则环比增长速度（　　）。
    A. 逐期下降　　　B. 逐期增加　　　C. 保持不变　　　D. 无法做结论
13. 以 1990 年为基期，2017 年为报告期，计算某现象的平均发展速度应开（　　）次方。
    A. 25　　　B. 26　　　C. 27　　　D. 28
14. 某商场 5 年的销售收入分别为 200 万元、220 万元、250 万元、300 万元、320 万元，则平均增长量为（　　）。
    A. $\dfrac{120}{5}$　　　B. $\dfrac{120}{4}$　　　C. $\sqrt[5]{\dfrac{320}{200}}$　　　D. $\sqrt[4]{\dfrac{320}{200}}$

三、多项选择题

1. 构成时间序列的统计指标数值,可以是（　　　）。
   A. 全面调查所搜集到的统计资料
   B. 非全面调查所搜集到的统计资料
   C. 抽样调查资料
   D. 计算口径不一致的资料
   E. 总体范围不一致的资料

2. 时间序列的水平指标有（　　　）。
   A. 发展速度　　　B. 发展水平　　　C. 平均发展水平
   D. 增长量　　　　E. 平均增长量

3. 时间序列按统计指标的表现形式不同,可分为（　　　）。
   A. 绝对数时间数列　　　　　　B. 时期数列
   C. 相对数时间数列　　　　　　D. 时点数列
   E. 平均数时间数列

4. 在下列时间数列中,各项指标数值不能相加的有（　　　）。
   A. 强度相对数时间数列　　　　B. 时期数列
   C. 相对数时间数列　　　　　　D. 时点数列
   E. 平均数时间数列

5. 以下社会经济现象属于时期数列的有（　　　）。
   A. 某工厂"十二五"计划期间产值
   B. 某农场"十二五"计划期间生猪存栏数
   C. 某商场"十二五"计划期间各年底利税额
   D. 某学校"十二五"计划期间毕业生人数
   E. 某兵营"十二五"计划期间各年底战士数

6. 影响时间数列的因素主要有（　　　）。
   A. 长期趋势　　　B. 季节变动　　　C. 循环变动
   D. 不规则变动　　　　　　　　　E. 规则变动

7. 将不同时期的发展水平加以平均,得到的平均数称为（　　　）。
   A. 一般平均数　　B. 算术平均数　　C. 序时平均数
   D. 平均发展速度　　　　　　　　E. 平均发展水平

8. 时间数列的速度指标有（　　　）。
   A. 定基增长速度和环比增长速度
   B. 定基发展速度和环比发展速度
   C. 平均增长速度
   D. 平均发展速度
   E. 平均发展水平

9. 计算平均发展速度的方法有（　　　）。
   A. 几何法　　　　B. 简单序时平均法　　C. 方程法
   D. 加权序时平均法　　　　　　　　　　E. 首尾折半法

10. 直线趋势方程 $y_t = a + bt$ 中，参数 b 表示（　　）。
   A. 趋势值
   B. 趋势线的截距
   C. 趋势线的斜率
   D. 当 t 每变动一个时间单位时，y_t 平均增减的数值
   E. 当 $t = 0$ 时，y_t 的数值

四、计算题

1. 某商场历年销售额资料如表 5-25 所示。

表 5-25　某商场历年销售额资料　　　　　单位：万元

年度		2011 年	2012 年	2013 年	2014 年	2015 年	2016 年
发展水平							
增长量	累计				106.2		
	逐期		42.5				
发展速度/%	定基						
	环比					136.0	
增长速度/%	定基				45.2		
	环比						3.2
增长1%的绝对值			2.85				

试根据上述资料，计算有关的分析指标。

2. 某企业 1—4 月商品销售额和职工人数资料如表 5-26 所示。

表 5-26　某企业 1—4 月商品销售额和职工人数资料

月份	1 月	2 月	3 月	4 月
商品销售额/万元	90	124	143	192
月初职工人数/人	58	60	64	66

根据上述资料计算第一季度月的平均劳动生产率。

3. 某厂 2010 年的产值为 500 万元，规划十年内产值翻一番，试计算：
   (1) 从 2011 年起，每年要保持怎样的平均增长速度，产值才能在十年内翻一番？
   (2) 若 2011—2012 年两年的平均发展速度为 105%，那么后八年应有怎样的速度才能做到十年翻一番？
   (3) 若要求提前两年达到产值翻一番，则每年应有怎样的平均发展速度？

4. 某地区 2013—2017 年水稻产量资料如表 5-27 所示。

表 5-27　某地区 2013—2017 年水稻产量资料

年份	2013 年	2014 年	2015 年	2016 年	2017 年
水稻产量/万吨	320	332	340	356	380

试建立直线趋势方程，并预测 2019 年的水稻产量。

实训项目

某旅游风景区的旅游收入资料如表 5-28 所示。

表 5-28　某旅游风景区的旅游收入资料　　单位：万元

年份	第一季度	第二季度	第三季度	第四季度
2016 年	49.0	267.6	439.8	40.3
2017 年	66.7	307.6	498.4	49.0
2018 年	75.0	316.8	555.1	86.1

要求：

(1) 按季平均法计算季节指数；

(2) 按移动平均趋势剔除法计算季节指数。

项目六

统计指数的编制及运用

项目概述

统计指数是一种经济指数,在日常生活中,我们经常听到或看到各种名词,如 CPI 指数、深圳综合指数、上证 180 指数等,它们都属于统计指数。因此,在本项目中,我们需要认识编制统计指数的目的,认识统计指数的概念、作用,掌握编制统计指数的各种方法,并且利用统计指数对复杂社会经济现象进行分析。

学习目标

1. 理解统计指数的概念、种类和作用。
2. 学会利用数据编制综合指数和平均数指数。
3. 认识现阶段在我国社会经济生活中常用的各种统计指数及其编制方法。
4. 学会用指数体系对社会经济现象进行两因素和多因素分析。

★导入案例　　9月全国居民消费价格同比上涨2.5%

2018 年 9 月,全国居民消费价格同比上涨 2.5%。其中,城市上涨 2.4%,农村上涨 2.5%;食品价格上涨 3.6%,非食品价格上涨 2.2%;消费品价格上涨 2.7%,服务价格上涨 2.1%。1—9 月平均全国居民消费价格比去年同期上涨 2.1%。

9 月,全国居民消费价格环比上涨 0.7%。其中,城市上涨 0.7%,农村上涨 0.8%;食品价格上涨 2.4%,非食品价格上涨 0.3%;消费品价格上涨 1.0%,服务价格上涨 0.2%。

一、各类商品及服务价格同比变动情况

食品烟酒价格同比上涨 3.0%,影响居民消费价格指数(CPI)上涨约 0.90%。鲜菜价格上涨 14.6%,影响 CPI 上涨约 0.36%;鲜果价格上涨 10.2%,影响 CPI 上涨约 0.16%;蛋类价格上涨 7.1%,影响 CPI 上涨约 0.04%;禽肉类价格上涨 4.4%,影响 CPI 上涨约 0.05%;畜肉价格下降 0.4%,影响 CPI 下降约 0.02%(猪肉价格下降 2.4%,影响 CPI 下降约 0.06%);食用油价格下降 0.6%,影响 CPI 下降约 0.01%。

其他七大类价格同比均上涨。其中，交通和通信、医疗保健、居住价格分别上涨2.8%、2.7%和2.6%，教育文化和娱乐、生活用品及服务、衣着价格分别上涨2.2%、1.6%和1.2%，其他用品和服务价格上涨0.7%。

二、各类商品及服务价格环比变动情况

食品烟酒价格环比上涨1.5%，影响CPI上涨约0.46%。其中，鲜菜价格上涨9.8%，影响CPI上涨约0.25%；畜肉类价格上涨2.5%，影响CPI上涨约0.11%（猪肉价格上涨3.7%，影响CPI上涨约0.09%）；蛋类价格上涨2.2%，影响CPI上涨约0.01%；禽肉类价格上涨1.1%，影响CPI上涨约0.01%；水产品价格下降1.5%，影响CPI下降约0.03%。

其他七大类价格环比"六涨一降"。其中，衣着、教育文化和娱乐、居住价格分别上涨0.7%、0.5%和0.4%，交通和通信、医疗保健、生活用品及服务价格分别上涨0.3%、0.2%和0.1%；其他用品和服务价格下降0.2%。

（资料来源：国家统计局网站）

思考：

以上资料中涉及的数据，哪些为统计指数？这些统计指数是如何计算得来的？计算各种统计指数的意义和作用是什么？

任务一 统计指数认知

一、统计指数的概念

在日常生活中，我们经常听到或看到各种价格指数的统计数字。例如，CPI指数、深圳综合指数、上证180指数等，那么指数到底是什么？有什么作用呢？

指数的编制最早起源于物价指数。1650年英国人沃汉首创物价指数，用于度量物价的变化状况。其后指数的应用范围不断扩大，其含义和内容也随之发生了变化。从内容上看，指数由单纯反映一种现象的相对变动到反映多种现象的综合变动；从对比的场合上看，指数由单纯的不同时间的对比分析到不同空间的对比分析等。指数有广义和狭义之分。广义上，任何两个数值对比形成的相对数都可以称为指数；狭义上，指数是综合反映所研究的复杂社会经济现象总体数量综合变动的相对数。本章所讨论的主要是狭义的指数。

为了更好地理解指数的含义，我们首先应明确指数的性质。概括地讲，指数有以下性质：

（1）相对性。指数是总体各变量在不同场合下对比形成的相对数，它可以度量一个变量在不同时间或不同空间的相对变化，如一种商品的价格指数或数量指数，这种指数称为个体指数；它也可用于反映一组变量的综合变动，如消费价格指数反映了一组指定商品和服务的价格变动水平，这种指数称为综合指数。总体变量在不同时间上对比形成的指数称为时间性指数，在不同空间上对比形成的指数称为区域性指数。目前，时间性指数应用得比较广泛，本章所讲内容也均以时间性指数为例。

（2）综合性。指数反映一组变量在不同场合下的综合变动水平。这是就狭义的指数而言的，它也是指数理论和方法的核心问题，所计算的主要也是这种指数。没有综合性，指数就不可能发展成为一种独立的理论和方法论体系。综合性说明指数是一种特殊的相对数，是

由一组变量项目综合对比形成的。比如，由若干种商品和服务构成的一组消费项目，通过综合后计算价格指数，以反映消费价格的综合变动水平。

（3）平均性。指数是总体水平的一个代表性数值。平均性的含义有两方面：一是指数进行比较的综合数量是作为个别量的一个代表，这本身就具有平均的性质；二是两个综合量对比形成的指数反映了个别量的平均变动水平。

二、统计指数的作用

指数对于分析社会经济现象的发展变化和发展变化中各因素的影响程度具有重要作用。一般地，统计指数主要有以下三个方面的作用：

（一）指数能够综合反映事物的变动方向与变动程度

指数是用百分比表示的相对数。百分比大于或小于100%，反映现象变动方向是正还是负；而比100%大多少或小多少则反映现象变动程度的大小。例如，商品零售物价指数为125%，说明了多种商品零售物价总的变动情况，虽然具体到某种商品价格可能有涨有落，但从总体上看，零售价仍然上涨了25%。

（二）指数能够对复杂的社会经济现象进行因素分析

在复杂现象变动中，往往受两个以上因素的影响。例如，商品销售额的变动受销售量和商品价格两个因素的影响；而职工平均工资的变动受工资水平与职工人数构成两个因素的影响。我们可以利用指数体系分析各构成因素对总指数的变动影响，这种影响可以从相对数和绝对数两个方面进行分析。

（三）指数可以研究事物在长时间内的变动趋势

由于用指数进行变动比较可以解决不同性质数列之间不能对比的问题，因此指数法适用于有联系而又性质不同的时间数列之间的对比关系，通过对指数数列的分析还可以反映事物的发展变化趋势。

三、统计指数的分类

（1）按所反映的内容不同，指数可以分为数量指数和质量指数。数量指数是反映物量变动水平的，如产量指数、商品销售量指数等；质量指数是反映事物内涵数量变动水平的，如价格指数、产品成本指数等。

（2）按计入指数的项目不同，指数可分为个体指数和总指数。个体指数是反映某一项目或变量变动的相对数，如一种商品的价格或销售量的变动水平；总指数是反映多个项目或变量综合变动的相对数，如多种商品的价格或销售量的综合变动水平。

（3）按采用的基期不同，指数可分为定基指数和环比指数。定基指数是指在一个指数数列中，按照某一固定基期所编制的指数，它反映某种社会经济现象长期的变动程度。如我国以1990年为固定基期计算的国内生产总值指数、工业总产值指数和农业总产值指数等。环比指数是指在一个指数数列中，各时期的指数以前一期为基期所编制的指数。它反映某种社会经济现象逐期的变动程度。如按月、季、年连续计算的产量指数、价格指数和成本指数等。

（4）按计算形式不同，指数可分为简单指数和加权指数。简单指数又称不加权指数，它把计入指数的各个项目的重要性视为相同；加权指数则对计入指数的项目依据重要程度赋予不同的权数，而后再进行计算。目前，应用的主要是加权指数。

任务二　统计指数的编制

综合指数1

一、综合指数的编制

（一）综合指数的概念和特点

综合指数是总指数的基本形式，它是将不能直接相加的各种经济变量通过乘以另一个有关的同度量因素而转换成可以相加的总量指标，然后进行对比而得到的相对数，用来说明复杂现象的综合变动。

综合指数从编制方法来看，具有以下特点：

（1）先综合后对比。即先解决总体中各个个体由于使用价值、经济用途、计量单位、规格、型号等不同不能直接简单相加、对比的问题。为此，需要引入一个媒介因素，使不能直接相加、不能直接对比的现象变成能够直接相加，能够直接对比的现象，这个因素称为同度量因素。

（2）把总量指标中的同度量因素加以固定，以测定所要研究的因素，即指数化指标的影响程度。例如，若要观察两个时期多种商品销售总额中的销售量的影响，则需要把两个时期各种商品的价格作为同度量因素固定在同一时期，以测定两个时期各种商品销售量的影响。

（3）原则上，分子与分母所研究对象的范围必须一致。

（4）综合指数的计算对资料要求较高，需要使用全面资料。

（二）综合指数的具体形式

在综合指数的编制过程中，同度量因素固定时期不同，形成了不同计算形式的综合指数。

1. 同度量因素固定在基期的综合指数

若要反映多种商品价格的综合变动情况，就不能简单地直接加总，但可以找到与之对应的商品销售量，即

$$商品价格 \times 商品销售量 = 商品销售额$$
$$p \times q = pq$$

商品销售额具有可加性，如果直接将报告期和基期的商品销售总额对比，则得到如下公式，即

$$I_p = \frac{\sum p_1 q_1}{\sum p_0 q_0}$$

式中，p、q 分别表示商品的价格和销售量；0、1 分别表示基期和报告期；I 表示总指数。

上式总指数是商品价格和销售量两种因素共同变动作用的结果，反映的是商品销售总额的变动程度。如果只想反映商品价格的变动程度，则可将商品销售量作为同度量因素固定起来；若固定在基期的水平 q_0 上，就得到拉氏价格指数公式，即

$$I_p = \frac{\sum p_1 q_0}{\sum p_0 q_0}$$

同理，如果只想反映商品销售量的变动程度，则可将商品价格作为同度量因素固定起来，若固定在基期的水平 p_0 上，就得到拉氏销售量指数公式，即

$$I_q = \frac{\sum p_0 q_1}{\sum p_0 q_0}$$

以上公式是由德国统计学家拉斯贝尔于 1864 年提出的，故被称为拉氏公式。

【例 6 – 1】某商店三种商品销售情况如表 6 – 1 所示，试求拉氏价格指数和拉氏销售量指数。

表 6 – 1　某商店三种商品销售情况

商品名称	计量单位	销售量		价格/元		销售额/元			
		基期 q_0	报告期 q_1	基期 p_0	报告期 p_1	$p_0 q_0$	$p_1 q_1$	$p_0 q_1$	$p_1 q_0$
甲	支	400	600	0.25	0.20	100	120	150	80
乙	件	500	600	0.40	0.36	200	216	240	180
丙	个	200	180	0.50	0.60	100	108	90	120
合计	—	—	—	—	—	400	444	480	380

据表 6 – 1 资料，可得

$$I_P = \frac{\sum p_1 q_0}{\sum p_0 q_0} = \frac{380}{400} = 95\%$$

拉氏价格指数为

$$\sum p_1 q_0 - \sum p_0 q_0 = 380 - 400 = -20（元）$$

计算结果表明，三种商品的价格水平平均下降 5%，即价格下跌，使商品销售额减少 20 元，从消费者一方看，使居民少支出 20 元。

$$I_q = \frac{\sum p_0 q_1}{\sum p_0 q_0} = \frac{480}{400} = 120\%$$

拉氏销售量指数为

$$\sum p_0 q_1 - \sum p_0 q_0 = 480 - 400 = 80（元）$$

计算结果表明，三种商品的销售量平均增长 20%，即销售量增长使商店增加销售额 80 元，或居民由于多购买商品而增加支出 80 元。

由上述分析不难看出，在反映商品价格变动时，是以商品的销售量作为同度量因素的；在反映商品销售量变动时，是以商品的价格作为同度量因素的。由此可见，编制质量指标指数时，以数量指标作为同度量因素；编制数量指标指数时，以质量指标作为同度量因素。

同度量因素在综合指数中的作用体现在两个方面：一是起着同度量作用，即作为一种媒介，使原先度量单位不同而不能直接相加的现象数量，过渡到可以直接相加的现象数量；二是同时起着权数的作用，即起着权衡各个不同变量值在总体变动中的作用。也就是说，同度量因素比较大的变量值对总指数的影响程度也大；反之，则小。

2. 同度量因素固定在报告期的综合指数

该方法是由另外一位德国统计学家派许于 1874 年提出的，故又称为派氏指数，公式为

综合指数 2

派氏价格指数

$$I_p = \frac{\sum p_1 q_1}{\sum p_0 q_1}$$

派氏销售量指数

$$I_q = \frac{\sum p_1 q_1}{\sum p_1 q_0}$$

【例6-2】利用表6-1中的资料计算派氏指数。

派氏价格指数

$$I_p = \frac{\sum p_1 q_1}{\sum p_0 q_1} = \frac{444}{480} = 92.5\%$$

$$\sum p_1 q_1 - \sum p_0 q_1 = 444 - 480 = -36(元)$$

计算结果表明,三种商品的价格水平平均下降了7.5%,即价格下跌,使商店减少销售额36元,或居民少支出36元。

派氏销售量指数

$$I_q = \frac{\sum p_1 q_1}{\sum p_1 q_0} = \frac{444}{380} \approx 116.8\%$$

$$\sum p_1 q_1 - \sum p_1 q_0 = 444 - 380 = 64(元)$$

计算结果表明,三种商品的销售量平均增长16.8%,即销售量增长使商店销售额增加了64元。

计算价格指数的目的是测定商品价格的波动情况,以说明市场物价变动对人民生活的影响程度。如果用拉氏指数公式(即同度量因素固定在基期),则其分子与分母的差额说明物价的变动使居民按过去的购买量及其结构购买商品,多支出的金额,这显然没有什么现实意义。如果用派氏指数公式(即同度量因素固定在报告期),则公式的分子与分母的差额说明物价的变动使居民按目前的购买量及其结构购买商品,多支出的金额。可见,用派氏指数公式计算价格指数,比较符合价格指数的计算目的。销售量指数的计算目的在于反映销售量的变动,把价格固定在基期水平上意味着在原来价格水平的基础上测定销售量的综合变动是比较恰当的。因此,在编制销售量指数时,一般应采用基期的商品价格作为同度量因素。这种选择同时也是指数体系的要求。

3. 重要结论

通过上述的编制和分析,归纳得出编制综合指数的一般原则:在计算质量指标综合指数时,应采用报告期的数量指标作为同度量因素;在计算数量指标综合指数时,应采用基期质量指标作为同度量因素。

二、平均数指数的编制

(一) 平均数指数的概念和特点

平均数指数是计算总指数的另一种形式。它以个体指数为基础,采用加权平均形式编制总指数,以测定总体现象的平均变动程度。

平均数指数的基本特点是：先计算出各个单项事物的个体指数，然后对这些个体指数进行加权平均以求得总指数。加权的目的是衡量不同商品价格（或物量）的变动对总指数造成的不同影响。

（二）平均数指数的具体形式

1. 算术平均数指数

算术平均数指数按采用权数的形式不同可以分为基期权数的算术平均数指数和固定权数的算术平均数指数。

（1）基期权数的算术平均数指数。它是采用基期总量指标价值总额作为权数，对个体指数进行加权平均计算的指数。其公式为

$$I_q = \frac{\sum \frac{q_1}{q_0} p_0 q_0}{\sum p_0 q_0} = \frac{\sum k_q p_0 q_0}{\sum p_0 q_0}$$

$$I_p = \frac{\sum \frac{p_1}{p_0} p_0 q_0}{\sum p_0 q_0} = \frac{\sum k_p p_0 q_0}{\sum p_0 q_0}$$

【例 6-3】 根据表 6-1 中的资料，整理后，所得资料如表 6-2 所示。

表 6-2 某商店三种商品的销售额计算表

商品名称	计量单位	个体指数/%		销售额/元		
		销售量 k_q	价格 k_p/元	$p_0 q_0$	$k_q p_0 q_0$	$k_p p_0 q_0$
甲	支	150	80	100	150	80
乙	件	120	90	200	240	180
丙	个	90	120	100	90	120
合计	—	—	—	400	480	380

将表 6-2 中的资料代入基期权数形式的加权算术平均数指数的两个计算公式，得

$$I_q = \frac{\sum k_q p_0 q_0}{\sum p_0 q_0} = \frac{480}{400} = 120\%$$

$$I_p = \frac{\sum k_p p_0 q_0}{\sum p_0 q_0} = \frac{380}{400} = 95\%$$

上述计算结果与拉氏综合指数的计算结果一致，这说明基期权数形式的加权算术平均数指数可以看作拉氏综合指数的变形。但必须具备一个特定的条件，即以基期总值（$p_0 q_0$）为权数，并且两种形式指数包括的计算范围要完全一致。因此，掌握了各种个体指数（k_q 或 k_p），以及各物品的基期价值（$p_0 q_0$）资料时，就可以运用基期加权算术平均数公式来计算拉氏综合指数。通过基期价值（$p_0 q_0$）这个特定权数加权，可知加权算术平均数指数与拉氏综合指数的联系为

$$I_q = \frac{\sum k_q p_0 q_0}{\sum p_0 q_0} = \frac{\sum \frac{q_1}{q_0} p_0 q_0}{\sum p_0 q_0} = \frac{\sum p_0 q_1}{\sum p_0 q_0}$$

$$I_p = \frac{\sum k_p p_0 q_0}{\sum p_0 q_0} = \frac{\sum \frac{p_1}{p_0} p_0 q_0}{\sum p_0 q_0} = \frac{\sum p_1 q_0}{\sum p_0 q_0}$$

在我国统计实践中，数量指标指数一般用基期权数形式的加权算术平均数指数公式来计算。

（2）固定权数的算术平均数指数。在国内外广泛使用的加权算术平均数指数中，所用的权数并不是基期或报告期的价值指标（即 $p_0 q_0$ 或 $p_1 q_1$），而是采用某种固定权数（W）。固定权数是指某一个固定时期的权数，既可以根据全面调查资料，也可以采用各种有关抽样调查资料，用相对数（比重）的形式固定下来，在相当长的时期内一直使用，相当方便。如资本主义国家编制的工业生产指数，多采用工业部门增加值所占的比重资料来作为权数。固定权数形式的加权算术平均数指数公式为

$$I_q = \frac{\sum k_q W}{\sum W}$$

$$I_p = \frac{\sum k_p W}{\sum W}$$

式中，W 代表某一固定时期的权数。

2. 调和平均数指数

调和平均数指数按采用权数形式的不同也可以分为两种：报告期权数的调和平均数指数和固定权数的调和平均数指数。

（1）报告期权数的调和平均数指数。它是将报告期价值量作为权数，对个体指数进行加权平均计算的指数。其公式为

$$I_q = \frac{\sum p_1 q_1}{\sum p_1 q_1 \frac{q_0}{q_1}} = \frac{\sum p_1 q_1}{\sum p_1 q_1 \frac{1}{k_q}}$$

$$I_p = \frac{\sum p_1 q_1}{\sum p_1 q_1 \frac{p_0}{p_1}} = \frac{\sum p_1 q_1}{\sum p_1 q_1 \frac{1}{k_p}}$$

【例 6-4】根据表 6-1 所给资料，整理后，得资料如表 6-3 所示。

表 6-3 某商店三种商品的销售额计算表

商品名称	计量单位	个体指数/%		报告期销售额 $p_1 q_1$/元	$p_1 q_1 \frac{1}{k_q}$	$p_1 q_1 \frac{1}{k_p}$
		销售量 k_q	价格 k_p/元			
甲	支	150	80	120	80	150
乙	件	120	90	216	180	240
丙	个	90	120	108	120	90
合计	—	—	—	444	380	480

将表 6-3 中的资料代入报告期权数形式的加权调和平均数指数的两个计算公式，得

$$I_q = \frac{\sum p_1 q_1}{\sum p_1 q_1 \frac{1}{k_q}} = \frac{444}{380} \approx 116.8\%$$

$$I_p = \frac{\sum p_1 q_1}{\sum p_1 q_1 \frac{1}{k_p}} = \frac{444}{480} \approx 92.5\%$$

上述计算结果与派氏综合指数的计算结果相同。这是否说明这两种指数在方法上没有实质的区别呢？事实不是这样的。只有在特定的条件下，即两种形式指数包括的计算范围完全一致时，它们的计算结果才相同。也只有在这种条件下，报告期权数形式的加权调和平均数指数才是派氏综合指数的变形。因此，当掌握了各种个体指数和各物品的报告期价值资料时，就可以运用报告期加权调和平均数指数公式来计算派氏综合指数。通过报告期价值 ($p_1 q_1$) 这个特定权数加权，可知加权调和平均数指数与派氏综合指数的联系为

$$I_q = \frac{\sum p_1 q_1}{\sum p_1 q_1 \frac{1}{k_q}} = \frac{\sum p_1 q_1}{\sum p_1 q_1 \frac{q_0}{q_1}} = \frac{\sum p_1 q_1}{\sum p_1 q_0}$$

$$I_p = \frac{\sum p_1 q_1}{\sum p_1 q_1 \frac{1}{k_p}} = \frac{\sum p_1 q_1}{\sum p_1 q_1 \frac{p_0}{p_1}} = \frac{\sum p_1 q_1}{\sum p_0 q_1}$$

在我国统计实践中，质量指标指数一般采用报告期权数形式的加权调和平均数指数公式来计算。

（2）固定权数的调和平均数指数。这种加权调和平均数指数在实际工作中应用较少。其计算公式为

$$I_q = \frac{\sum W}{\sum \frac{1}{k_q} W}$$

$$I_p = \frac{\sum W}{\sum \frac{1}{k_p} W}$$

任务三　常用经济指数的编制

指数作为一种重要的经济分析指标和方法，在实践中获得了广泛应用。但在不同场合，往往需要运用不同的指数形式。一般而言，选择指数形式的主要标准应该是指数的经济分析意义，除此以外，有时还要求考虑实际编制工作的可行性，以及对指数分析性质的某些特殊要求。现以国内外常见的主要经济指数为例，对指数方法的具体应用加以介绍。

一、工业生产指数

工业生产指数是反映工业生产发展变化的相对数，其实质是用综合法计算的工业产品产量总指数。工业生产指数是衡量经济增长水平的重要指标之一，长期以来受到世界各国政府的重视。

每个国家编制工业生产指数的方法都不尽相同。在我国，工业生产指数是通过计算各种工业产品的不变价格产值来编制的。其基本编制过程是：

（1）对各种工业产品分别制定相应的产品不变价格标准（p_n）。

（2）逐项计算各种产品的不变价格产值，对其进行加总就得到全部工业产品的不变价格总产值；将不同时期的不变价格总产值加以对比，就得到相应时期的工业生产指数。其计算公式为

$$\text{工业生产指数} = \frac{\sum q_1 p_n}{\sum q_0 p_n}$$

采用不变价格法编制工业生产指数的特点是：只要具备了完整的不变价格产值资料，就能够很容易地计算出有关生产指数；而且可以在不同层次上（如各地区、各部门、各企业等）进行编制，以满足各方面的分析需要。

然而，不变价格的制定和不变价格产值的计算本身却是一项非常烦琐的工作，这项工作又必须连续不断地、全面地展开，其难度可想而知。尤其是在市场经济条件下，要在整个工业生产领域内运用不变价格计算完整的产值资料，面临着很多实际的问题。因此，随着我国国民经济的市场化，工业生产指数编制方法的改革也势在必行。

与我国的情况不同，在国外，较为普遍地采用平均指数的形式来编制工业生产指数。其计算公式为

$$k_q = \sum k_{qi} \frac{p_0 q_0}{\sum p_{0i} q_{0i}}$$

式中，k_{qi} 为工业品的 i 个体产量指数；$p_{0i} q_{0i}$ 为相应产品的基期产值。编制这种工业生产指数的目的是说明工业产值中物量因素的综合变动程度，其分析意义与一般的工业总产量指数是有区别的。

在实践中，为了简化指数的编制工作，常以各种工业品的产值比重作权数，并且将这种比重权数相对固定起来，连续地编制各个时期的工业生产指数，这种固定的方法有些类似于零售物价指数的编制。其计算公式为

$$k_q = \sum k_q W_i, \quad W_i = \frac{p_t q_t}{\sum p_t q_t}$$

这里运用的是固定权数的加权算术平均指数。

二、零售价格指数

零售价格指数（Retail Price Index）是反映城乡商品零售价格变动趋势的一种经济指数。它的变动直接影响城乡居民的生活支出和国家财政收入，影响居民购买力和市场供需平衡以及消费和积累的比例。因此，零售价格指数是观察和分析经济活动的重要工具之一。

根据不同需要，可以编制不同的零售价格指数。比如，可就城、乡分别编制零售价格指数，也可以编制地区零售价格指数以及零售商品分类价格指数。现将我国零售商品价格指数编制中的一些主要问题说明如下：

（一）代表规格品的选择

全社会零售商品的种类多达上百种，要编制包括全部商品的零售价格指数显然是不可能的。因此，在编制价格指数时，只能选择部分具有代表性的商品。首先，应对商品进行科学的分类；在此基础上，分别选择能代表各类别的代表规格品。例如，我国目前对消费品分为食品类、饮料和烟酒类、服装和鞋帽类、纺织品类、中西药品类、化妆品类、书报杂志类、文化体育用品类、日用品类、家用电器类、首饰类、燃料类、建筑装潢类、机电产品类 14

个大类。大类下又分小类,小类下分若干商品细目。

(二) 典型地区的选择

全国零售价格总指数用于反映全社会零售商品价格的总体变动水平。但要包括所有的地区这是不可能的,一般选择部分具有代表性的地区来编制价格指数。典型地区的选择既要考虑其代表性,也要注意类型上的多样性以及地区分布上的合理性和稳定性。

(三) 商品价格的确定

全社会零售价格总指数包括了商品牌价、议价和市价等因素。对所选代表性商品使用的是全社会综合平均价。一种商品的综合平均价是该商品在一定时期内的牌价、议价、市价的加权平均,其权数是各种价格形式的商品零售量或零售额。根据每种代表品基期和报告期的综合平均价,计算每种商品的价格指数,以此作为计算类指数的依据。

(四) 权数的确定

我国目前的零售价格总指数是采用加权算术平均形式计算的,其权数是根据上年商品零售额资料,并根据当年住户调查资料予以调整后确定的。在确定权数时,先确定各大类权数,再确定小类权数,最后确定商品权数。权数均以百分比表示,各层权数之和等于100。为便于计算,权数一律取整数。

(五) 指数的计算

从1985年起,我国开始采用部分商品平均价格法来计算全社会商品零售价格总指数。其计算公式为

$$I_p = \frac{\sum kW}{\sum W}$$

式中,k 为个体指数或各层的类指数;W 为各层零售额比重权数。

具体计算过程是:先分别计算出各代表规格品基期和报告期的全社会综合平均价,并计算出相应的价格指数,然后分层逐级计算小类、中类、大类和总指数。

【例6-5】现以部分资料(见表6-4)来说明价格总指数的编制和计算过程。

表6-4 零售价格总指数计算表

商品类别及名称	代表规格品	计量单位	平均价格/元 p_0	平均价格/元 p_1	权数(W)/%	指数k/%	kW
总指数					100	115.1	1 151.4
一、食品类					51	117.5	5 992.5
1. 粮食					35	105.3	3 685.5
细粮					65	105.6	6 864.0
面粉	标准	千克	2.40	2.52	40	105.0	4 200.0
大米	粳米标一	千克	3.50	3.71	60	106.0	6 360.0
粗粮					35	104.8	3 668.0
2. 副食品					45	125.4	5 643.0
3. 烟酒茶					11	126.0	1 368.0
4. 其他食品					9	114.8	1 033.2

续表

商品类别及名称	代表规格品	计量单位	平均价格/元 p_0	p_q	权数(W)/%	指数 k/%	kW
二、衣着类					20	115.2	2 304.0
三、日用品类					11	109.5	1 204.5
四、文化娱乐用					5	110.4	552.0
五、书报杂志类					2	108.6	217.2
六、药及医疗用品类					6	116.4	698.4
七、建筑装潢材料类					2	114.5	229.0
八、燃料类					3	105.6	316.8

(1) 计算出各代表规格品的价格指数。如面粉价格指数为

$$k = \frac{p_1}{p_0} = \frac{2.52}{2.40} = 105.0\%$$

(2) 根据各代表规格品的价格指数及给出的相应权数,加权算术平均计算小类指数。如细粮类价格指数为

$$I_p = \frac{\sum kW}{\sum W} = \frac{105.0\% \times 40 + 106.0\% \times 60}{100} = 105.6\%$$

(3) 根据小类指数及相应权数,加权算术平均计算中类指数。如粮食类价格指数为

$$I_p = \frac{\sum kW}{\sum W} = \frac{105.6\% \times 65 + 104.8\% \times 35}{100} = 105.3\%$$

(4) 根据各中类指数及相应权数,加权算术平均计算大类指数。如食品类价格指数为

$$I_p = \frac{\sum kW}{\sum W} = \frac{105.3\% \times 35 + 125.4\% \times 45 + 126.0\% \times 11}{100}$$

$$= 114.8\% \times 9$$

$$= 117.5\%$$

(5) 根据各大类指数及相应的权数,加权算术平均计算总指数,即

$$I_p = \frac{\sum kW}{\sum W}$$

$$= \frac{117.5\% \times 51 + 115.2\% \times 11 + 109.5\% \times 11 + 108.6\% \times 2 + 116.4\% \times 6 + 114.5\% \times 2 + 105.6\% \times 3}{100}$$

$$= 115.1\%$$

三、消费价格指数

消费者价格指数(又称生活费用指数)是综合反映城乡居民购买并用于消费的消费品及服务价格水平的变动情况,并用来反映通货膨胀程度,通常简记为CPI。从2001年起,我国采用国际通用做法,逐月编制并公布居民消费价格指数,作为反映我国通货膨胀(或

紧缩）程度的主要指标。

通过这一指数，可以观察消费价格的变动水平及对消费者货币支出的影响，研究实际收入和实际消费水平的变动状况。通过城镇居民消费价格指数，可以分析生活消费品和服务项目价格变动对职工货币工资的影响，进而为研究职工生活和制定工资政策提供依据。

消费价格指数是反映一定时期内城乡居民所购买的生活消费价格和服务项目价格的变动趋势和程度的一种相对数。居民消费价格指数可就城、乡分别编制城市居民消费价格指数和农民居民消费价格指数，也可就全社会编制全国居民消费价格总指数。城市居民消费价格指数是反映城市职工及其家庭所购买的生活消费品和服务项目价格变动趋势和程度的相对数，其编制过程与零售价格指数类似，但内容有所不同。消费价格指数包括消费品价格和服务项目价格两个部分。编制该指数时，首先，要对消费品和服务项目进行分类，并选择代表消费品和服务项目。目前的居民消费价格指数分为食品类、衣着类、家庭设备及用品类、医疗保健用品类、交通和通信工具类、娱乐教育文化用品类、居住类、服务项目类等。其中，服务项目分为房租、水电费、交通费、邮电费、医疗保健费、学杂保育费、文娱费、修理费及其服务费八大类。对于该指数中的权数，原则上应采用居民消费支出的构成资料，但由于数据来源的限制，目前仍根据社会商品零售额和服务行业的营业额来确定。其次，分别求出消费品价格指数和服务价格指数，并将二者进行加权平均汇总。其计算公式为

$$I_p = \frac{\sum kW}{\sum W}$$

式中，k 为类指数，W 为权数，分别为消费品零售价格和服务项目营业额占二者总和的比重。

居民消费价格指数除了能反映城乡居民所购买的生活消费品和服务项目价格的变动趋势和程度外，还有以下几个方面的作用：

（1）反映通货膨胀状况。通货膨胀的严重程度是用通货膨胀率来反映的，它说明了一定时期内商品价格持续上升的幅度。通货膨胀率一般以居民消费价格指数来表示。其计算公式为

$$通货膨胀率 = \frac{报告期居民消费价格指数 - 基期居民消费价格指数}{基期居民消费价格指数} \times 100\%$$

（2）反映货币购买力变动。货币购买力是指单位货币能够购买到的消费品和服务的数量。居民消费价格指数上涨，货币购买力下降；反之，则上升。因此，居民价格消费价格指数的倒数就是货币购买力指数。其计算公式为

$$货币购买力指数 = \frac{1}{居民消费价格指数} \times 100\%$$

（3）反映对职工实际工资的影响。消费价格指数的提高意味着职工实际工资的减少，消费价格指数下降则意味着职工实际工资的提高。因此，利用消费价格指数可以将职工名义工资转化为职工实际工资。其计算公式为

$$职工实际工资 = \frac{职工名义工资}{消费价格指数}$$

四、股票价格指数

股票在最初发行时,通常是按面值出售的。股票面值是指股票票面上所标明的金额。但股票在证券市场上交易时,就出现了与面值不一致的市场价格。股票价格(简称股价)一般是指股票在证券市场上交易时的市场价格。股票价格是一个时点值,有开盘价、收盘价、最高价、最低价等,但通常以收盘价作为该种股票当天的价格。股票价格受多种因素的影响,正常情况下与两个直接因素相关:一是预期股息;二是银行利息率。股票价格的高低与预期股息成正比,与银行利息率成反比。因此,股票价格的形成可以用下列公式表示,即

$$股票价格 = \frac{票面价值 \times 预期股息}{存款利息率}$$

股票市场上每时每刻都有多种股票进行交易,且价格各异,有跌有涨。用某一种股票的价格显然不能反映整个股票市场的价格变动,这就需要计算股价平均数和股票价格指数。

(一) 股票价格平均数

股票价格平均数是股票市场上多种股票在某一时点上的算术平均值,一般以收盘价来计算。其计算公式为

$$股票价格平均数 = \frac{1}{n} \sum p_i$$

式中,p_i 为第 i 种股票的收盘价;n 为样本股票数。

因股票市场上股票交易品种繁多,所以股价平均数(股票价格指数也是一样的)只能就样本股票来计算。但所选择的样本股票必须具有代表性和敏感性。代表性是指在种类繁多的股票中,既要选择不同行业的股票,又要选择能代表该行业股价变动趋势的股票;敏感性是指样本股票价格的变动能敏感地反映出整个股市价格的升降变化趋势。

(二) 股票价格指数

股票价格指数是反映某一股票市场上多种股票价格变动趋势的一种相对数,简称股价指数,其单位一般以"点"表示,即将基期指数作为100,每上升或下降一个单位称为上涨或下跌了"1点"。

股票价格指数的计算方法很多,但一般以发行量为权数进行加权综合。其计算公式为

$$I_p = \frac{\sum p_{1i} q_i}{\sum p_{0i} q_i}$$

式中,p_{1i} 为第 i 种样本股票报告期价格;p_{0i} 为第 i 种股票基期价格;q_i 为第 i 种股票的发行量,可以确定为基期,也可以确定为报告期,但大多数股价指数是以报告期发行量为权数计算的。

【例6-6】有三种股票的价格和发行量资料如表6-5所示,试计算股票价格指数。

表6-5 三种股票的价格和发行量资料

股票名称	基期价格/元	本日收盘价/元	报告期发行量/万股
A	25	26.5	3 500
B	8	7.8	8 000
C	12	12.6	4 500

根据表 6-5 资料，得股价指数为

$$I_p = \frac{\sum p_{1i}q_i}{\sum p_{0i}q_i} = \frac{26.5 \times 3\,500 + 7.8 \times 8\,000 + 12.6 \times 4\,500}{25 \times 3\,500 + 8 \times 8\,000 + 12 \times 4\,500}$$
$$= 103.09\%$$

即股价指数上涨了 3.09 点。

目前，世界各国的主要证券交易所都有自己的股票价格指数，比如，美国的道琼斯股票价格指数和标准普尔股票价格指数、伦敦金融时报指数、法兰克福 DAX 指数、巴黎 CAC 指数、瑞士的苏黎世 SMI 指数、日本的日京指数、香港的恒生指数等。我国的上海证券交易所和深圳证券交易所也编制了自己的股票价格指数，如上海证券交易所的综合指数和 30 指数、深圳证券交易所的成分股指数和综合指数等。

五、农副产品收购价格指数

农副产品收购价格指数旨在反映各种农副产品收购价格的综合变动程度，由此可以得知收购价格变化对农业生产者收入和商业部门支出的影响。

我国的农副产品收购价格指数的编制方法是：从 11 类农副产品中选择 276 种主要产品，以它们各自的报告期收购额作为权数，加权调和平均得到各类别的农副产品收购价格指数和农副产品收购价格总指数。其计算公式为

$$I_p = \frac{\sum p_1 q_1}{\sum \dfrac{1}{k_p} p_1 q_1}$$

式中，k_p 为入编指数的各种农副产品的个体价格指数。

采用加权调和平均法的原因在于：农副产品的收购季节性强，时间比较集中，产品品种相对较少，在期末能够较迅速地取得各种农副产品收购额和代表规格品的价格资料。

六、产品成本指数

产品成本指数概括反映生产各种产品的单位成本水平的综合变动程度，它是企业或部门内部进行成本管理的一个有用工具。记各种产品的产量为 q，单位成本为 p，则全部可比产品（即基期实际生产过且计算期仍在生产的产品）的综合成本指数通常采用派氏指数来编制，即

$$I_p = \frac{\sum p_1 q_1}{\sum p_0 q_1}$$

该指数的分子与分母之差，可以表示单位成本水平的降低（或提高），使得计算期所生产的那些产品的成本总额节约（或超支）了多少。

类似地，在对成本水平实施计划管理的场合，还可以编制相应的成本计划完成情况指数，用以检查有关成本计划的执行情况。其编制方法可以采用派氏公式，即

$$I_p = \frac{\sum p_1 q_1}{\sum p_n q_1}$$

式中，p_n 为计划规定的单位成本水平。该指数的分子与分母之差，可以说明计划执行过程

中所节约（或超支）的成本总额。

不过，在同时制订了产量计划的条件下，应该采用拉氏公式来编制成本计划完成情况指数，即

$$I_p = \frac{\sum p_1 q_n}{\sum p_n q_n}$$

式中，q_n 为计划规定的产量水平。该指数可以在兼顾产量计划的前提下来检查成本计划执行情况，即避免由于片面追求完成成本计划而破坏产量计划。但在企业按照市场需求组织生产，没有制订产量计划或不要求恪守产量计划指标的情况下，上面的拉氏指数就失效了。

任务四　指数体系与因素分析

一、指数体系的概念和作用

（一）指数体系的概念

指数体系的概念有广义和狭义两种理解。广义上，指数体系是指由若干个经济上具有一定联系的指数所构成的一个整体。狭义上，指数体系是指经济上具有一定联系且数量上具有一定对等关系的三个或三个以上的指数所构成的整体。显然，狭义指数体系概念强调指数间的数量对等关系。

社会经济现象不是孤立存在的，很多现象之间具有数量上的联系。

例如，销售额指数 = 销售量指数 × 销售价格指数。其计算公式为

$$\frac{\sum q_1 p_1}{\sum q_0 p_0} = \frac{\sum q_1 p_0}{\sum q_0 p_0} \times \frac{\sum q_1 p_1}{\sum q_1 p_0}$$

$$\sum q_1 p_1 - \sum q_0 p_0 = \left(\sum q_1 p_0 - \sum q_0 p_0\right) + \left(\sum q_1 p_1 - \sum q_1 p_0\right)$$

（二）指数体系的作用

（1）指数体系对编制综合指数具有一定的指导意义。

从国内外目前的指数编制实践来看，国家和区域一级的宏观经济指数的计算方法一般采用平均指数形式，综合指数方法则基本局限在微观领域对股票价格、单位产品成本等现象的变动考察。在这种情况下，综合指数的应用宜遵从这样的原则：质量指标指数的编制采用报告期的数量指标作为同度量因素较合理；数量指标指数则应以基期质量指标作为同度量因素。换言之，质量指标指数的计算宜采用派氏公式；数量指标指数的编制须采用拉氏公式。

该原则确定的基本依据是：在微观领域中，人们通常首先关心诸如价格、单位成本、原材料单耗、劳动生产率等具有质量指标属性的内容，而此时指数的计算结果能否较好地体现出现实经济意义，就成为主要的考虑因素。并且，对微观领域来说，统计和会计等经济核算也相对比较及时，获得资料的难度相对较小。因此，质量指标指数的编制选取派氏公式是合适的。而为了保证指数体系的成立，数量指标指数的编制就只得采用拉氏公式。

(2) 利用指数体系可以进行现象之间数量关系的相互推算。

在实际工作中，往往缺少一些必要的统计资料，而按照现象之间的动态联系，利用指数体系常可以将它们推算出来。

【例 6-7】 某百货商店上期销售收入为 525 万元，本期要求达到 550 万元。预计本期的销售价格会平均下降 2%。问：该商店商品销售量要增加多少，才能使本期的销售达到原定的目标？

此时，根据题意，可以建立如下指数体系，即

$$商品总销售额指数 = 销售价格指数 \times 商品销售量指数$$

由此可得

$$商品销售量指数 = \frac{商品总销售额指数}{销售价格指数} = \frac{\frac{550}{525}}{100\% - 2\%} \approx 106.90\%$$

计算结果表明，该商店本期商品销售量至少要增加 6.9%，才能使商品销售额在销售价格降低 2% 的情况下达到 550 万元的目标。

(3) 利用指数体系可以分析现象总变动中各个因素变动对其影响的程度，即利用指数体系进行因素分析。

二、总量指标的因素分析

(一) 总量指标指数体系

利用指数体系进行因素分析，必须保持指数间对等的数量关系。在采用假定方法计算时，各因素指数的同度量因素必须配套。于是，总指数体系会形成若干种不同的表现形式。总量指标变动的两因素分析配套公式如下：

1. 第一种形式的指数体系（或称第一套指数体系）

$$\frac{\sum q_1 p_1}{\sum q_0 p_0} = \frac{\sum q_1 p_0}{\sum q_0 p_0} \times \frac{\sum q_1 p_1}{\sum q_1 p_0}$$

而因素影响差额之间的关系为

$$\sum q_1 p_1 - \sum q_0 p_0 = \left(\sum q_1 p_0 - \sum q_0 p_0 \right) + \left(\sum q_1 p_1 - \sum q_1 p_0 \right)$$

2. 第二种形式的指数体系（或称第二套指数体系）

$$\frac{\sum q_1 p_1}{\sum q_0 p_0} = \frac{\sum q_1 p_1}{\sum q_0 p_1} \times \frac{\sum q_0 p_1}{\sum q_0 p_0}$$

其因素影响差额之间的关系为

$$\sum q_1 p_1 - \sum q_0 p_0 = \left(\sum q_1 p_1 - \sum q_0 p_1 \right) + \left(\sum q_0 p_1 - \sum q_0 p_0 \right)$$

在以上两种不同形式的总指数体系中，各因素指数采用的假定方法都配套，即数量指标综合指数和质量指标综合指数一个为拉氏指数，另一个则必须为派氏指数，因而两种不同形式的指数体系都保持了指数间的对等关系。具体地，第一套指数体系中数量指标指数的同度量因素采用基期质量指标，质量指标指数的同度量因素采用报告期数量指标，从而得以配

套。在第二套指数体系中，数量指标指数的同度量因素采用报告期质量指标，质量指标指数的同度量因素采用基期数量指标，同样得以配套。在我国统计实践中，通常使用第一套指数体系，即遵循综合指数编制的一般原则进行因素分析。

（二）总量指标的两因素分析

总量指标的两因素分析就是通过总量指标指数体系将影响总量指标变动的两个因素分离出来加以计算，从而对总量指标的变动做出解释。

【例 6 – 8】 现以表 6 – 1 的资料为例，说明总量指标两因素的分析方法。这里仅以第一套指数体系为例加以介绍。

1. 计算出销售额的总变动

销售额总指数：$I_{qp} = \dfrac{\sum q_1 p_1}{\sum q_0 p_0} = \dfrac{444}{400} = 111\%$

销售额增加数：$\sum q_1 p_1 - \sum q_0 p_0 = 444 - 400 = 44(元)$

计算结果表说明，报告期三种商品的总销售额比基期增长 11%，增加的金额为 44 元。

2. 分析销售额总变动的具体原因

通过销售额指数体系，把销售额的变动归结为销售量和商品价格两个因素变动共同作用的结果。分析销售额总变动的具体原因，就是利用指数体系分离出销售量的变动和价格的变动对销售额变动的影响方向、程度和实际效果。具体分析过程如下：

（1）销售量变动影响。其具体情况为

销售量指数：$I_q = \dfrac{\sum q_1 p_0}{\sum q_0 p_0} = \dfrac{480}{400} = 120\%$

对销售额的影响：$\sum q_1 p_0 - \sum q_0 p_0 = 480 - 400 = 80(元)$

计算结果表明，报告期商品销售额的变动使商品销售额增长 20%，由此引起的商品销售额增加的金额为 80 元。

（2）物价变动的影响。其具体情况为

价格指数：$I_p = \dfrac{\sum q_1 p_1}{\sum q_1 p_0} = \dfrac{444}{480} = 92.5\%$

对销售额的影响：$\sum q_1 p_1 - \sum q_1 p_0 = 444 - 480 = -36(元)$

计算结果表明，物价的变动使报告期三种商品的总销售额比基期下降了 7.5%，由此引起的商品销售额减少的绝对额为 36 元。

将上述分析使用的指数体系代入数据，可表示如下，即

$$111\% = 120\% \times 92.5\%$$

其因素影响的绝对值之间的关系为

$$44 元 = 80 元 + (-36 元)$$

通过上述分析可以看出，该商店三种商品的销售额报告期比基期增长 11%，是由销售量增长 20% 与价格下降 7.5% 共同引起的。商品销售额增进 44 元，是销售量变动使其增加 80 元和价格变动使其减少 36 元共同影响的。在本资料的销售量和价格这两因素中，前者对销售额是正影响，后者是负影响。

(三) 总量指标变动的多因素分析

在具体分析任务的要求下,总量指标指数体系可以由更多的指数组成,用以分析多因素变动对现象总体变动的影响程度,说明总体现象变动的具体原因。例如,工业企业原材料支出总额的变动可以分解为产品产量、单位产品原材料消耗量和单位原材料价格三个因素的变动影响,因此,也就需要编制原材料支出总额指数及其包括的三个因素指数形成的总量指标指数体系,来进行多因素变动的分析。

由于多因素现象的指标体系包含的现象因素较多,因此相应指数的编制过程比较复杂,以下两点是编制多因素指数时需要加以注意的原则:

(1) 在编制多因素指标组成的综合指数时,为了测定某一因素指标的变动影响,要把其他所有因素都固定。

(2) 对综合指数中各因素要按合理顺序排列,一般是数量指标在前,质量指标在后;主要指标在前,次要指标在后。总之,要根据所研究现象的经济内容,依据各因素之间的内在联系加以具体确定。例如,就工业企业原材料支出总额的组成因素的排列顺序而言,要按产品产量、单位产品原材料消耗量(简称单耗)、单位原材料价格的顺序排列。如

原材料支出总额 = 产品产量 × 单耗 × 单位原材料价格

在上述公式中,产品产量与单耗的乘积为原材料消耗量,它具有经济意义;而单耗与单位原材料价格的乘积表示单位产品原材料的消耗额,也具有经济意义。可见上述公式中各因素的排列顺序,能够保持它们之间彼此适应和互相结合是合理的。

在进行多因素分析时,同样要保持多因素指数体系中的配套与数量对等关系,也可以建立几套指数体系。在此,仅以工业企业原材料支出总额三因素分析中第一套指标体系为例加以介绍,设 q、m、p 分别代表产品产量、单耗和单位原材料价格,则原材料支出总额指数体系及绝对量关系式为

$$\frac{\sum q_1 m_1 p_1}{\sum q_0 m_0 p_0} = \frac{\sum q_1 m_0 p_0}{\sum q_0 m_0 p_0} \times \frac{\sum q_1 m_1 p_0}{\sum q_1 m_0 p_0} \times \frac{\sum q_1 m_1 p_1}{\sum q_1 m_1 p_0}$$

$$\sum q_1 m_1 p_1 - \sum q_0 m_0 p_0 = (q_1 m_0 p_0 - \sum q_0 m_0 p_0) + (\sum q_1 m_1 p_0 - q_1 m_0 p_0) + (\sum q_1 m_1 p_1 - \sum q_1 m_1 p_0)$$

【例 6-9】 设某企业三种产品产量、单耗和单位原材料价格的相关资料,以及原材料支出总额的计算资料分别如表 6-6 和表 6-7 所示。

根据表上资料,可以分析原材料支出总额的变动情况及其原因。

(1) 原材料支出总额的变动情况,即

原材料支出总额指数:

$$I_{qmp} = \frac{\sum q_1 m_1 p_1}{\sum q_0 m_0 p_0} = \frac{48\,990}{37\,950} \approx 129.09\%$$

原材料支出实际总差额:

$$\sum q_1 m_1 p_1 - \sum q_0 m_0 p_0 = 48\,990 - 37\,950 = 11\,040(元)$$

计算结果表明,该工厂报告期原材料支出总额比基期增长 29.09%,增加金额(即多用)11 040 元。

表 6-6 三种产品产量、单耗和单位原材料价格的相关资料

产品名称	产量/台 基期 q_0	产量/台 报告期 q_1	材料名称	单位原材料消耗量/公斤 基期 m_0	单位原材料消耗量/公斤 报告期 m_1	单位原材料价格/元 基期 p_0	单位原材料价格/元 报告期 p_1
甲	50	60	A	150	145	3	3.1
乙	50	50	B	62	65	1.5	1.8
丙	150	200	C	90	90	0.8	0.85

表 6-7 三种产品原材料支出总额的计算资料

产品名称	原材料支出总额/元 $q_0 m_0 p_0$	$q_1 m_0 p_0$	$q_1 m_1 p_0$	$q_1 m_1 p_1$
甲	22 500	27 000	26 100	27 840
乙	4 650	4 650	4 875	5 850
丙	10 800	14 400	14 400	15 300
合 计	37 950	46 050	45 375	48 990

（2）产量变动影响情况，即

产量指数：

$$I_q = \frac{\sum q_1 m_0 p_0}{\sum q_0 m_0 p_0} = \frac{46\ 050}{37\ 950} \approx 121.34\%$$

产量影响差额：

$$\sum q_1 m_0 p_0 - \sum q_0 m_0 p_0 = 46\ 050 - 37\ 950 = 8\ 100（元）$$

计算结果表明，产量增加使原材料支出额增长 21.34%，多支出费用 8 100 元。

（3）单位产品原材料消耗量变动影响，即

产品单耗指数：

$$I_m = \frac{\sum q_1 m_1 p_0}{\sum q_1 m_0 p_0} = \frac{45\ 375}{46\ 050} \approx 93.53\%$$

产品单耗影响差额：

$$\sum q_1 m_1 p_0 - \sum q_1 m_0 p_0 = 45\ 375 - 46\ 050 = -675（元）$$

计算结果表明，单位产品原材料消耗量的降低使原材料支出额下降 1.47%，少支出 675 元。

（4）单位原材料价格变动影响，即

原材料价格指数：

$$I_p = \frac{\sum q_1 m_1 p_1}{\sum q_1 m_1 p_0} = \frac{48\ 990}{45\ 375} \approx 107.97\%$$

原材料价格影响差额:
$$\sum q_1 m_1 p_1 - \sum q_1 m_1 p_0 = 48\ 990 - 45\ 375 = 3\ 615（元）$$

计算结果表明,原材料价格提高,使原材料支出额增加7.97%,绝对额增加3 615元。

以上各指数之间的关系为
$$129.09\% \approx 121.34\% \times 98.53\% \times 107.97\%$$

其因素影响差额之间的关系为
$$11\ 040（元）= 8\ 100 + (-675) + 3\ 615$$

可见,原材料支出总额增加29.09%(绝对额为11 040元)是由于产品产量、单耗、单位原材料价格三个因素分别影响增支21.34%(或8 100元)、-1.47%(或-675元)、7.97%(或3 615元)共同变动共同作用而造成的。

通过相对数和绝对数两个方面的分析,影响超支的因素一目了然,便于管理者找出控制成本费用的方法,改善企业的经营管理。事实上,因素分析作为一个非常有用的统计分析方法,可以被引入企业财务分析等诸多领域。

多因素指数分析方法和前面的两因素分析方法基本类似,只是由于研究目的和要求不同,对影响现象的因素分解程度不同。因此,通过因素之间的合并,多因素指数体系可以变成两因素指数体系。如上例,若把单耗与单位原材料价格合并,上述指数体系则变成了单位产品原材料消耗额和产品产量两因素构成的指数体系。相反,我们也可根据实际经济分析的需要把两因素进一步分解为多个因素。明确了这个道理,也就掌握了多因素指数体系的应用。

三、平均指标变动的因素分析

由于现象的总平均水平通常是在分组条件下用加权算术平均数计算得到的,既受各组平均指标变动的影响,又受各组总体单位数所占比重变动的影响,因此分析总平均水平的变动可以用指数法。

总平均数指数称为可变构成指数,组平均数影响的指数称为固定构成指数,各组结构对总平均数影响的指数称为结构影响指数。

可变构成指数的计算公式为

$$可变构成指数 = \frac{\bar{x}_1}{\bar{x}_0} = \frac{\dfrac{\sum x_1 f_1}{\sum f_1}}{\dfrac{\sum x_0 f_0}{\sum f_0}}$$

该指数受两个因素变动的共同影响:

(1) 各组平均水平 x 变动的影响;

(2) 总体结构 $f/\sum f$ 的影响。

为了了解上述两个因素各自对总平均水平变动所产生影响的程度,可以根据因素分析的原理进行因素分析。

固定构成指数:单纯反映各组平均水平变动影响程度的指数(同度量因素为总体结构,且固定在报告期)。其计算公式为

$$\text{固定构成指数} = \frac{\dfrac{\sum x_1 f_1}{\sum f_1}}{\dfrac{\sum x_0 f_1}{\sum f_1}}$$

结构变动影响指数：反映总体结构变化对总平均水平变动影响程度的指数（同度量因素为各组平均水平，且固定在基期）。其公式为

$$\text{结构变动影响指数} = \frac{\dfrac{\sum x_0 f_1}{\sum f_1}}{\dfrac{\sum x_0 f_0}{\sum f_0}}$$

可变构成指数、固定构成指数、结构变动影响指数的指数体系为

$$\frac{\dfrac{\sum x_1 f_1}{\sum f_1}}{\dfrac{\sum x_0 f_0}{\sum f_0}} = \frac{\dfrac{\sum x_1 f_1}{\sum f_1}}{\dfrac{\sum x_0 f_1}{\sum f_1}} \times \frac{\dfrac{\sum x_0 f_1}{\sum f_1}}{\dfrac{\sum x_0 f_0}{\sum f_0}}$$

$$\frac{\sum x_1 f_1}{\sum f_1} - \frac{\sum x_0 f_0}{\sum f_0} = \left(\frac{\sum x_1 f_1}{\sum f_1} - \frac{\sum x_0 f_1}{\sum f_1}\right) + \left(\frac{\sum x_0 f_1}{\sum f_1} - \frac{\sum x_0 f_0}{\sum f_0}\right)$$

【例 6-10】某企业有三个生产车间，基期和报告期各车间的职工人数和劳动生产率资料如表 6-8 所示。试分析该企业劳动生产率的变动及其原因。

表 6-8 某企业职工人数和劳动生产率资料

车间	职工人数/人		劳动生产率/（万元·人$^{-1}$）		总产值/万元		
	基期 f_0	报告期 f_1	基期 x_0	报告期 x_1	基期 $x_0 f_0$	报告期 $x_1 f_1$	假定 $x_0 f_1$
一车间	200	240	4.4	4.5	880	1 080	1 056
二车间	160	180	6.2	6.4	992	1 152	1 116
三车间	150	120	9.0	9.2	1 350	1 104	1 080
合计	510	540	6.32	6.18	3 222	3 336	3 252

劳动生产率可变构成指数为

$$\frac{\dfrac{\sum x_1 f_1}{\sum f_1}}{\dfrac{\sum x_0 f_0}{\sum f_0}} = 6.18 \div 6.32 \approx 97.78\%$$

各车间劳动生产率变动影响指数为

$$\frac{\frac{\sum x_1 f_1}{\sum f_1}}{\frac{\sum x_0 f_1}{\sum f_1}} = 6.18 \div 6.02 \approx 102.66\%$$

各车间职工人数变动影响指数为

$$\frac{\frac{\sum x_0 f_1}{\sum f_1}}{\frac{\sum x_0 f_0}{\sum f_0}} = 6.02 \div 6.32 \approx 95.25\%$$

三者之间的相对数量关系为

$$97.78\% \approx 102.66\% \times 95.25\%$$

该企业劳动生产率变动额 = 6.18 - 6.32 = -0.14（万元）
各车间劳动生产率变动影响额 = 6.18 - 6.02 = 0.16（万元）
各车间职工人数变动影响额 = 6.02 - 6.32 = -0.30（万元）

三者之间的关系为

$$-0.14 = 0.16 - 0.30 \text{（万元）}$$

报告期同基期相比，企业总的劳动生产率下降了 2.22%，人均下降 0.14 万元；各车间劳动生产率的提高使企业总的生产率提高了 2.66%，人均提高 0.16 万元；各车间职工人数结构的变化，使企业总的劳动生产率下降了 4.75%，人均下降 0.3 万元。

★案例分析

股票价格指数的编制

世界上重要的股票价格指数主要有美国的道琼斯股票价格指数、纳斯达克股票价格指数、标准普尔股票价格指数、伦敦金融时报指数、日经道指数以及香港恒生指数等。下面选择两个有代表性的加以说明。

道琼斯股票价格指数是国际上最有影响、引用最广泛的一种股票价格指数，它可以溯源于 1884 年。目前，该指数发表在《华尔街日报》上，共分四组：30 种工业股价指数、20 种运输业股价指数、15 种公用事业股价指数和综合股价指数。其中，使用最多的是工业股价指数，它是基于 30 种最有代表性的大工业公司的股票，采用修正的简单算术平均形式进行计算，以 1928 年 10 月 1 日为基期，基期平均数为 100，以后各期的股票价格同基期相比计算出的百分数，即为各期的股价指数。在纽约证券交易所营业时，该指数每隔半小时公布一次。

虽然道琼斯股票价格指数反映了具有举足轻重的 30 家大工业企业的股价变化情况，但毕竟采样较少，从而影响了它的代表性。但由于它历史较长，资料连续不断，敏感性强，因此仍被认为是反映美国股市行情最具权威性的指数，受到世界的重视，为全球媒体所关注。不过，从计算本质来看，将道琼斯股票价格指数的原名 Dow Jones Industrial Average（DJIA）翻译成指数，还不如将其正名为道琼斯工业股价平均数。

从计算形式和指标能力看，目前，世界上最具代表性的股票价格指数应当是标准普尔股票价格指数。标准普尔信息服务有限公司是美国最大、全球闻名的一家证券评估和研究机构。它编制的证券价格指数有上百种。其中，最著名的就是标准普尔混合指数，它反映 500 种普通股的价格变动情况，故常简称为 S&P 500 指数。该指数的计算结构是：工业股占 78%，公用事业股占 12%，运输股占 2%，金融股占 8%。纳入计算的股票的市价总值约占纽约股票交易所全部市价总值的 80%，因此具有很强的代表性。

S&P 500 指数在开市时间每半小时公布一次，它是以 1941—1943 年的样本股市价总值平均数为对比基准，然后将计算日样本股的收盘价格分别乘以流通中的股票数，得到计算日的市价总值，再与基期市价总值对比就得到股价指数。其计算公式为

$$I_p = \frac{\sum(\text{报告期收盘价格} \times \text{报告期股票发行量})}{\sum(\text{基期平均价格} \times \text{基期股票发行量})}$$

$$= \frac{\text{报告期股票总市值}}{\text{基期股票总市值}}$$

我国目前的股票价格指数有上证指数和深证指数两个系列，历史较短，仍处于发展之中，影响也相对较小。

上证指数系列中较重要的是上证综合指数、上证 180 指数和上证 50 指数。

上证综合指数的计算范围为上海证券交易所上市的全部股票（包括 A 股和 B 股），从而能全面反映沪市股票价格的变动情况。它以 1990 年 12 月 19 日为基期，以股票发行量为权数，采用综合指数形式，即用当日股票市价总值除以基期股票市价总值就得到股票指数。它自 1991 年 7 月 15 日起正式发布。

上证 180 指数属于成份股指数，它是从 A 股中选取 180 种最重要的股票，然后通过派氏公式计算得出的，即用报告期的调整市值除以基期的调整市值得到，用千点表示。上证 180 指数实际上是对原上证 30 指数进行调整和更名后的产物，其基期定为 2002 年 6 月 28 日，除数为上证 30 指数在该日计算出的收盘值 3 299.05 点，于 2002 年 7 月 1 日起正式发布。

自 2004 年 1 月 2 日起，上海证券交易所在上证 180 指数所确定的股票中进一步选取成交活跃、规模较大的 50 种股票，计算和发布上证 50 指数，目标是构建一个投资指数。该指数以 2003 年 12 月 31 日为基期，其计算办法与上证 180 指数相同，计算结果用千点表示。

深证指数系列也有三个代表性的指数，即深证综合指数、深证成份指数和深证 100 指数。

深证综合指数以在深圳证券交易所上市交易的全部股票为计算对象，以 1991 年 4 月 3 日为基期，1991 年 4 月 4 日开始发布，其计算所采用的公式与上证综合指数基本相同。

深证成份指数选取的股票数为 40 家，以 1994 年 7 月 20 日为基期，用千点表示，其计算方法相同于深证综合指数，从 1995 年 1 月 23 日起开始发布。

深证 100 指数的成份股由在深圳证券交易所上市的 100 家 A 股股票组成，它以 2002 年 12 月 31 日为基期，也用千点表示，于 2003 年 1 月 2 日正式发布。构建深证 100 指数的目的同上证 180 指数相似，旨在提供可交易的指数产品和金融衍生工具的标的物，以满足证券市场的进一步发展需要。

思考：
1. 结合本案例及相关内容，解释股票价格指数的概念。
2. 阅读案例分析道琼斯股票价格指数计算的方法。

3. 阅读案例解答美国标准普尔指数的概念、作用及计算方法。
4. 阅读案例，指出我国上证综合指数和上证 180 指数是如何编制的。

基础训练

一、思考题

1. 什么是统计指数？它有何作用？
2. 什么叫同度量因素？其作用是什么？确定同度量因素的一般原则是什么？
3. 有人认为，编制综合指数，把一个因素固定起来测定另一个因素的变动影响程度是有假定性的。这个说法对吗？为什么？
4. 什么是指数体系？它有何作用？
5. 综合指数与平均指数有何联系与区别？

二、单项选择题

1. 统计指数按其反映的对象范围不同分为（　　）。
   A. 简单指数和加权指数　　　　　　B. 综合指数和平均指数
   C. 个体指数和总指数　　　　　　　D. 数量指标指数和质量指标指数
2. 总指数编制的两种形式是（　　）。
   A. 算术平均指数和调和平均指数　　B. 个体指数和综合指数
   C. 综合指数和平均指数　　　　　　D. 定基指数和环比指数
3. 综合指数是一种（　　）。
   A. 简单指数　　　　　　　　　　　B. 加权指数
   C. 个体指数　　　　　　　　　　　D. 平均指数
4. 某市居民以相同面额的人民币在物价上涨后少购商品 15%，则物价指数为（　　）。
   A. 17.6%　　　B. 85%　　　C. 115%　　　D. 117.6%
5. 在掌握基期产值和各种产品产量个体指数资料的条件下，计算产量总指数要采用（　　）。
   A. 综合指数　　　　　　　　　　　B. 可变构成指数
   C. 加权算术平均数指数　　　　　　D. 加权调和平均数指数
6. 在由三个指数组成的指数体系中，两个因素指数的同度量因素通常（　　）。
   A. 都固定在基期
   B. 都固定在报告期
   C. 一个固定在基期，另一个固定在报告期
   D. 采用基期和报告期的平均数
7. 某商店报告期与基期相比，商品销售额增长 6.5%，商品销售量增长 6.5%，则商品价格（　　）。
   A. 增长 13%　　　B. 增长 6.5%　　　C. 增长 1%　　　D. 不增不减
8. 单位产品成本报告期比基期下降 6%，产量增长 6%，则生产总费用（　　）。
   A. 增加　　　B. 减少　　　C. 没有变化　　　D. 无法判断
9. 某公司三个厂生产同一种产品，由于各厂成本降低使公司平均成本降低 15%，各种产品产量的比重变化使公司平均成本提高 10%，则该公司平均成本报告期比基期降

低（　　）。

  A. 5.0%　　　　　　B. 6.5%　　　　　　C. 22.7%　　　　　　D. 33.3%

10. 某商店 2018 年 1 月微波炉的销售价格是 350 元，6 月的销售价格是 342 元，指数为 97.71%，该指数是（　　）。

  A. 综合指数　　　B. 平均指数　　　　C. 总指数　　　　　D. 个体指数

11. 编制数量指标指数一般采用（　　）作同度量因素。

  A. 基期质量指标　　　　　　　　　　B. 报告期质量指标
  C. 基期数量指标　　　　　　　　　　D. 报告期数量指标

12. 编制质量指标指数一般采用（　　）作同度量因素。

  A. 基期质量指标　　　　　　　　　　B. 报告期质量指标
  C. 基期数量指标　　　　　　　　　　D. 报告期数量指标

三、多项选择题

1. 指数的作用包括（　　）。

  A. 综合反映事物的变动方向　　　　　B. 综合反映事物的变动程度
  C. 利用指数可以进行因素分析　　　　D. 研究事物在长时间内的变动趋势
  E. 反映社会经济现象的一般水平

2. 拉斯贝尔综合指数的基本公式有（　　）。

  A. $\dfrac{\sum p_1 q_1}{\sum p_0 q_1}$　　B. $\dfrac{\sum q_1 p_0}{\sum q_0 p_0}$　　C. $\dfrac{\sum p_1 q_0}{\sum p_0 q_0}$

  D. $\dfrac{\sum q_1 p_1}{\sum q_0 p_1}$　　　　　　　　　E. $\dfrac{\sum p_1 q_1}{\sum p_0 q_1}$

3. 派许综合指数的基本公式有（　　）。

  A. $\dfrac{\sum p_1 q_1}{\sum p_0 q_1}$　　B. $\dfrac{\sum p_1 q_0}{\sum p_0 q_0}$　　C. $\dfrac{\sum p_1 q_1}{\sum p_0 q_0}$

  D. $\dfrac{\sum p_0 q_1}{\sum p_0 q_0}$　　　　　　　　E. $\dfrac{\sum p_1 q_1}{\sum p_1 q_0}$

4. 某企业为了分析本厂生产的两种产品产量的变动情况，已计算出产量指数为 112.5%，这一指数是（　　）。

  A. 综合指数　　　B. 总指数　　　　　C. 个体指数
  D. 数量指标指数　　　　　　　　　　E. 质量指标指数

5. 平均数变动因素分析的指数体系中包括的指数有（　　）。

  A. 可变组成指数　　　　　　　　　　B. 固定构成指数
  C. 结构影响　　　　　　　　　　　　D. 算术平均指数
  E. 调和平均指数

6. 同度量因素的作用有（　　）。

  A. 平衡作用　　　　　B. 权数作用　　　　C. 稳定作用
  D. 同度量作用　　　　E. 调和作用

7. 若 p 表示商品价格，q 表示商品销售量，则公式 $\sum p_1q_1 - \sum p_0q_1$ 表示的意义是（   ）。
   A. 综合反映销售额变动的绝对额
   B. 综合反映价格变动和销售量变动的绝对额
   C. 综合反映多种商品价格变动而增减的销售额
   D. 综合反映由于价格变动而使消费者增减的货币支出额
   E. 综合反映多种商品销售量变动的绝对额
8. 指数按计算形式不同可分为（   ）。
   A. 简单指数   B. 总指数   C. 数量指标指数
   D. 质量指标指数   E. 加权指数
9. 当权数为 p_0q_0 时，以下哪些说法是正确的？（   ）
   A. 数量指标综合指数可变形为加权算术平均指数
   B. 数量指标综合指数可变形为加权调和平均指数
   C. 质量指标指数可变形为加权算术平均指数
   D. 质量指标指数可变形为加权调和平均指数
   E. 综合指数与平均指数没有变形关系
10. 在指数体系中（   ）。
    A. 一个总值指数等于两个（或两个以上）因素指数的代数和
    B. 一个总值指数等于两个（或两个以上）因素指数的乘积
    C. 存在相对数之间的数量对等关系
    D. 存在绝对变动额之间的数量对等关系
    E. 各指数都是综合指数

四、判断题

1. 指数的实质是相对数，它能反映现象的变动和差异程度。（   ）
2. 只有总指数可划分为数量指标指数和质量指标指数，个体指数不能作这种划分。（   ）
3. 质量指标指数是固定质量指标因素，只观察数量指标因素的综合变动。（   ）
4. 算术平均指数是反映平均指标变动程度的相对数。（   ）
5. 综合指数是一种加权指数。（   ）
6. 狭义上，指数体系的若干指数在数量上不一定存在推算关系。（   ）
7. 数量指标指数和质量指标指数的划分具有相对性。（   ）
8. 拉氏价格指数和派氏价格指数计算结果不同，是因为拉氏价格指数主要受报告期商品结构的影响，而派氏价格指数主要受基期商品结构的影响。（   ）
9. 在平均数变动因素分析中，可变组成指数是用以专门反映总体构成变化这一因素影响的指数。（   ）
10. 本年与上年相比，若物价上涨 10%，则本年的 1 元只值上年的 0.9 元。（   ）

五、计算题

1. 某市 2018 年第一季度社会商品零售额为 36 200 万元，第四季度为 35 650 万元，零售物价下跌 0.5%。
   试计算该市社会商品零售额指数、零售价格指数和零售量指数，以及由于零售物价下跌居民少支出的金额。

2. 某厂三种产品的产量情况如表 6-9 所示。

表 6-9　某厂三种产品的产量情况

产品	计量单位	出厂价格/元		产量	
		基期	报告期	基期	报告期
A	件	8	8.5	13 500	15 000
B	个	10	11	11 000	10 200
C	公斤	6	5	4 000	4 800

试分析出厂价格和产量的变动对总产值的影响。

3. 某地区三种水果的销售情况如表 6-10 所示。

表 6-10　某地区三种水果的销售情况

水果品种	本月销售额/万元	本月比上月价格增减/%
苹果	68	-10
草莓	12	12
橘子	50	2

试计算该地区三种水果的价格指数及价格变动对居民开支的影响。

4. 某厂的生产情况如表 6-11 所示。

表 6-11　某厂的生产情况

产品	计量单位	产量		基期产值/万元
		基期	报告期	
甲	台	1 000	920	650
乙	双	320	335	290

请根据资料计算该厂的产量总指数和因产量变动而增减的产值。

5. 某公司下属三个厂生产某种产品的情况如表 6-12 所示。

表 6-12　某公司下属三个厂生产某种产品的情况

厂区	单位产品成本/元		产量/吨	
	上月	本月	上月	本月
一厂	960	925	4 650	4 930
二厂	1 010	1 015	3 000	3 200
三厂	1 120	1 080	1 650	2 000

根据资料计算可变组成指数、固定组成指数和结构影响指数，并分析单位成本水平和产量结构变动对总成本的影响。

实训项目

通过互联网、专业期刊、图书，查询我国及你所在省（直辖市、自治区）近五年来居民消费价格指数、商品零售价格指数，并计算出居民货币购买力指数和通货膨胀率指数，写出实训报告。

项目七

抽样推断

项目概述

抽样推断是统计研究的一种重要方法,是一种非全面调查,是按照随机原则,从调查对象中抽取部分单位来组成样本,进行观察,获得样本数据,然后运用数理统计的原理,根据抽样调查所取得的样本数据来推断总体数据的一种研究方法。要进行抽样推断,首先要计算抽样的平均误差和极限误差,利用计算的样本指标值来计算总体参数的点估计和区间估计,最后设计出合理的抽样方案。

学习目标

1. 掌握抽样推断及其相关概念。
2. 理解抽样误差的含义,并掌握影响抽样误差的因素。
3. 掌握进行总体参数点估计和区间估计的方法。
4. 了解抽样的组织形式及抽样方案的设计原则,掌握样本容量的基本计算方法。

★导入案例 上海市民出行状况调查

一、调查基本情况

本次调查以网上调查形式进行,在"上海统计"和"中国上海"门户网站发布问卷。调查收到回答问卷2 598份,剔除非上海地区的IP地址及回答不全的问卷后,共获得有效样本2 331份,样本有效率为89.7%。从调查对象的分布看,居住在各个环线间与不同出行距离的受访者均占一定比重。因此,样本的分布情况比较符合上海的实际,具有一定的代表性。

二、本市公共交通基础设施建设得到广大市民的基本认可

1. 超过40%的受访者认为本市交通出行方便

经过多年的建设,目前,上海已形成了一个功能比较齐全的道路交通网络。调查显示,有7.3%和35%的受访者认为本市交通很方便和方便,合计为42.3%;有36.8%的受访者

认为一般。其中,以轨道交通作为上下班交通工具的受访者中,认为本市交通方便和很方便的分别占 8.2% 和 45.3%,合计为 53.5%;认为一般的占 34.3%。市民对上海轨道交通总体评价更为积极。

调查同时显示,仍有两成的受访者认为本市交通不太方便或者很不方便。主要原因是:这部分受访者居住在外环外区域,受公共交通网络布点的局限,上下班转换车辆不便及花费时间较多。

2. 超过 60% 的受访者上下班出行选择公共交通

公交与轨道交通成为市民上下班的主要交通工具。调查显示,有 26.9% 的受访者选择乘坐公交,17.2% 的受访者选择乘坐轨道交通,21.4% 的受访者选择乘坐公交加轨道交通,合计为 65.5%;另有 12% 的受访者上下班出行使用助动车,13% 的使用私家车,9.3% 的使用自行车或其他。这表明,超过 60% 的受访者上下班出行选择公共交通,这与目前上海公共交通方便快捷、花费少有着重要关系。

分区域看,居住在内环的受访者选择公共交通出行的占 66.8%,居住在内中环间的受访者选择公共交通出行的占 70.1%,居住在中外环间的占 71.9%,居住在外环外的占 56.9%。这表明,在公共交通较为便捷的区域,市民更倾向于选择公共交通出行。

3. 受访者上下班交通单程平均时间为 50.4 分钟

有 9.3% 的受访者上下班单程耗时在 15 分钟以内,16.4% 的受访者耗时在 15~30 分钟,18.7% 的受访者耗时在 30~45 分钟,24.2% 的受访者耗时在 45~60 分钟,22.4% 的受访者耗时在 60~90 分钟,9% 的受访者耗时在 90 分钟以上。经加权平均计算,受访者上下班单程平均时间为 50.4 分钟。按居住地到单位距离的分组来看,距离越长,相对耗时越多。

4. 受访者平均步行 7.5 分钟乘上公共交通

从公共交通工具分组来看,乘坐公交车上下班的受访者单程平均花费的交通时间为 53.7 分钟,其中在车上时间为 40.7 分钟;乘坐轨道交通的单程平均花费的交通时间为 58.5 分钟,其中在车上时间为 42.8 分钟;公交车加轨道交通的单程平均花费的交通时间为 68 分钟,其中在车上时间为 53.4 分钟。这表明,目前受访者上下班两头的平均步行时间约 15 分钟,平均步行 7.5 分钟就能到达公交站点或轨道交通站点。

5. 近 80% 以公共交通出行的受访者每天上下班交通花费在 5 元以上

在选择公共交通出行的受访者中,有 20.2% 的受访者每天上下班交通费用在 4 元以内,57.3% 的受访者在 5~10 元,22.5% 的受访者在 10 元以上。从居住地到单位的距离分组来看,距离越长,相对花费越多。从公共交通工具分组来看,公交车成本较低,而乘坐轨道交通的花费相对较高。

三、市民对本市交通状况的评价差异较大

1. 超过 30% 受访者认为高峰时段路面严重拥堵

尽管世博会后上海交通更加便捷,但在上下班的高峰时段,路面的交通状况仍不容乐观。调查显示,仅有 7.8% 的受访者认为高峰时段的路面"很通畅或比较通畅",56.1% 的受访者认为"有点拥堵",34.9% 的受访者认为"严重拥堵"。高峰时段,市民感受到的路面交通压力与居住地有明显的相关性。居住在内环与中内环间的受访者认为路面"严重拥堵"的分别占 31.8% 和 31%,而居住在中外环间与外环外的市民认为路面"严重拥堵"的分别达 37.7% 和 37.2%。

2. 高峰时段轨道交通限流措施有争议

世博会期间,为了缓解大客流的压力,上海轨道交通在高峰时段会采取临时性限流措施,封闭部分出入口。这一措施,市民如何反应?调查显示,有43.3%的受访者赞成这一措施,44%的受访者认为轨道交通限流给出行带来很多不便,不赞成这种做法。在依靠轨道交通或公交加轨道交通出行的受访者中,反对限流措施的比重更高,分别达到48.5%和50.3%。这表明,轨道交通限流措施在市民中影响较大,是否能成为应对客流压力的常规手段还有待考量,使用时需谨慎。

(选编自:《上海市民出行状况调查报告》国家统计局上海调查总队)

思考:
1. 本次调研主要采取何种统计研究方法?这种研究方法有何特点?
2. 以本次调研结论推断上海市居民出行情况有无误差?你能否通过改进调查方案,进一步降低推断误差?
3. 请你根据调查结果向政府部门提出交通发展相关建议。

任务一 抽样推断的一般问题

一、抽样推断的概念

推断就是根据事实做出结论,而抽样推断是在根据随机原则从总体中抽取部分实际数据的基础上,运用数理统计方法,对总体某一现象的数量性做出具有一定可靠程度的估计判断。事实上,人们在日常生活中已经在有意无意地使用着抽样推断的思想。比如,购买整箱产品时,我们很少会一件一件打开看,往往随机从中选择几件产品打开,查看后决定是否购买。又或者进行民意测验,实施者很难对每个单位或者每个个人进行考察,只能通过组织抽样调查,从已获得的部分确定资料,运用数学工具估计及判断总体的数量特征,达到对总体的认识。虽然这些现象带有很多习惯色彩,但是它已经包含抽样推断的思想了。

二、抽样推断中的几个基本概念

(一) 全及总体和样本总体

全及总体是我们所要研究的对象,样本总体则是我们所要观察的对象,两者是既有区别又有联系的不同范畴。

(1) 全及总体。全及总体又称母体,简称"总体",它是指所要认识的、具有某种共同性质的许多单位的集合体。因此,总体也就是具有同一性质的许多单位的集合体。通常总体的单位数用大写的英文字母 N 来表示。

总体按其各单位标志性质不同,可以分为变量总体和属性总体两类。变量总体中的各个单位可以使用数量标志进行计量。如研究居民的收入水平,每户居民的收入就是它的数量标志,反映各户的数量特征。但是有些总体单位的特征无法用数量标志计量,只能使用文字进行描述,如制造车间的设备的工作情况,只能使用"正常"和"异常"等文字来进行描述,这种使用文字描述属性特征的总体称为属性总体。

(2) 样本总体。样本总体又称子样,简称样本,是从总体中随机抽取出来的,代表总体的那部分单位的集合体。样本的单位数称为样本容量，通常用小写英文字母 n 来表示。

随着样本容量的增大，样本对总体的代表性越来越高，并且当样本单位数足够多时，样本平均数接近总体平均数。

对于一次抽样调查而言，总体是确定的，而样本是不确定的，一个总体可以抽出很多个样本，样本的个数既和样本容量有关，也和抽样的方法有关。

（二）全及指标和抽样指标

（1）全及指标。全及指标是指根据全及总体各个单位的标志值或标志属性计算的，反映总体某种属性或特征的综合指标。常用的全及指标有总体平均数（或总体成数）、总体标准差（或总体方差）。

不同性质的总体，需要计算不同的全及指标。对于变量总体，由于各单位的标志可以用数量来表示，因此可以计算总体平均数。

设变量总体有 N 个单位，每个单位的值用 X 表示，总体平均数用 $\bar{X}$ 表示，那么总体平均数为

$$\bar{X} = \frac{\sum X}{N}$$

对于属性总体，由于各单位的标志不可以用数量来表示，只能用一定的文字加以描述，因此就应该计算结构相对指标，称为总体成数，用大写英文字母 P 表示，它说明总体中具有某种标志的单位数在总体中所占的比重。变量总体也可以计算成数，即总体单位数在所规定的某变量值以上或以下的比重，视同具有或不具有某种属性的单位数比重。

设属性总体 N 个单位中有 N_1 个单位具有某种属性，N_0 个单位不具有某种属性，$N_1 + N_0 = N$，P 为总体中具有某种属性的单位数所占的比重，Q 为不具有某种属性的单位数所占的比重，则总体成数为

$$P = \frac{N_1}{N}$$

$$Q = \frac{N_0}{N} = \frac{N - N_1}{N} = 1 - P$$

此外，全及指标还有总体方差 σ^2 和总体标准差 σ，它们都是测量总体标志值分散程度的指标。总体方差和标准差的计算公式分别为

$$\sigma^2 = \frac{\sum (X - \bar{X})^2}{N}, \sigma^2 = PQ = P(1 - P)$$

$$\sigma = \sqrt{\frac{\sum (X - \bar{X})^2}{N}}, \sigma = \sqrt{P(1 - P)}$$

（2）抽样指标。抽样指标也称为统计量，是指由样本总体各单位标志值计算出来反映样本特征、用来估计全及指标的综合指标。统计量是样本变量的函数，用来估计总体参数，因此与总体参数相对应，统计量有样本平均数 $\bar{x}$（或抽样成数 p）、样本标准差 S（或样本方差 S^2）。其中，$\bar{x}$ 和 p 用小写英文字母表示。其计算公式为

$$\bar{x} = \frac{\sum x}{n}, \bar{x} = p$$

设样本 n 个单位中有 n_1 个单位具有某种属性，n_0 个单位不具有某种属性，$n_1 + n_0 = n$，

p 为样本中具有某种属性的单位数所占的比重，q 为不具有某种属性的单位数所占的比重，则抽样成数为

$$p = \frac{n_1}{n},$$

$$q = \frac{n_0}{n} = \frac{n - n_1}{n} = 1 - p$$

样本的方差和样本标准差分别为

$$S^2 = \frac{\sum (x - \bar{x})^2}{n}, S^2 = \frac{n}{n-1} pq \approx pq \text{（当 } n \text{ 较大时约等号成立）}$$

$$S = \sqrt{\frac{\sum (x - \bar{x})^2}{n}}, S = \sqrt{\frac{n}{n-1} pq} \approx \sqrt{pq} \text{（当 } n \text{ 较大时约等号成立）}$$

对于一个确切的问题，若全及总体是确定的、唯一的，那么全及指标也是唯一确定的，是待估计的数。由于一个全及总体可以抽取许多个样本，样本不同抽样指标的数值也就不同，因此抽样指标的数值不是唯一确定的，是随机变量。

（三）样本容量

样本容量是指一个样本所包含的单位数。通常，将样本单位数不少于 30 个的样本称为大样本，不及 30 个的称为小样本。社会经济统计的抽样调查多属于大样本调查。

（四）重置抽样和不重置抽样

重置抽样又称有放回的抽样，是指从全及总体 N 个单位中随机抽取一个容量为 n 的样本，每次抽中的单位经登录其有关标志表现后又放回总体中重新参加下一次的抽选。每次从总体中抽取一个单位，可看作一次试验，连续进行 n 次试验就构成了一个样本。因此，重置抽样的样本是由 n 次相互独立的连续试验形成的。每次试验均是在相同的条件下完全按照随机原则进行的。

不重置抽样又称无放回的抽样，是指从全及总体 N 个单位中随机抽取一个容量为 n 的样本，每次抽中的单位登录其有关标志表现后不再放回总体中参加下一次的抽选。经过连续 n 次不重置抽选单位构成样本，实质上相当于一次性同时从总体中抽中 n 个单位构成样本，上一次的抽选结果会直接影响到下一次抽选。因此，不重置抽样的样本是由 n 次相互联系的连续试验形成的。

（五）抽样框

抽样框又称抽样结构，是指对可以选择作为样本的总体单位中列出名册或排序编号，以确定总体的抽样范围和结构。设计出了抽样框后，便可采用抽签的方式或按照随机数表来抽选必要的单位数。若没有抽样框，则不能计算样本单位的概率，从而也就无法进行概率选样。

三、抽样推断的特点

抽样推断是由部分推算整体的一种认识方法，它建立在随机取样的基础上。它运用的是概率估计的方法，其误差可以事先计算并加以控制。具体讲，抽样推断有以下五个显著特点：

（一）抽样推断是用部分推断总体的认识方法

抽样判断是通过样本的已知资料估计未知的总体特征，也就是通过掌握部分的情况来认

识总体的全面情况的一种认识方法。这也是抽样调查与其他非全面调查显著不同的方面之一。在其他非全面调查中，重点调查通过对少数重点单位的了解，只能实现对总体情况的基本认识，而不是全面的认识；典型调查虽然在一定条件下也可以用于估计总体的数量特征，但其根本作用仍在于深入地了解总体中典型单位的情况，认识新生事物，掌握事物发展的方向，做到既有数字的调查，又有问题的分析；非全面统计报表更是直接针对总体中的部分单位进行的。抽样调查则不同，它虽然也属于非全面调查，但其是着眼于对总体数量特征的了解，而非样本本身。

（二）抽样推断遵循随机原则取样

随机原则是指在选取单位时，杜绝个人喜好抽取调查单位，使构成总体的每一个单位都有同等被抽中的机会。此原则是抽样调查与其他调查方法最本质的区别。

采用随机原则能使得每个单位都拥有同等被抽中的机会，这样就能保证样本的结构近似于总体结构，使样本能很好地代表总体，样本估计值与总体数值差异才不至于太大。

（三）总费用低

与全面调查相比，抽样调查可以大大节省人力、费用和时间，而且比较灵活。全面调查需对构成总体的所有单位进行逐一调查，因而会耗费大量的人力、费用和时间；若采用抽样调查，则可以选择总体中的部分单位进行调查研究，获得所需总体的重要信息，从而节省大量的调查费用。

（四）抽样推断采用概率估计方法

抽样推断通过样本获得确定资料，采用概率估计的方法得到总体的数学特征，这种抽样估计结论只是总体中的一种可能的结果，存在不确定性。具体地，抽样推断采用小概率事件原理，它认为发生可能性很小的事件（如概率为 0.1%、0.5%、1% 等的事件）在一次观察或试验中不会发生；若事件在一次观察或试验中竟然发生了，就说明它不是小概率事件，而是大概率事件。这也就是说，统计分析允许出现错误，但应使错误发生的可能性尽可能小。统计推断属于不肯定中的肯定思维，这种思维方式也是当代科学研究最显著的特征之一。

（五）抽样推断的误差可以事先计算并加以控制

抽样推断虽然存在一定的误差，但误差的范围是可以计算和加以控制的，可以通过改善抽样方法以及增加样本容量等手段将误差控制在允许的范围内和一定的可靠度上。

四、抽样推断的作用

抽样推断的特点决定其具有独特的重要作用。主要表现在以下几个方面：

（1）可以解决无法进行全面调查的问题。不能进行全面调查或很难进行全面调查，但又需要了解其全面数量情况的社会经济现象，可以采取抽样调查实现调查的目的。例如，对无限总体不能采用全面调查；又如，电视机使用寿命检验、罐头的防腐期限试验、轮胎的里程试验等。这些调查所使用的测试手段对产品具有破坏性，不可能进行全面调查，只能采用抽样调查。

（2）可以补充或修正全面调查的数据。全面调查由于范围广、工作量大、参加人员多，往往容易发生登记性误差和计算误差。如果在全面调查后，随机抽取一部分单位重新调查一次，将这些单位两次调查的资料进行对照，加以比较，计算其差错率，就能据以对全面资料加以修正。例如，人口的普查、工业设备的普查，由于调查人员多，涉及面广，容易产生操作性的登记误差，因此这时往往用抽样调查的资料进行补充和修正。

（3）可以用于工业生产过程的质量控制。在工业产品成批或大量连续生产过程中，利用抽样调查可以检验生产过程是否正常，及时提供信息，进行质量控制，进而保证生产质量的稳定性。

（4）可以对于某些总体的假设进行检验，判断其真伪，以做出正确的决策。例如，新工艺新技术的改革是否能收到明显的效果，需要对未知或完全不知道的总体做出一些假设，然后利用抽样推断法，根据试验的材料对所做假设进行检验，做出判断。

任务二　抽样误差的计算

无论抽样的方法多么科学，都会存在误差，只是误差大小不同而已。在此，有必要了解抽样推断的误差及其影响因素，以便进行抽样时尽可能地降低误差。

一、抽样误差的概念

抽样误差是指样本指标和总体指标之间在数量上的差别，用数学符号表示为：$|\bar{x}-\bar{X}|$、$|p-P|$。抽样推断是用样本指标推断总体指标的一种方法，而推断的差距就是抽样误差。理解抽样误差可以从以下两方面入手：

（1）抽样误差是指由于抽样的随机性而产生的那一部分代表性误差，不包括登记误差。代表性误差分为系统误差和随机误差。系统误差是指破坏了抽样的随机原则而产生的误差，如抽选到一个单位后，调查者主观认为此单位偏低或者偏高把它剔除而产生的误差，这种系统误差在抽样调查中应尽量避免。随机误差是指遵循了随机原则但仍然存在的样本指标与全及指标的离差，这种误差是必然会发生的，但可以对其进行事前计算，可控制在合理范围内，抽样误差就是指这种随机误差。

（2）随机误差又可分为实际误差和抽样平均误差。实际误差是一个样本指标与总体指标之间的差别，用数学符号可表示为：$|\bar{x}-\bar{X}|$、$|p-P|$，是无法知道的误差。

抽样平均误差是指所有可能出现的样本指标的标准差，也就是所有可能出现的样本指标和总体指标的平均离差。抽样实际误差是无法测量的，而抽样平均误差是可以计量的，所以一般讨论的抽样误差是指抽样平均误差。

二、影响抽样误差的因素

（一）样本单位数

因为总体内单位元素间存在差异，在其他条件不变的情况下，大量观察总比小量观察易于发现总体规律或特征，因此样本容量越大，越能代表总体特征，且抽样误差越小。反之，样本容量越小，抽样误差可能越大。当总体的全部单位均被抽出时，抽样误差就等于零。

（二）总体各单位差异程度

在其他条件不变的情况下，总体内各单位标志值的差异程度越小，或总体的标准差越小，抽样误差就越小；反之，抽样误差就越大。

（三）抽样方法

抽样方法不同，抽样误差也不同。一般地，重复抽样的误差比不重复抽样的误差要大。

（四）抽样的组织形式

不同的抽样组织形式，也会有不同的抽样误差。这部分内容将在后面章节进行介绍。

三、抽样平均误差

抽样平均误差是指所有可能出现的样本指标的标准差，也就是所有可能出现的样本指标和总体指标的平均离差，是反映抽样误差一般水平的指标，反映了抽样指标与总体指标的平均离差程度。通常用样本平均数（或样本成数）的标准差来表示。

抽样平均误差的作用表现在：它能够说明样本指标代表性的大小。平均误差大，说明样本指标对总体指标的代表性低；反之，则说明样本指标对总体指标的代表性高。

（一）抽样平均数的平均误差

设变量总体为 N，$\mu_{\bar{x}}$ 表示样本平均数的平均误差，σ 表示总体的标准差。根据定义：

$$\mu_{\bar{x}}^2 = \frac{\sum(\bar{x}-\bar{X})^2}{n}$$

$$\mu_{\bar{x}} = \sqrt{\frac{\sum(\bar{x}-\bar{X})^2}{n}}$$

（1）当抽样方式为重复抽样时，样本标志值 x_1、x_2k、x_n 是相互独立的，样本变量 x 与总体变量 X 同分布。此时，根据数理统计知识，可知

$$\mu_{\bar{x}}^2 = \frac{\sigma^2}{n}$$

$$\mu_{\bar{x}} = \sqrt{\frac{\sigma^2}{n}}$$

（2）当抽样方式为不重复抽样时，样本标志值 x_1、x_2k、x_n 不是相互独立的。此时，根据数理统计知识，可知

$$\mu_{\bar{x}} = \sqrt{\frac{\sigma^2}{n}\left(\frac{N-n}{N-1}\right)}$$

当总体单位数 N 很大时，这个公式可近似表示为

$$\mu_{\bar{x}} = \sqrt{\frac{\sigma^2}{n}\left(1-\frac{n}{N}\right)}$$

与重复抽样相比，不重复抽样平均误差是在重复抽样平均误差的基础上，再乘以 $\sqrt{(N-n)/(N-1)}$，而 $\sqrt{(N-n)/(N-1)}$ 总是小于 1，所以不重复抽样的平均误差也总是小于重复抽样的平均误差。

在计算抽样平均误差时，通常得不到总体标准差的数值，一般可以用样本标准差来代替总体标准差。

（二）抽样成数的平均误差

总体成数 P 可以表现为总体是非标志的平均数。即 $E(X) = P$，它的标准差 $\sigma = \sqrt{P(1-P)}$。

根据样本平均误差和总体标准差的关系，可以得到样本成数的平均误差的计算公式。

（1）在重复抽样下。

$$\mu_p = \sigma/\sqrt{n} = \sqrt{\frac{P(1-P)}{n}}$$

（2）在不重复抽样下。

$$\mu_p = \sqrt{\frac{\sigma^2}{n}\left(\frac{N-n}{N-1}\right)} = \sqrt{\frac{P(1-P)}{n}\left(\frac{N-n}{N-1}\right)}$$

当总体单位数 N 很大时，可近似地写成

$$\mu_p = \sqrt{\frac{P(1-P)}{n}\left(1-\frac{n}{N}\right)}$$

当总体成数未知时，可以用样本成数来代替。

四、抽样极限误差

（一）抽样极限误差的概念

抽样极限误差是从另一个角度来考虑抽样误差问题的。它是指估计值与总体真值之间误差的可能范围，是抽样估计所允许的误差的上、下界限。抽样极限误差用 Δ 表示。

设 Δ_x，Δ_p 分别表示抽样平均数极限误差和抽样成数极限误差，则有

$$平均数极限误差 \Delta_x = |\bar{x} - \bar{X}|$$

$$成数极限误差 \Delta_p = |p - P|$$

容易将上面的等式变换为下列等价的不等式关系，即

$$\bar{x} - \Delta_x \leq \bar{X} \leq \bar{x} + \Delta_x$$

$$p - \Delta_p \leq P \leq p + \Delta_p$$

上面第一式表示被估计的总体平均数以抽样平均数 $\bar{x}$ 为中心，在 $\bar{x} - \Delta_x$ 至 $\bar{x} + \Delta_x$ 之间变动。区间 $(\bar{x} - \Delta_x, \bar{x} + \Delta_x)$ 称为平均数的估计区间或平均数的置信区间。在这个区间内，样本平均数和总体平均数之间的绝对离差不超过 Δ_x。同样，上面第二式表明被估计的总体成数以抽样成数 p 为中心，在 $p - \Delta_p$ 至 $p + \Delta_p$ 之间变动。在区间内，抽样成数与总体成数之间的绝对离差不超过 Δ_p。

（二）抽样极限误差的计算

1. 概率度

抽样极限误差 Δ 是单个样本值与总体指标值之间的绝对离差，而抽样平均误差 μ 是所有可能样本值与总体指标值之间的平均离差。在其他条件一定的情况下，抽样极限误差与抽样平均误差是同方向变动的，抽样极限误差总可以表示为抽样平均误差的 t 倍，这里的 t 称为概率度。

$$t = \frac{\Delta_x}{\mu_x}$$

$$t = \frac{\Delta_p}{\mu_p}$$

概率度的大小与抽样估计的可靠程度有关，抽样估计的可靠程度越高，则极限误差的取值越大，概率度越大。

2. 抽样估计的可靠程度

置信区间的测定总是在一定的概率保证程度下进行的，因为既然抽样误差是一个随机变量，就不能指望抽样指标落在置信区间内成为必然事件，只能视为一个可能事件，这样就必

定要用一定的概率来给予保证，所以抽样估计可靠程度又称置信度。具体地，置信区间是以一定的概率把握程度来确定总体指标所在的区间。

抽样估计的可靠程度（即概率）用 P 表示，P 是 t 的函数。而 $P=F(t)$ 表明概率分布是概率度 t 的函数。确定抽样估计的可靠程度，就是要确定抽样平均数 ($\bar{x}$) 或抽样成数 (p) 落在置信区间 ($\bar{x}-\Delta_x$, $\bar{x}+\Delta_x$) 或 ($\bar{p}-\Delta_p$, $\bar{p}+\Delta_p$) 中的概率 P。$F(t)$ 的函数形式为

$$P(|\bar{x}-\bar{X}|\leq t\mu_{\bar{x}})=F(t)$$
$$P(|p-P|\leq t\mu_p)=F(t)$$

由此可知，t 增大，Δ 也增大，即 $t\mu$ 增大。这表明，所要求的误差范围增大时，从总体中随机抽取一个样本，其样本值落在这个较大的置信区间内可能性（或把握性）增大；反之，t 减小，Δ 也减小，即 $t\mu$ 减小，表明所要求的误差范围减小，从总体中随机抽取一个样本，其样本值落在这个较小的置信区间内的可能性（或把握性）减小。

应用标准正态分布概率表，可以得出抽样指标落在置信区间内的置信度。

$$F(1)=P\{|\bar{x}-\bar{X}|\leq 1\mu_{\bar{x}}\}=68.27\%$$
$$F(2)=P\{|\bar{x}-\bar{X}|\leq 2\mu_{\bar{x}}\}=95.45\%$$
$$F(3)=P\{|\bar{x}-\bar{X}|\leq 3\mu_{\bar{x}}\}=99.73\%$$

下面将常用的概率保证程度与对应的概率度列入表 7-1。

表 7-1 常用的概率保证程度与对应的概率度

概率度 t	概率保证程度 $F(t)/\%$
1.00	68.27
1.50	86.64
1.65	90.00
1.96	95.00
2.00	95.45
3.00	99.73

3. 抽样极限误差的计算

在一定可靠保证程度 $F(t)$ 下，查出对应的 t 值，就可得抽样极限误差的计算公式，即

$$\Delta_x = t\mu_{\bar{x}}$$
$$\Delta_p = t\mu_p$$

任务三　总体指标的抽样推断

抽样估计就是利用实际调查计算的样本指标值来估计相应的总体指标数值。总体指标是表明总体数量的参数，所以也被称作参数估计。总体参数估计有点估计和区间估计两种。

一、总体参数的点估计

（一）参数点估计的概念

参数点估计就是根据总体指标的结构形式来设计样本指标（称统计量）作为总体参数的估计量，并以样本指标的实际值直接作为相应总体参数的估计值。例如，可以以样本平均数的实际值作为相应总体平均数的估计值，也可以以样本成数的实际值作为相应总体成数的估计值等。如我们要研究某乡的粮食亩产水平，虽然实际的平均亩产的数值是未知的，但平均亩产指标是由全乡各农业生产单位播种面积相应的产量代数和除以播种总面积求得的，这个指标的结构形式就是已知的。当然，我们可以认为，如果抽样调查所取得的样本数据有足够的代表性，那么根据已知的指标结构形式计算的样本指标值，便可以作为相应总体指标的估计值。

用样本平均数 $\bar{x}$ 作为总体平均数 $\bar{X}$ 的估计值，记作 $\bar{X}=\bar{x}$；用样本成数 p 作为总体成数 P 的估计值，记作 $P=p$；用样本方差 s^2 作为总体方差 σ^2 的估计值，记作 $\sigma^2=s^2$。因为样本的选取是随机的，因此样本指标 $\bar{x}$、p 或 s^2 也为随机变量。但当取定样本观察值后，就可以计算出样本指标值，从而可以得到总体参数的点估计值。

点估计简单明了，缺点是它未考虑估计的误差和误差发生的可能性大小。

（二）点估计的优良性准则

对总体参数作估计的时候，我们总是希望估计是合理的或优良的。那么，什么是优良估计的标准呢？一个优良的估计量要求满足如下几个主要方面的要求：

1. 无偏性

以抽样指标估计总体指标，要求抽样指标值的平均数等于被估计的总体指标值本身。这就是说，虽然每一次的抽样指标和总体指标值之间都可能有误差，但在多次反复的估计中，各个抽样指标值的平均数应该等于所估计的总体指标值本身，即抽样指标的估计，平均说来是没有偏误的。

从上一节已经知道，抽样平均数的平均数等于总体平均数，抽样成数的平均数等于总体成数，即

$$E(\bar{x}) = \bar{X}$$
$$E(p) = P$$

这说明，以抽样平均数作为总体平均数的估计量，以抽样成数作为总体成数的估计量，是符合无偏性原则的。

2. 一致性

以抽样指标估计总体指标，要求当样本的单位数充分大时，抽样指标也充分地靠近总体指标。这就是说，随着样本单位数 n 的无限增加，抽样指标和未知的总体指标之差的绝对值小于任意小的数，它的可能性也趋近于必然性，即实际上是几乎肯定的。

我们知道，抽样平均数和抽样成数的抽样平均误差和样本单位数的平方根成反比，样本单位数越多，则平均误差越小；当样本单位数接近于总体单位数时，平均误差也就接近于0。也就是说，抽样平均数和抽样成数作为总体平均数和总体成数的估计量，是符合一致性原则的。

3. 有效性

以抽样指标估计总体指标，要求为优良计量的方差应该比其他估计量的方差小。例如，

用抽样平均数或总体某一变量值来估计总体平均数,虽然两者都是无偏的,而且在每一次估计中,两种估计量和总体平均数都可能是离差,但样本平均数更靠近于总体平均数的周围,平均说来,其离差比较小。所以,对比说来,抽样平均数是更为有效的估计量。

总体参数点估计的优点是简便、易行、原理直观,故常为实际工作采用。但其也有不足之处,即这种估计没有表明抽样估计的误差,更没有指出误差在一定范围内的概率保证程度有多大。要解决这个问题,我们必须采用总体参数的区间估计方法。

二、总体参数的区间估计

(一) 区间估计的定义

所谓区间估计,就是用一个区间去估计总体的未知参数,即把未知的总体指标估计在某两个界限之间,并给出该结果令人置信的程度的估计方法。置信的程度简称置信度,用概率表示;得到的带有一定置信度的区间,称为置信区间。

根据前面关于抽样极限误差的定义,易得总体平均数 $\bar{X}$ 和总体成数 P 的估计区间分别为

$$\bar{x} - \Delta_{\bar{x}} \leq \bar{X} \leq \bar{x} + \Delta_{\bar{x}}$$

$$p - \Delta_p \leq P \leq p + \Delta_p$$

由上述定义式可以看出,只要确定了抽样极限误差,就可以给出区间估计。

(二) 区间估计的计算

区间估计计算的主要步骤如下:

第一步,抽取样本,计算出样本指标 $\bar{x}$、p 和 s^2;

第二步,计算出抽样平均误差 $\mu_{\bar{x}}$ 或 μ_p;

第三节,根据给定的置信度要求,查正态分布表,找出相应的概率度 t;

第四步,根据概率度 t 和抽样平均误差 $\mu_{\bar{x}}$ 或 μ_p,计算出抽样误差 $\Delta_{\bar{x}}$ 或 Δ_p;

第五步,求出置信区间。

【例 7-1】 某企业对某批电子元件进行检验,随机抽取 100 只,测得平均耐用时间为 1 000 小时,标准差为 50 小时,合格率为 94%,求:

(1) 以耐用时间的允许误差范围 $\Delta_{\bar{x}} = 10$ 小时,估计该批产品平均耐用时间的区间及其概率保证程度。

(2) 以合格率估计的误差范围不超过 2.45%,估计该批产品合格率的区间及其概率保证程度。

(3) 试以 95% 的概率保证程度,对该批产品的平均耐用时间做出区间估计。

(4) 试以 95% 的概率保证程度,对该批产品的合格率做出区间估计。

求 (1) 的计算步骤:

①求样本指标,有

$$\bar{x} = 1\,000 \text{（小时）};\quad \sigma = 50 \text{（小时）}$$

$$\mu_{\bar{x}} = \frac{\sigma}{\sqrt{n}} = \frac{50}{\sqrt{100}} = 5 \text{（小时）}$$

②根据给定的 $\Delta_{\bar{x}} = 10$ 小时,计算总体平均数的上、下限,有

$$\text{下限 } \bar{x} - \Delta_{\bar{x}} = 1\,000 - 10 = 990 \text{（小时）}$$

上限 $\bar{x}+\Delta_x=1\,000+10=1\,010$（小时）

③根据 $t=\Delta_x/\mu_x=10/5=2$，查概率表，得 $F(t)=95.45\%$。

由以上计算结果，以 95.45% 的概率保证程度估计该批产品的平均耐用时间为 990~1 010 小时。

求（2）的计算步骤：

①求样本指标，有

$$p=94\%$$
$$\sigma_p^2=p(1-p)=0.94\times0.06=0.0564$$
$$\mu_p=\sqrt{\frac{p(1-p)}{n}}=\sqrt{\frac{0.0564}{100}}\approx 2.37\%$$

②根据给定的 $\Delta_p=2.45\%$，求总体合格率的上、下限，有

下限 $\bar{p}-\Delta_p=94\%-2.45\%=91.55\%$

上限 $\bar{p}+\Delta_p=94\%+2.45\%=96.45\%$

③根据 $t=\Delta_p/\mu_p=2.45\%/2.37\%=1.03$，查概率表，得 $F(t)=69.70\%$。

由以上计算结果，以 69.70% 的概率保证程度估计该批产品的合格率为 91.55%~96.45%。

求（3）的计算步骤：

①求样本指标，有

$$\bar{x}=1\,000\,（小时）;\ \sigma=50\,（小时）$$
$$\mu_x=\frac{\sigma}{\sqrt{n}}=\frac{50}{\sqrt{100}}=5\,（小时）$$

②根据给定的 $F(t)=95\%$，查概率表，得 $t=1.96$。

③根据 $\Delta_x=t\times\mu_x=1.96\times5=9.8$，计算总体平均耐用时间的上、下限，有

下限 $\bar{x}-\Delta_x=1\,000-9.8=990.2$（小时）

上限 $\bar{x}+\Delta_x=1\,000+9.8=1\,009.8$（小时）

所以，以 95% 的概率保证程度估计该批产品的平均耐用时间在 990.2~1 009.8 小时。

求（4）的计算步骤：

①求样本指标，有

$$p=94\%$$
$$\sigma_p^2=p(1-p)=0.94\times0.06=0.0564$$
$$\mu_p=\sqrt{\frac{p(1-p)}{n}}=2.37\%$$
$$\Delta_p=t\cdot\mu_p=1.96\times2.37\%=0.046$$

②求下限与上限，有

下限 $p-\Delta_p=94\%-4.6\%=89.4\%$

上限 $p+\Delta_p=94\%+4.6\%=98.6\%$

所以，以 95% 的概率保证程度估计该批产品的合格率为 89.4%~98.6%。

任务四　抽样组织形式与抽样方案设计

常用的抽样组织形式有简单随机抽样、分层抽样、等距抽样和整群抽样。

一、抽样组织形式概述

抽样推断是根据事先设定的要求设计抽样调查,并以获得的这一部分实际资料为基础,进行推理演算得出结论的活动。因此,如何科学地设计抽样调查组织,保证随机条件的实现,并且取得最佳的抽样效果,是一个至关重要的问题。

(一)抽样随机原则

在抽样设计中,我们首先要保证随机原则的实现。随机取样是抽样推断的前提,失去这一前提,推断的理论和方法也就失去了存在的意义。理论上,随机原则就是要保证总体每一单位都有同等的中选机会,或样本的抽选概率是已知的。但在实践上,如何保证这个原则的实现,需要考虑以下几点:

(1)合适的抽样框。一个合适的抽样框必须能代表总体的所有单位。例如,20世纪80年代某城市进行民意调查,如果以该市的电话号码簿名单为抽样框显然是不合适的,因为并不是所有居民都安装了电话,而且安装电话的居民户又多数是经济条件较好的上层人物,从这里取得的样本资料很难具有代表性。抽样框还要考虑抽样单位与总体单位的对应问题。在实践中,抽样单位与总体单位不一致的问题也不少见。有的是多个抽样单位对应一个总体单位,如调查学生家庭情况,以学生名单为抽样框,在学生名单中可能有两个或更多的学生属于同一家庭;也有的是一个抽样单位对应几个总体单位,如人口调查中以住户列表为抽样框,每一住户就包括许多人口。这类型的抽样很可能造成总体单位中选机会不均等,我们应该注意,并加以调整。

(2)取样的实施问题。在总体单位数很大甚至无限大的情况下,要保证总体每单位中选的机会均等绝非简单的工作。在设计中,我们要考虑先将总体各单位加以分类、排队或分阶段等再进行抽样,以尽量保证随机原则的实现。

(二)样本的容量和结构

样本的容量取决于对抽样推断准确性、可靠性的要求,样本的容量究竟要多大才算是适当呢?调查单位太多会增加组织抽样的负担,甚至造成不必要的浪费;但调查单位太少又不能够有效地反映情况,直接影响着推断的效果。例如,在居民收入调查中,要调查多少个家庭才能反映全国几亿人口的家庭收入状况。在抽样设计中,我们应该重视研究现象的差异、误差的要求和样本容量之间的关系,做出适当的选择。对相同的样本容量,还有容量的结构问题。例如,一个县要求抽取500亩[①]播种面积,可以是先抽5个村,再在每村抽100亩;也可以是先抽10个村,然后每村抽50亩等。样本容量的结构不同,所产生的效果也不同。抽样设计应该善于评价而且可以有效利用由于调整样本结构而产生的效果。

(三)抽样组织形式

一种科学组织形式,往往有可能以更少的样本单位数取得更好的抽样效果。在抽样设计时,我们必须充分利用已经掌握的辅助信息,对总体单位加以预处理,并采取合适的组织形式来取样。例如,粮食生产按地理条件顺序排队、等距取样等,都能收到更好的抽样效果。还应该指出,即使是同一种抽样组织形式,由于采用的分类标志不同、群体划分不同等,仍然会产生不同的效果。因此,我们应当认真、细致地估计不同组织和不同抽样方法的抽样误

[①] 1亩=666.666 666 7平方米。

差,并进行对比分析,从中选择有效和切实可行的抽样方案。

(四) 调查费用

在抽样设计中,我们必须重视调查费用这个基本因素。实际上,任何一项抽样调查都是在一定费用的限制条件下进行的,抽样设计应该力求节省调查费用。调查费用可分为可变费用和不变费用。可变费用随着调查单位的多少、远近、难易而变化,如搜集数据费、数据处理制表费等。不变费用是指不随工作量大小而变化的固定费用,如工作机关管理费、出版费等。节省调查费用往往集中于可变费用的开支上。在设计方案时,我们还要注意,提高精确度要求和节省费用要求并非一致,有时是相互矛盾的。抽样误差越小,则调查费用往往越大,因此并非抽样误差越小的方案便是越好的方案。许多情况下,我们的任务就是在满足一定误差要求的条件下选择费用最小的方案;或在一定费用开支条件下,选择误差最小的方案。

二、几种常用抽样组织形式

(一) 简单随机抽样

简单随机抽样是按随机原则直接从总体 N 个单位中抽取 n 个单位作为样本。不论重复抽样或不重复抽样,都要保证每个单位在抽选中有相等的中选机会。简单随机抽样是抽样中最基本也是最简单的抽样组织形式,它适用于均匀总体(具有某种特征的单位均匀地分布于总体的各个部分,总体的各个部分都是同分布的)。具体的操作方法是:在抽样之前,首先对总体各单位加以编号,然后用抽签的方式或根据"随机数表"来抽选必要的单位数。

在设计时,我们可以根据所研究问题的性质来确定允许的误差范围和必要的概率保证程度或概率度,并根据历史资料或其他试点资料估计总体的标准差,通过抽样平均误差公式来计算必要的样本单位数。

简单随机抽样在实践中受到很多限制,当总体很大时,我们对每单位编号、抽签等都会遇到难以克服的困难。但这种抽样方式在理论上最符合随机原则,它的抽样误差容易得到数学上的论证,所以可以作为设计其他更复杂的抽样组织的基础,同时也是衡量其他抽样组织形式抽样效果的比较标准。

总体来说,简单随机抽样法主要用于以下几种情况:

(1) 对调查对象的情况很少了解;

(2) 总体内各单位的排列是无序的;

(3) 抽到的单位比较分散时不影响调查工作的正常进行。

(二) 分层抽样

分层抽样又称类型抽样,是指先将总体单位按主要标志加以分类,分成互不重叠且有限的类型,称之为层,再从各层中独立地随机抽取单位,各层样本单位合起来构成样本,据此对总体指标做出估计。由于它是抽样方法与分组方法的结合,因此常有较好的效果,在实践中有较广泛的应用。如农产量抽样按地理条件分组、产品产量抽检按加工车床型号分组等,都收到了明显的效果。

设总体由 N 个单位构成,把总体划分为 K 组,使 $N = N_1 + N_2 + \cdots + N_K$,然后从每组的 N_1 单位中抽取 n_1 单位构成样本容量为 n 的样本,使 $n = n_1 + n_2 + \cdots + n_k$,这种抽样方法称为分层抽样。

（三）等距抽样

等距抽样也称系统抽样，是指先按某一标志对总体各单位进行排队，然后依一定顺序和间隔来抽取样本单位。由于这种抽样是在各单位大小顺序排队基础上，再按某种规则依一定间隔取样的，因此其可以保证所取得的样本单位比较均匀地分布在总体的各个部分，有较高的代表性。

在等距抽样中，我们要注意避免抽样间隔与现象本身的周期性节奏相重合而引起系统性误差。例如，在农产量抽样中，样本点的抽样间隔不宜和田间的长度相等；在工业产品质量抽样中，产品抽样时间间隔不宜和上下班时间一致，以免发生系统性的偏差，影响样本的代表性。

（四）整群抽样

整群抽样也称集团抽样，它是按某一标志将总体的所有单位划分为若干群，然后从中随机选取若干群，对中选群的所有单位进行全面调查。这种情况下的抽样单位是群。如要对某校学生的视力状况进行抽样调查，则可考虑这样进行：首先选取若干班级，然后对中选班级中所有学生进行全部调查。

设总体 N 个单位分为 R 个群，从中选取 r 个群进行全面调查，根据每群所包括的单位数多少不同，整群抽样有群大小相等的整群抽样和群大小不等的整群抽样两种形式。

整群抽样的优点是组织工作方便，确定一群便可以调查许多单位；缺点是抽样单位比较集中，限制了样本在总体中分配的平均性，所以代表性较低，抽样误差较大。在实际工作中，采用整群抽样方法通常都要增加一些样本单位，以减少抽样误差，提高估计准确性。

★案例分析 **扇贝抽样案例——统计方法的误区**

Arnold Bennett 是美国 MIT 斯隆商学院的一名教授，在杂志 Interfaces（1995 年 3 月）中描述了最近他作为统计学专家提供相关服务的一个法律案例。这个案例涉及一艘远离新英格兰海岸捕捞扇贝的渔船。

为了保护幼扇贝免遭捕捞，美国渔业和野生动物保护机构规定：每个扇贝肉的重量至少 1/36 磅才可以捕捞。这艘船被指控违反了这个重量标准。Bennett 教授在文章中描述：

这艘船抵达马萨诸塞州的一个港口时装有 11 000 袋扇贝，港务人员随机抽选了其中的 18 袋来检查。港务人员从每一个袋中随机取出一满勺扇贝，然后算出每个扇贝肉的平均重量。港务人员根据 18 袋的结果估计这艘船的每个扇贝肉的平均重量为 1/39 磅，低于标准，于是立即没收了捕获的 95%，后来进行了拍卖。

船主不服，对联邦政府提起诉讼，认为自己的捕捞符合标准，认为只选了 18 袋，不足以代表全体。律师问 Bennett 教授的问题之一就是："能够从一个容量为 18 的样本中得到所有扇贝的平均重量的可靠估计吗？"

于是，Bennett 教授进行了分析：

Bennett 教授把被抽样的 18 袋的每袋的平均重量按照 1/36 磅为 1 的情况做了比较，0.93 就是比 1/36 磅轻，1.14 就代表比 1/36 磅重，数量低于 1 的表明是不符合标准的。

请看下面的数据，只有两袋超过了 1/36 磅，其他都没有到 "1"，都不符合标准。

0.93 0.88 0.85 0.91 0.91 0.84 0.90 0.98 0.88 0.89 0.98 0.87 0.91

0.92　0.99　1.14　1.06　0.93

问题：从 11 000 袋中只抽出 18 袋作为样本合不合理呢？

基础训练

一、思考题

1. 什么是随机原则？在抽样调查中为什么要遵循随机原则？
2. 影响抽样误差的因素有哪些？
3. 抽样推断的特点有哪些？
4. 抽样组织的形式有哪些？
5. 抽样方案设计的原则有哪些？

二、单项选择题

1. 所谓大样本，是指样本单位数在（　　）及以上。
   A. 30 个　　　　　　B. 50 个　　　　　　C. 80 个　　　　　　D. 100 个
2. 抽样调查所特有的误差是（　　）。
   A. 由于样本的随机性而产生的误差　　　B. 登记误差
   C. 系统性误差　　　　　　　　　　　　D. A、B、C 都错
3. 有一批杯子共 100 箱，每箱 200 个，现随机抽取 20 箱并检查这些箱中全部杯子质量，此种检验属于（　　）。
   A. 纯随机抽样　　B. 类型抽样　　C. 整群抽样　　D. 等距抽样
4. 在抽样推断中，抽样误差是（　　）。
   A. 可以避免的　　　　　　　　　　　B. 可避免且可控制的
   C. 不可且无法控制的　　　　　　　　D. 不可避免但可控制的
5. 抽样极限误差是指抽样指标和总体指标之间（　　）。
   A. 抽样误差的标准差　　　　　　　　B. 抽样误差的平均数
   C. 抽样误差的可靠程度　　　　　　　D. 抽样误差的最大可能范围
6. 对于一次抽样调查而言，（　　）是确定的。
   A. 样本　　　　　　B. 样本容量　　　　C. 全及总体　　　　D. 样本标准差

三、多项选择题

1. 全及指标一般包含（　　）。
   A. 总体平均数　　　　　　B. 样本　　　　　　C. 总体容量
   D. 总体标准差　　　　　　E. 方差
2. 点估计的优良性准则有（　　）。
   A. 准确性　　　　　　　　B. 误差性　　　　　C. 一致性
   D. 无偏性　　　　　　　　E. 规则性
3. 常见的抽样组织形式有（　　）
   A. 简单随机抽样　　　　　B. 分层抽样　　　　C. 分段抽样
   D. 等距抽样　　　　　　　E. 整群抽样
4. 总体参数估计包括（　　）。
   A. 点估计　　　　　　　　B. 区间估计　　　　C. 线估计

D. 曲线估计　　　　　　　　E. 定量估计

四、计算题

1. 某学校随机抽取 10 名男生，其平均身高为 170 cm，标准差为 12 cm，问：有多大把握估计全校男学生身高处于 160.5～179.5 cm？

2. 有 5 个工人的日产量分别为（单位：件）：6、8、10、12、14。用重复抽样的方法，从中随机抽取 2 个工人的日产量，用以代表这 5 个工人的总体水平，则抽样平均误差为多少？

3. 已知某种灯泡的寿命服从正态分布，其中，总体平均寿命 μ，总体寿命方差 σ^2 都是未知的，今随机取得 4 只灯泡，测得寿命（单位：小时）为 1 502、1 453、1 367、1 650，试估计 μ 和 σ，并对这种灯泡的寿命进行区间估计。

实训项目

以小组为单位，通过互联网搜寻有关抽样推断的案例，并进行整理，在班级进行汇报。

项目八

相关分析与回归分析

项目概述

一切客观事物都是相互联系、相互制约的，只有对客观现象之间存在的相互依存、相互制约的关系加以分析，判断它们之间存在什么样的关系，以及关系的密切程度，才能更好地利用这种关系，达到控制或预测某些变量的目的，相关分析与回归分析帮助我们解决了这些问题。

学习目标

1. 掌握相关关系的概念。
2. 理解如何进行相关关系的测定。
3. 掌握回归分析的含义。
4. 掌握一元线性回归模型。
5. 学会 Excel 在相关分析与回归分析中的应用。

★导入案例　　相关与回归分析的应用实例

相关与回归分析是一种重要而且实用的分析方法，其应用范围遍及生物医学、工业、农业、经济等领域，下面介绍几则应用实例。

（1）子代身高的遗传学研究。英国著名遗传学家弗朗西斯·高尔顿在子女与父母相像程度的遗传学研究方面，取得了重要进展。高尔顿和他的学生卡尔·皮尔逊在继续这一遗传学研究的过程中观测了 928 对夫妇，以每对夫妇的平均身高作为自变量 x，以他们的一个成年儿子的身高作为因变量 y。他们发现：虽然高个子的父代会有高个子的子代，但子代的身高并不与其父代身高趋同，而是趋向于比他们的父代更加平均。就是说，如果父亲身材高大且明显高于平均值，则子代的身材要比父代矮小一些；如果父亲身材矮小且明显低于平均值，则子代的身材要比父代高大一些。换言之，子代的身高有向平均值靠拢的趋向，他用"回归"一词来描述子代身高与父代身高的这种关系。

（2）菲利普斯曲线。菲利普斯曲线是用来表示失业与通货膨胀之间相关关系的曲线，由新西兰经济学家威廉·菲利普斯于1958年在《1861—1957年英国失业和货币工资变动率之间的关系》一文中最先提出。威廉·菲利普斯根据英国1861—1957年近100年的统计数据推出了这条表明失业与通货膨胀存在一种交替关系的曲线，即通货膨胀率高时，失业率低；通货膨胀率低时，失业率高。

由于失业率和通货膨胀率之间存在着交替关系，因此可以运用扩张性的宏观经济政策，用较高的通货膨胀率来换取较低的失业率，也可以运用紧缩性的宏观经济政策，以较高的失业率来换取较低的通货膨胀率。这就为宏观经济政策的选择提供了理论依据。

（3）奥肯定律。其是由美国经济学家阿瑟·奥肯提出的，用来近似地描述失业率和实际GDP之间的交替关系。其内容是：失业率每高于自然失业率1%，实际GDP便低于潜在GDP 2%。这里潜在GDP是指在保持价格相对稳定情况下，一国经济所能生产的最大产值。例如，假定失业率为8%，比自然失业率高2%，那么按照奥肯定律，实际GDP就比潜在GDP低4%。奥肯定律论述的失业率与GDP的数量关系可用下列公式表示，即

$$失业率的变动 = -1/2（实际GDP增长率 - 潜在GDP增长率）$$

奥肯定律曾经相当准确地预测了失业率。例如，美国1979—1982年经济滞涨时期，GDP没有增长，而潜在GDP每年增长3%，3年共增长9%。根据奥肯定律，实际GDP增长比潜在GDP增长低2%，失业率会上升1%。当实际GDP增长比潜在GDP增长低9%时，失业率会上升4.5%。已知1979年失业率为5.8%，则1982年失业率应为10.3%（5.8% + 4.5%）。根据官方统计，1982年实际失业率为9.7%，与预测的失业率10.3%相当接近。

思考：
你还能指出其他具有相关关系的一些现象吗？

任务一 相关分析

要想通过定量的方式掌握相关要素之间的关系，首先应理解这些要素间有什么样的相关关系。

一、相关关系的概念

存在于世界的万事万物都存在着普遍联系，它们间要么相互依赖、要么相互制约，没有任何事物是独立存在的。在经济领域，现象之间具有一定的联系，一种现象的变化往往依托于其他现象的变化，这种相互联系可以通过数量关系反映出来。

现象间的这种依存关系有两种类型：函数关系和相关关系。

（一）函数关系

函数关系是指现象之间存在着依存关系，它能通过数学表达式准确地表示出来。在这种关系中，对于某一标志值，就有另一确定的标志值与其相对应。如 $S = \pi r^2$，由公式可以看出，圆的面积仅和其半径有关，半径变，圆的面积也会随之发生规律性的变化，这种变量间的关系就成为函数关系。可见，在自然界中普遍存在着函数关系。

（二）相关关系

相关关系是指客观现象之间存在的非确定的相互依存关系。也就是说，当一个现象发生

数量变化时，另一现象也会发生数量变化，但这种数量关系不是严格对应的依存关系。

（1）相关关系指现象间确实存在着数量上的相互依存关系。两个现象，当一个现象发生数量变化时，另一现象也确实会发生数量变化。在相互依存的两个变量中，可根据研究的目标，将其中作为根据的变量确定为自变量，一般用 X 表示；将发生对应变化的变量确定为因变量，一般用 Y 表示。

（2）现象间数量依存关系的具体数值不固定。如同一年龄的人，学识上存在差异。因为，学识上存在的差异不仅与这个人年龄因素有关，还与智力是否正常、是否上过学等因素有关。

相关关系和函数关系既有区别，又有联系。相关关系的范围比函数关系的范围更大，函数关系比相关关系更严格。在一定条件下，两者可以互相转化。对于函数关系中的变量，当存在观测误差时，其函数关系往往以相关的形式表现出来；对于相关关系的变量之间的数量关系，若随着对变量间深刻的规律性认识，并且能够把影响因变量变动的因素全部纳入方程，则这时的相关关系也可能转化为函数关系。

二、相关关系的类别

现象之间的相关关系从不同的角度可以区分为不同类型。

（一）按相关关系涉及变量（或因素）的数目划分

按照相关关系涉及变量的多少，相关关系可分为单相关、复相关和偏相关。单相关又称一元相关，指两个变量之间的关系，即研究时只有一个自变量和一个因变量。复相关又称多元相关，是指三个或三个以上变量间的相关关系，即研究时涉及两个或两个以上自变量和因变量。偏相关是指在一个变量与两个或两个以上的变量相关的条件下，假定其他变量不变时，其中两个变量的相关关系。例如，在假定商品价格不变的条件下，该商品的需求量与消费者收入水平的相关关系即为偏相关。

（二）按相关关系的形式划分

按照相关关系的形式划分，其可分为线性相关和非线性相关。线性相关又称直线相关，是指当一个变量变动时，另一变量随之发生大致均等的变动，从图形上看，其观察点的分布近似地表现为一条直线；非线性相关又称曲线相关，当相关关系的一个变量变动时，另一个变量也相应地发生变动，但这种变动是不均等的。

（三）按照相关现象的变化方向划分

按照相关现象的变化方向划分，相关关系分为正相关和负相关。其中，正相关是指当一个变量增加或减少时，另一个变量的值也随之增加或减少。也就是说，自变量发生变化时，因变量同方向变化。负相关是指当一个变量的值增加或减少时，另一个变量的值反而减少或增加，即当自变量发生变化时，因变量向反方向变化。

（四）按照相关关系程度划分

按照相关关系程度划分，相关关系可分为完全相关、不完全相关和不相关。其中，完全相关是指当一个变量的数量完全由另一个变量的数量变化确定时，二者之间即为完全相关。不相关又称零相关，当变量之间彼此互不影响，其数量变化各自独立时，变量之间为不相关。不完全相关是指如果两个变量的关系介于完全相关和不相关之间，则称为不完全相关。由于完全相关和不相关的数量关系是确定的或相互独立的，因此我们研究的大多数变量间都属不完全相关关系。

三、相关分析的主要内容

相关分析用来分析社会经济现象间的依存关系,即在现象的复杂关系中找到现象间相互依存的形式和相关程度,以及这种依存关系变动的规律性。相关分析的主要内容有以下几点:

(一) 确认现象间有无相关关系以及相关关系的表现形式

这点是相关分析的出发点,只有现象间存在依存关系才能用相关方法进行分析,而这种相关关系的表现形式,也会影响分析方法的选择。如本来现象间存在线性相关性,但是因为大意当成了曲线相关来进行研究,则必然会存在误差。

(二) 确定相关关系的相关程度

相关分析的一个目的就是从不严格的关系中判断这些现象间的相关程度。只有关系密切了,才有必要进行数学回归分析。

(三) 确定合适的数学模型

如果现象间存在很高的相关关系和相关度,就需要选择适合的数学模型,对变量间的联系进行近似的描述。通过数学模型的使用,找到现象间相互依存关系在数量上的规律性,根据已知自变量来估算因变量的值。

四、相关关系的测定

在研究社会经济领域时,所发生的现象间有没有相关关系,测定的方法有两种:一是定性分析;二是定量分析。

(一) 定性分析

定性分析主要是研究者或者调查者根据自身的知识水平和实践经验,对现象进行分析,以判定客观现象间是否存在相关关系及其表现形式。在进行相关关系测定过程中常用的定性分析法有相关表法、相关图法。

1. 相关表法

相关表是一种统计表。它是根据现象间的原始资料,将一变量的若干变量值按从小到大的顺序排列,并将另一变量的值与之对应排列形成的统计表。通过相关表可以初步看出各变量之间的相关关系,同时,相关表还是绘制相关图和计算相关系数的基础。

2. 相关图法

相关图又称散布图或散点图,在平面直角坐标图上,以横轴表示自变量,纵轴表示因变量,标出每对变量值的坐标点(散布点),表示其分布状况的图形即为相关图,它是反映两个变量间依存关系的统计图。通过相关图可以大致看出两个变量之间有无相关关系,以及相关的形态、方向和密切程度。其判断规则如下:

(1) 强正相关。若变量 x 的数值增大,变量 y 的数值也明显增大,且相关点的分布集中,呈直线形状,就说明这两个变量间是强正相关,如图 8-1 所示。

(2) 弱正相关。若变量 x 的数值增大,变量 y 的数值也增大,但其相关点的分布比较分散,就说明这两个变量间是弱正相关,如图 8-2 所示。

(3) 强负相关。若变量 x 的数值增大,变量 y 的数值显著地减小,且相关点的分布集中,呈直线形状,则说明这两个变量间是强负相关,如图 8-3 所示。

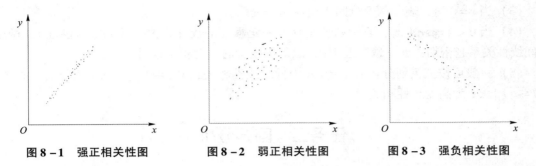

图8-1 强正相关性图　　图8-2 弱正相关性图　　图8-3 强负相关性图

（4）弱负相关。若变量 x 的数值增大，变量 y 的数值趋于下降，但相关点的分布较分散，则说明这两个变量间是弱负相关，如图8-4所示。

（5）非线性相关（曲线相关）。若变量 x 的数值增大，各相关点的分布呈曲线状，则表明这是非线性相关，如图8-5所示。

（6）不相关。若图像上各相关点很分散，则说明变量 x 和 y 之间没有相关关系，如图8-6所示。

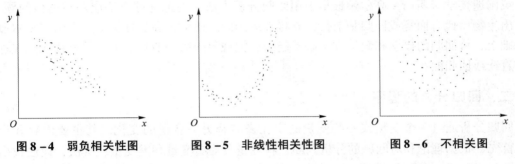

图8-4 弱负相关性图　　图8-5 非线性相关性图　　图8-6 不相关图

（二）定量分析

定性分析只能就客观现象之间是否存在相关关系，以及是何种相关关系做初步的判断，而要精确地确定变量之间的密切程度需要借助于定量分析。相关关系分析中所说的定量分析主要是相关系数法。

相关表和相关图可反映两个变量之间的相互关系及其相关方向，但无法确切地表明两个变量之间相关的程度。相关系数是在线性相关条件下反映变量之间相关关系密切程度的统计分析指标，用 r 表示，其基本计算公式如下，其中 n 为所给已知资料的项数：

$$r = \frac{\sigma_{xy}^2}{\sigma_x \sigma_y} = \frac{\sum (x-\bar{x})(y-\bar{y})/n}{\sqrt{\sum (x-\bar{x})^2/n} \cdot \sqrt{\sum (y-\bar{y})^2/n}} = \frac{\sum (x-\bar{x})(y-\bar{y})}{\sqrt{\sum (x-\bar{x})^2} \cdot \sqrt{\sum (y-\bar{y})^2}}$$

式中，$\sigma_x = \sqrt{\dfrac{\sum (x-\bar{x})^2}{n}}$ 表示变量 x 的标准差；$\sigma_y = \sqrt{\dfrac{\sum (y-\bar{y})^2}{n}}$ 表示变量 y 的标准差；$\sigma_{xy}^2 = \dfrac{\sum (x-\bar{x})(y-\bar{y})}{n}$ 表示 x、y 两个变量的协方差。

相关系数的值介于 -1 与 $+1$ 之间，即 $-1 \leqslant r \leqslant +1$。其性质如下：

（1）当 $r>0$ 时，表示两变量正相关；当 $r<0$ 时，表示两变量负相关。

（2）当 $|r|=1$ 时，表示两变量完全线性相关，即为函数关系。

(3) 当 $r=0$ 时，表示两变量间无线性相关关系。

(4) 当 $0<|r|<1$ 时，表示两变量存在一定程度的线性相关，且 $|r|$ 越接近 1，两变量间线性关系越密切；$|r|$ 越接近于 0，表示两变量的线性相关越弱。

(5) 一般可按三级划分：$|r|<0.4$ 为低度线性相关；$0.4\leqslant|r|<0.7$ 为显著性相关；$0.7\leqslant|r|<1$ 为高度线性相关。

任务二　回归分析

要素间的关系是千变万化的，研究起来难度很大，使用回归分析，通过寻找各要素之间的规律，建立函数关系式，可对要素间关系进行定量描述。

一、回归分析的含义

回归分析是指对具有相关关系的现象，根据其关系形态，选择一个合适的数学模型（称为回归方程式），以近似地表示变量间的平均变化关系的一种统计分析方法。

英国遗传学家西斯·高尔顿最早采用回归分析方法，他把这种方法应用在遗传问题上，并指出生物后代有回复或回归其上代原有特性的倾向。西斯·高尔顿的学生卡尔·皮尔逊在其基础上，将回归的概念和数学方法联系起来，把现象间的一般数量关系的直线或曲线称为回归直线或回归曲线。

二、回归分析的程序

回归分析通过一个变量或一些变量的变化来解释另一变量的变化。其主要内容和步骤是：首先，根据理论和对问题的分析判断，将变量分为自变量和因变量；其次，设法找出合适的数学方程式（即回归模型）来描述变量间的关系；由于涉及的变量具有不确定性，因此还要对回归模型进行统计检验；统计检验通过后，最后是利用回归模型，根据自变量去估计、预测因变量。

三、相关分析与回归分析的关系

（一）二者间的联系

相关分析是回归分析的基础和前提，回归分析则是相关分析的深入和继续。回归分析需要依靠相关分析来表示变量间数量变化的相关程度，只有具有较强的线性相关性才有进行回归分析的必要；相关分析则需要回归分析来表现变量间数量相关的具体形式。因此，为了达到研究的目的，在实际应用中，需要将相关分析和回归分析结合起来。

（二）二者的区别

（1）相关分析中的变量关系是对等的，可不必区分自变量和因变量。但是在回归分析中，由于有因果联系，所涉及变量间关系并不平等，因此必须要区分自变量和因变量。

（2）相关分析中的变量都必须是随机变量；而在回归分析中，自变量是资料给定的，只有因变量才是随机的。

（3）相关分析是通过相关系数来反映变量间的相关程度的，由于变量间是对等的，因此相关系数唯一确定；而在回归分析中，对于互为因果的两个变量，有可能存在多个回归方程。

四、一元线性回归

回归有不同种类,按自变量的个数分,有一元回归和多元回归。只有一个自变量的叫一元回归,有两个或两个以上自变量的叫多元回归;按照回归曲线的形态分,有线性(直线)回归和非线性(曲线)回归。简便起见,本节仅讨论最简单的一元线性回归。

(一) 一元线性回归分析的特点

(1) 使用一元线性回归法对变量进行分析时,根据研究者的研究目标,必须区分自变量和因变量。

(2) 在两个变量互为因果的情况下,有两个回归方程,即 y 随 x 回归方程和 x 随 y 回归方程。

(3) 回归方程的主要作用是使用自变量的值来估算因变量的可能值,一个回归方程只能做一种估算。

(二) 一元线性回归模型

对于具有线性相关关系的两个变量,若以 x 表示自变量,y 表示因变量,则其基本形式为

$$\hat{y} = a + bx$$

式中,$\hat{y}$ 为回归估计值;a、b 均为待定参数。其中,b 为回归系数,它表示自变量每变动一个单位时,因变量平均变动的数值;a 是当自变量为零时 y 的估计值。模型中的参数 a 和 b 通常用最小二乘法来求。最小二乘法的原理是:

$$\sum (y - \hat{y})^2 = 最小值 \quad (y 为实际样本值,\hat{y} 为回归方程预测值)$$

$$\sum (y - a - bx)^2 = 最小值$$

令

$$Q(a,b) = \sum (y - a - bx)^2$$

根据高等数学求极值的原理,得到

$$\begin{cases} \dfrac{\partial Q}{\partial a} = 2\sum (y - a - bx)(-1) = 0 \\ \dfrac{\partial Q}{\partial b} = 2\sum (y - a - bx)(-a) = 0 \end{cases}$$

化简,得

$$\sum y = na + b\sum x$$

$$\sum xy = a\sum x + b\sum x^2$$

这是一个关于参数 a、b 的二元一次方程组,解之就求得 a、b。其计算公式为

$$\begin{cases} b = \dfrac{n\sum xy - \sum x \sum y}{n\sum x^2 - (\sum x)^2} \\ a = \dfrac{\sum y}{n} - \dfrac{b\sum x}{n} = \bar{y} - b\bar{x} \end{cases}$$

这里,b 为回归系数,它表示自变量 x 每增加一个单位时,因变量 y 的平均增减量,b

大于零为增加量；b 小于零为减少量。b 的符号与相关系数 r 的符号一致。若 r 大于零，则 b 大于零，变量呈正相关关系；若 r 小于零，则 b 小于零，变量呈负相关关系。

【例 8-1】 研究某灌溉渠道水的流速 y 与水深 x 之间的关系，测得一组数据如表 8-1 所示。

表 8-1 水深与流速的关系

水深 x/米	1.40	1.50	1.60	1.70	1.80	1.90	2.00	2.10
流速 y/(米·秒$^{-1}$)	1.70	1.79	1.88	1.95	2.03	2.10	2.16	2.21

（1）求 y 对 x 的回归直线方程；
（2）预测水深为 1.95 米时水的流速。
（1）可采用列表的方法计算 a 与回归系数 b，如表 8-2 所示。

表 8-2 水深与流速的回归计算

序号	x	y	x^2	xy
1	1.40	1.70	1.96	2.380
2	1.50	1.79	2.25	2.685
3	1.60	1.88	2.56	3.008
4	1.70	1.95	2.89	3.315
5	1.80	2.03	3.24	3.654
6	1.90	2.10	3.61	3.990
7	2.00	2.16	4.00	4.320
8	2.10	2.21	4.41	4.641
合计	14.00	15.82	24.92	27.993

$$\bar{x} = \frac{1}{8} \times 14.00 = 1.75$$

$$\bar{y} = \frac{1}{8} \times 15.82 = 1.9775$$

由

$$\begin{cases} b = \dfrac{n\sum xy - \sum x \sum y}{n\sum x^2 - (\sum x)^2} \\ a = \dfrac{\sum y}{n} \cdot \dfrac{b\sum x}{n} = \bar{y} - b\bar{x} \end{cases}$$

可得

$$a = 1.9775 - \frac{11}{15} \times 1.75 \approx 0.694$$

$$b = \frac{27.993 - 8 \times 1.75 \times 1.977}{24.93 - 8 \times 1.75^2} = \frac{11}{15} \approx 0.733$$

则 y 对于 x 的回归直线方程为

$$\hat{y} = a + bx = 0.694 + 0.733x$$

(2) 把 $x = 1.95$ 代入，易得

$$\hat{y} = 0.694 + 0.733 \times 1.95 \approx 2.12 \text{（米/秒）}$$

上述计算结果表明，当水深为 1.95 米时可以预测渠水的流速约为 2.12 米/秒.

五、估计标准误差

（一）估计标准误差的概念

当利用线性回归方程和给定的自变量 x 预测 y 时，得到的 $\hat{y}$ 与实际值 y 的误差称为估计标准误差，也称回归估计标准误差。它是衡量回归估计精确度高低或回归方程代表性大小的统计分析指标。若估计标准误差小，则说明回归方程准确性高，代表性大；反之，则代表性小。

（二）估计标准误差的计算方法

1. 定义公式

估计标准误差是指因变量实际值与估计值离差的平均数。统计上定义为

$$S_y = \sqrt{\frac{\sum (y - \hat{y})^2}{n - 2}}$$

式中，S_y 为估计标准误差；$n-2$ 为自由度。因在一元线性回归方程中，计算两个参数 a 和 b，受两个方程的约束，故失去了两个自由度。

2. 简化公式

其简化公式为

$$S_y = \sqrt{\frac{\sum y^2 - a \sum y - b \sum xy}{n - 2}}$$

【例 8-2】现仍采用【例 8-1】的资料，说明估计标准误差的计算方法。

根据【例 8-1】的资料，计算如下：

$$S_y = \sqrt{\frac{\sum y^2 - a \sum y - b \sum xy}{n - 2}} = \sqrt{\frac{31.51 - 0.694 \times 15.82 - 0.733 \times 27.993}{8 - 2}}$$

$$= \sqrt{\frac{0.014}{6}} = \sqrt{0.002} = 0.05 \text{（米/秒）}$$

上述计算结果表明，水深为 1.95 米时水的流速的估计值与实际值平均误差为 0.05 米/秒。估计值为 2.12 米/秒，误差相比并不大，可以接受。由此可见，只有将回归估计值与估计标准误差结合起来使用才有意义。

任务三　用 Excel 绘制相关图

一、相关图的绘制

正如前面所说，相关图是反映两个变量间依存关系的统计图。通过相关图可以大致看出两个变量之间有无相关关系，以及相关的形态、方向和密切程度。现通过现实案例说明如何利用 Excel 来绘制相关图。

【例8-3】 ABC软件公司在全国有许多代理商，为研究它的软件产品的广告投入与销售额的关系，公司负责人随机选择10家代理商进行观察，搜集到年广告投入费和月平均销售额的数据，并编制成相关表，如表8-3所示。

表8-3 年广告投入费与月平均销售额相关表　　　　　　　单位：万元

年广告投入费	月平均销售额
12.5	21.2
15.3	23.9
23.2	32.9
26.4	34.1
33.5	42.5
34.4	43.2
39.4	49.0
45.2	52.8
55.4	59.4
60.9	63.5

使用Excel绘制散点图，确定两变量间相关关系的具体操作步骤如下：

第一步：新建"例8-3年广告投入费与月平均销售额相关表.xlsx"工作表，将表8-3中的数据输入新建的Excel工作表中，如图8-7所示。

第二步：选择图表类型，插入散点图。选取单元格区域A2:B11，单击菜单栏"插入""图表""散点图"按钮，弹出下拉列表，再单击第一个子图表类型"仅带数据标记的散点图"选项，插入图表，如图8-8所示。

图8-7 Excel工作表

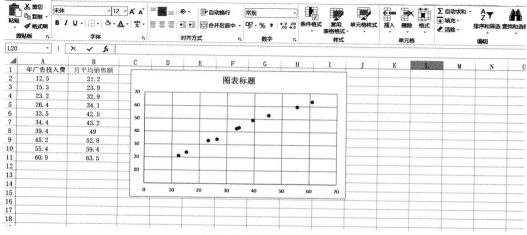

图8-8 散点图的制作

第三步：更改图表布局。单击图表区，然后单击菜单栏"设计""图表布局"按钮，再单击"其他"按钮，选择"布局1"后，图表中添加了"图表标题""坐标轴标题"和"系列1"图例，如图8-9所示。

图 8-9　更改图表布局

第四步：设置纵坐标轴格式。右键单击纵坐标轴，在弹出的快捷菜单中单击"设置坐标轴格式"选项，弹出"设置坐标轴格式"对话框；在"坐标轴选项"下单击选择"最小值"，在其后文本框中输入"10.0"；再在"主要类型（J）"下拉菜单中单击"内部"选项，设置如图8-10（a）和图8-10（b）所示。

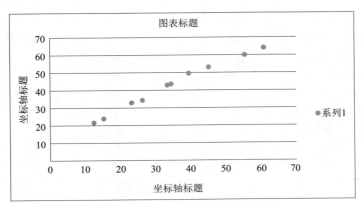

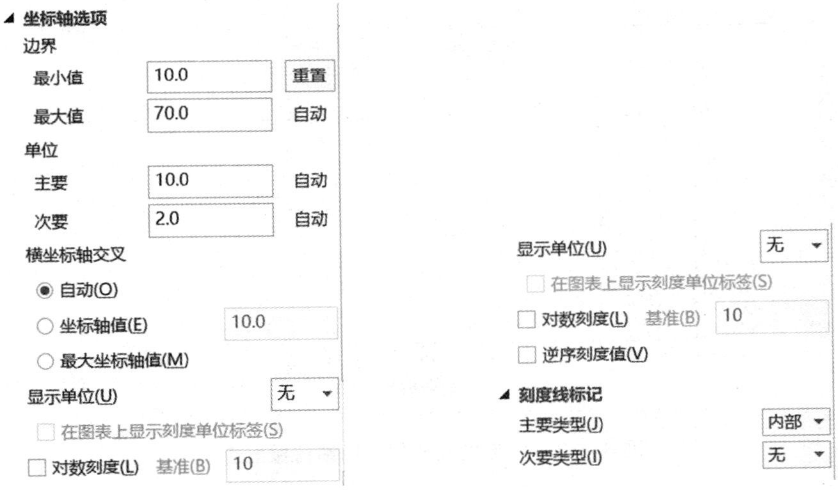

(a)　　　　　　　　　　　　　　(b)

图 8-10　设置纵坐标轴格式

第五步：设置横坐标轴格式。右键单击横坐标轴，在弹出的快捷菜单中单击"设置坐标轴格式"选项，弹出"设置坐标轴格式"对话框；然后在"坐标轴选项"下单击"最小值"选项，并在其后文本框中输入"20.0"；再在"主要类型（J）"下拉菜单中单击"内部"选项，设置如图8-11（a）和图8-11（b）所示。

第六步：修改图表标题。单击图表标题，激活编辑，输入"广告投入与月平均销售额散点图"，并删除"系列1"。

(a)　　　　　　　　　　　　　　(b)

图 8 – 11　设置横坐标轴格式

第七步：修改纵坐标轴标题。单击纵坐标轴旁边的"坐标轴标题"，再单击激活编辑，输入"广告投入"。

第八步：修改横坐标轴标题。单击横坐标轴的"坐标轴标题"，然后单击一下激活文字编辑，输入"月均销售额"，绘制好的散点图如图 8 – 12 所示。

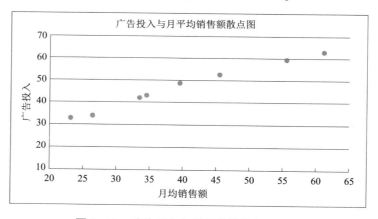

图 8 – 12　广告投入与月平均销售额散点图

二、相关系数

（一）相关系数函数

散点图表法只能给出两个变量的定性分析，想要得到两变量的定量分析，就要采用相关系数法。相关系数是用无量纲的系数形式来度量两个变量 X 和 Y 之间相关程度和相关方向的。

在 Excel 中，可以使用 CORREL 函数来计算两变量的相关系数。

函数语法：CORREL（array1，array2）

array1 为第一组数值单元格区域。

array2 为第二组数值单元格区域。

如果数组或者引用参数包含文本、逻辑值或空白单元格,那么这些值将被忽略,但包含零值的单元格将计算在内。

如果 array1 和 array2 数据点的个数不同,则函数 CORREL 返回错误值 "#N/A"。

如果 array1 或 array2 为空,或其数值的标准偏差等于零,则 CORREL 函数将返回错误值 "#DIV/0!"。

【例 8-4】城市的发展、城市化水平的提高需要占用一部分耕地,这会造成耕地数量的逐年下降。据统计,我国 2006—2015 年城市化水平与耕地面积状况如表 8-4 所示,试计算城市化水平与耕地面积状况两者间的相关性。

表 8-4 我国 2006—2015 年城市化水平与耕地面积状况

年份	城市化水平/%	耕地面积/万公顷[①]
2006 年	30.48	13 004
2007 年	31.91	12 990
2008 年	33.35	12 964
2009 年	34.78	12 921
2010 年	36.22	12 824
2011 年	37.66	12 762
2012 年	39.09	12 593
2013 年	40.53	12 339
2014 年	41.76	12 244
2015 年	43.12	12 032

第一步:新建"例 8-4 我国 2006-2015 年城市化水平与耕地面积状况.xlsx"工作表,将表 8-4 中的数据输入新建工作表,创建数据表格,如图 8-13 所示。

第二步:利用 CORREL 函数求相关系数。单击 E11 单元格,再在编辑栏中输入公式"= CORREL(B2: B11, C2: C11)",然后按"Enter"键,结果如图 8-14 所示。

从图 8-14 可以看出,其相关系数为"-0.948 752 55",即城市化发展与耕地面积存在着高度的负相关关系。

图 8-13 数据表格

(二)相关系数分析工具

在 Excel 中,专门提供了相关系数宏工具。此分析工具可以判断两组数据之间的相关关系,可以使用其来确定两个区域中数据的变化是否相关。利用相关系数宏工具不但可以求双变量的相关系数,而且能求出多元相关的相关系数矩阵。

---

① 1 公顷 = 10 000 平方米。

	A	B	C	D	E
	年份	城市化水平 / %	耕地面积 / 万hm²		
1					
2	2006	30.48	13004		
3	2007	31.91	12990		
4	2008	33.35	12964		
5	2009	34.78	12921		
6	2010	36.22	12824		
7	2011	37.66	12762		
8	2012	39.09	12593		
9	2013	40.53	12339		
10	2014	41.76	12244		
11	2015	43.12	12032	相关系数	-0.94875255
12					

E11 =CORREL(B2:B11,C2:C11)

图 8-14　CORREL 函数计算相关系数

仍然以表 8-4 中资料为例,利用相关系数宏工具进行相关分析。

第一步:新建"例 8-4 我国 2006—2015 年城市化水平与耕地面积状况.xlsx"工作表,将表 8-4 中的数据输入到新建工作表中,创建数据表格,如图 8-13 所示。

第二步:打开"相关系数"对话框。单击菜单栏"数据""分析""数据分析"选项,弹出"数据分析"对话框,然后单击选择"相关系数"选项,如图 8-15 所示。

第三步:选择输入区域。单击"数据分析"对话框的确定按钮,弹出"相关系数"对话框,然后单击"输入"选项下"输入区域(I):"后的折叠按钮,选择 B2:C11 单元区域。

第四步:选择分组方式。在"相关系数"对话框中,单击选择"分组方式:"下的"逐列(C)"单选钮。

第五步:选择输出区域。在"相关系数"对话框中,单击"输出选项"区域下的"输出区域(O):"单选按钮,然后单击"输出区域(O):"后的折叠按钮,选择 E2 单元格,如图 8-16 所示。

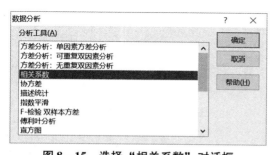

图 8-15　选择"相关系数"对话框

图 8-16　"相关系数"对话框设置

第六步:单击"相关系数"对话框中的"确定"按钮,此时,Excel 表格计算出相关系数,如图 8-17 所示。

从图 8-17 可以看出,采用相关系数分析工具求出的相关系数也是"-0.948 752 55",同 CORREL 函数计算结果相同。同时,计算结果也给出了变量与其自身的相关系数为 1。

	A	B	C	D	E	F	G	H
1	年份	城市化水平/%	耕地面积/万hm²					
2	2006	30.48	13004			列1	列2	
3	2007	31.91	12990		列1	1		
4	2008	33.35	12964		列2	-0.94875255	1	
5	2009	34.78	12921					
6	2010	36.22	12824					
7	2011	37.66	12762					
8	2012	39.09	12593					
9	2013	40.53	12339					
10	2014	41.76	12244					
11	2015	43.12	12032					

图 8-17　相关系数计算结果

三、回归分析宏

Excel 提供了 9 个函数用于建立回归模型和回归预测，这 9 个函数列于表 8-5 中。Excel 提供的回归分析宏具有更方便的特点。其具体案例和操作步骤在这里不过多介绍，感兴趣的同学可自行尝试计算。

表 8-5　用于回归分析的工作表函数

函数名	定义
INTERCEPT	一元线性回归模型截距的估计值
SLOPE	一元线性回归模型斜率的估计值
RSQ	一元线性回归模型的判定系数
FORECAST	依照一元线性回归模型的预测值
STEYX	依照一元线性回归模型的预测值的标准误差
TREND	依照多元线性回归模型的预测值
GROWTH	依照多元指数回归模型的预测值
LINEST	估计多元线性回归模型的未知参数
LOGEST	估计多元指数回归模型的未知参数

★案例分析

某商业银行不良贷款分析

一家大型商业银行在多个地区设有分行，其业务主要是进行基础设施建设、国家重点项目建设、固定资产投资等项目的贷款。近年来，该银行的贷款额平稳增长，但不良贷款额也有较大比例的提高，这给银行业务的发展带来较大压力。为了弄清楚不良贷款形成的原因，希望利用银行业务的有关数据做些定量分析，以便找出控制不良贷款的办法。2018 年该银行所属的 25 家分行的有关业务数据如表 8-6 所示。

表 8-6 2018 年某银行所属的 25 家分行的有关业务数据

分行编号	不良贷款/亿元	各项贷款余额/亿元	本年累计应收贷款/亿元	贷款项目个数/个	本年固定资产投资额/亿元
1	1.2	70.6	7.7	6	54.7
2	1.4	114.6	20.7	17	93.8
3	5.1	176.3	8.6	18	76.6
4	3.5	83.9	8.1	11	18.5
5	8.2	202.8	17.5	20	66.3
6	2.9	19.5	3.4	2	4.9
7	1.9	110.7	11.7	17	23.6
8	12.7	188.9	27.9	18	46.9
9	1.3	99.6	2.6	11	56.1
10	2.9	76.1	10.1	16	67.6
11	0.6	67.8	3.1	12	45.9
12	4.3	135.6	12.1	25	79.8
13	1.1	67.7	6.9	16	25.9
14	3.8	177.9	13.6	27	120.1
15	10.5	266.6	16.5	35	149.9
16	3.3	82.6	9.8	16	32.7
17	0.5	17.9	1.5	4	45.6
18	0.7	76.7	6.8	13	28.6
19	1.3	27.8	5.9	6	16.8
20	7.1	143.1	8.1	29	67.8
21	11.9	371.6	17.7	34	167.2
22	1.9	99.2	4.7	12	47.8
23	1.5	112.9	11.2	16	70.2
24	7.5	199.8	16.7	18	43.1
25	3.6	105.7	12.9	12	100.2

问题：

（1）分别绘制不良贷款与贷款余额、应收贷款、贷款项目数、固定资产投资额之间的散点图，并分析其关系。若有关系，那么它们之间是一种什么样的关系？关系强度如何？

（2）分别建立不良贷款与贷款余额、累计应收贷款、贷款项目数、固定资产投资额各个变量的一元线性回归方程，并解释其实际意义。

基础训练

一、思考题

1. 函数关系和相关关系有什么区别？
2. 相关分析的主要内容有哪些？

3. 如何对现象进行相关关系的分析?
4. 一元线性回归分析的特点有哪些?
5. 回归关系和相关关系有什么联系和区别?

二、单项选择题

1. 各种现象间存在着相互依存的关系,包含函数关系和(　　)。
   A. 相关关系　　　B. 依赖关系　　　C. 互斥关系　　　D. 包容关系
2. 回归直线方程 $y = a + bx$ 必定过点(　　)。
   A. $(0, 0)$　　　B. $(\bar{x}, 0)$　　　C. $(0, \bar{y})$　　　D. $(\bar{x}, \bar{y})$
3. 按相关关系的形式可将相关关系分为非线性相关和(　　)。
   A. 正相关　　　B. 偏相关　　　C. 线性相关　　　D. 曲线相关
4. 按相关现象的变化方向可将相关关系划分为负相关和(　　)。
   A. 正相关　　　B. 偏相关　　　C. 线性相关　　　D. 曲线相关

三、多项选择题

1. 现象间存在着两种关系,分别为(　　)。
   A. 线性关系　　　B. 函数关系　　　C. 因果关系
   D. 相关关系　　　E. 定量关系
2. 按照相关关系的形式划分,其可分为(　　)。
   A. 线性相关　　　B. 偏相关　　　C. 复相关
   D. 单相关　　　　E. 曲线相关
3. 按照自变量的个数,回归分为(　　)。
   A. 一元回归　　　B. 多元回归　　　C. 二元回归
   D. 三元回归　　　E. n 元回归

四、计算题

某种书每册的成本费 y(元)与印刷册数 x(千册)有关,经统计得到数据如表 8-7 所示。

表 8-7　某种书的相关统计数据

x	1	2	3	4	5
y	10.15	5.52	4.08	2.85	2.11
x	6	7	8	9	10
y	1.62	1.41	1.30	1.21	1.15

(1) 画出散点图;
(2) 求成本费 y(元)与印刷册数 x(千册)的回归方程。

实训项目

以小组为单位,通过互联网,选择某个企业,分析影响企业的各影响因素,建立一元线性回归模型,找到各要素间的关系,制作成PPT并在班级内展示。